›ICH HABE DIE ... BÄNDE VON VEHSE
MIT DER GRÖSSTEN GIER DURCHGELESEN...
DIES BUCH IST FÜR MICH WAHRER KAVIAR.‹

(HEINRICH HEINE
AM 7. JUNI 1852
AN SEINEN VERLEGER JULIUS CAMPE)

HERAUSGEGEBEN VON
WOLFGANG SCHNEIDER

AUSGEWÄHLT UND
BEARBEITET VON
ANNEROSE REINHARDT

Carl Eduard Vehse

Die Höfe zu Thüringen

Mit vierundzwanzig zeitgenössischen Abbildungen

Gustav
Kiepenheuer
Leipzig

BILDAUSWAHL UND PERSONENREGISTER
VON GITTA-MARIA GÜNTHER

SCHUTZUMSCHLAG:
PROSPEKT DER RESIDENZSTADT GOTHA GEGEN EISENACH.
AQUARELL VON CHRISTIAN RICHTER

BEILAGE:
WOLFGANG SCHNEIDER: CARL EDUARD VEHSE
UND SEINE ›GESCHICHTE
DER DEUTSCHEN HÖFE SEIT DER REFORMATION‹

FOTONACHWEIS:
KUNSTSAMMLUNGEN ZU WEIMAR:
SCHUTZUMSCHLAG, 6, 7, 9, 14, 15, 19, 22–24 (EBERHARD RENNO)
PRIVATE LEIHGEBER:
1–5, 8, 10, 11, 13, 16–18, 20, 21 (ROLAND DRESSLER)
STAATSARCHIV MEININGEN: 12 (ROLAND DRESSLER)

ISBN 3-378-00561-0

© GUSTAV KIEPENHEUER VERLAG GMBH, LEIPZIG, 1994
ERSTE AUFLAGE
GESTALTUNG: DIETMAR KUNZ
SCHRIFT: WALBAUM
GESAMTHERSTELLUNG:
OFFIZIN ANDERSEN NEXÖ LEIPZIG GMBH,
GRAPHISCHER GROSSBETRIEB
PRINTED IN GERMANY

VORBEMERKUNG

Thüringen, von Einwohnern und Freunden dieser geschichtsträchtigen Mittelgebirgslandschaft mit ihren ausgedehnten Wäldern und idyllischen Ebenen liebevoll »das grüne Herz Deutschlands« genannt, kann auf eine Historie zurückblicken, die ständig wechselnden Geschicken unterworfen und von zahlreichen Herrschergeschlechtern geprägt wurde. Teilung und Zusammenlegung von Territorien waren an der Tagesordnung, und das Leben in dem Landstrich zwischen Werra und Saale, Harz und Thüringer Wald litt jahrhundertelang unter der Zersplitterung in viele kleine und kleinste Fürstentümer.

Auf diesem alten germanischen Siedlungsgebiet gründete zu Beginn des 5. Jahrhunderts der Stamm der Thüringer, Nachkommen der Hermunduren, sein Königreich, das allerdings territorial weit größer war als das heutige Thüringen. Sie wurden zu Beginn des 6. Jahrhunderts durch den Frankenkönig Theoderich besiegt, der sich das Land mit den ihm verbündeten Sachsen teilte. Im 11. und 12. Jahrhundert erreichten die Ludowinger bestimmenden Einfluß und wurden 1130 Landgrafen von Thüringen. Sie bauten die Wartburg und waren weit über die Grenzen hinaus als Mäzene der Minnesänger und als Kreuzfahrer bekannt. Mit Heinrich Raspe erlosch 1247 das Haus der älteren thüringischen Landgrafen.

Im Thüringer Erbfolgekrieg fiel das Land an den Wettiner Markgrafen Heinrich III., den Erlauchten, von Meißen. Sein Sohn Albrecht der Entartete, der seinen eigenen Söhnen das Erbe streitig machen wollte, verkaufte Thüringen 1294 um 12 000 Mark Silber an den König Adolf von Nassau. Vergeblich versuchten dieser und dessen Nachfolger Albrecht I. hier Fuß zu fassen. 1307 besiegten die Söhne Markgraf Albrechts des Entarteten, Friedrich der Gebissene und Diezmann, den König Albrecht I. 1310 wurde Friedrich der Gebissene von Kaiser Heinrich VII. mit Thüringen belehnt. Es brach nun unter seinem Nachfolger Friedrich dem Ernsthaften und den Thüringer Grafen – darunter die Schwarzburger, die 1349 mit Günther XXI. dem Heiligen Römischen Reich einen Kaiser gegeben hatten, der allerdings nur ein Jahr regierte und dann vermutlich vergiftet wurde – der Thüringer Grafenkrieg aus.

Auf Kosten der eingesessenen Nobilität konnten die Wettiner Macht, Einfluß und Lande vermehren. Die Bildung eines einheitlichen Staates und die Erringung der Vorherrschaft in den Städten Mühlhausen, Nordhausen und Erfurt indes gelang ihnen nicht. 1485 teilten die Wettiner ihren Besitz, den Hauptteil erhielten die Ernestiner, nur der Norden fiel an die Albertiner. Seitdem verschmolz die Geschichte Thüringens mit der der sachsen-ernestinischen Lande. 1583 starben die Henneberger aus, 1660 wurde auch ihr Land aufgegliedert. Das Erzbistum Mainz hatte sich Erfurt und Teile des Eichsfeldes einverleibt, Besitzungen, die zusammen mit den Reichsstädten Nordhausen und Mühlhausen zu Beginn des 19. Jahrhunderts preußisch wurden.

Die Kleinstaaterei verdammte Thüringen zu politischer Bedeutungslosigkeit. Die kleinen und kleinsten Herrscher aber lebten vielfach wie Könige und Kaiser, meist über ihre Verhältnisse, forderten noch weit bis ins 19. Jahrhundert von ihren Untertanen unbedingten Gehorsam und sonnten sich in deren duckmäuserischer Servilität. Hofstaat und Armee waren in der Regel sehr ansehnlich.

Doch gab es auch Ausnahmen. So galt der Gothaer Hof schon im 18. Jahrhundert als einer der gebildetsten im In- und Ausland. Herzogin Luise Dorothea, geborene von Meiningen, Kennerin und Beschützerin der Wissenschaften, war eine Freundin Voltaires und Friedrichs des Großen. Herzog Ernst der Fromme von Gotha hatte bereits im 17. Jahrhundert das erste deutsche Elementar-Unterrichtsbuch drucken lassen, das neben Kenntnissen der Religion auch Grundbegriffe der Naturlehre, Naturgeschichte und Mathematik vermittelte. In Coburg, Meiningen und Hildburghausen lebte und wirkte Jean Paul, und Friedrich Schiller holte sich seine Frau aus Rudolstadt. Hinzu kamen einige bedeutende Fürsten-Heiraten. 1831 wurde Prinz Leopold aus dem

Hause Sachsen-Coburg-Gotha als Leopold I. König der Belgier; seine Nachkommen haben noch heute den belgischen Thron inne. Ebenso kam Prinz Albert von Sachsen-Coburg-Gotha 1840 zu Königswürden – er heiratete die englische Königin Viktoria.

Erst 1920 entstand – ohne den preußischen Besitz und Coburg, das sich für den Anschluß an Bayern entschieden hatte – das einheitliche Land Thüringen mit der Hauptstadt Weimar. Bis 1934 war es Freistaat, dann wurde es von den Nationalsozialisten im Dritten Reich »gleichgeschaltet«. 1944 waren noch der einst preußische Regierungsbezirk Erfurt von der preußischen Provinz Sachsen und der Kreis Schmalkalden von der preußischen Provinz Hessen-Nassau zu Thüringen gekommen.

Der Zweite Weltkrieg war schon entschieden, als amerikanische Truppen Thüringen besetzten. Im Juli 1945 wurde es sowjetische Besatzungszone. 1946 fand die erste Landtagswahl statt; Weimar wurde wieder Landeshauptstadt, zwei Jahre später jedoch der Regierungssitz nach Erfurt verlegt. 1952, mit dem Gesetz über die Auflösung der Länder in der DDR, wurde Thüringen in die Bezirke Erfurt, Gera und Suhl aufgegliedert. 1990 erlebte die wechselvolle Geschichte dieses liebenswerten, oft zersplitterten, von politischen Wirren gebeutelten Territoriums ihren aktuellen Höhepunkt in der erneuten Gründung des Landes Thüringen. –

Vehses Berichte über die kleinen Thüringer Höfe sind mit viel Liebe zum Detail geschrieben, angereichert durch zahlreiche Urteile von Zeitzeugen, vergnügliche und manchmal bissige Histörchen. Allerdings wurden sie, um auch Thüringen einen geschlossenen Band widmen zu können, unterschiedlichen Originalbänden entnommen. Von daher rühren erkennbare Abweichungen in der Form, da die Herausgeber sich nicht anmaßten, den ursprünglichen Text grundlegend zu verändern – ein Umstand, der jedoch weder Lesbarkeit noch Geschlossenheit des vorgelegten Buches beeinträchtigt.

Der aufmerksame Leser wird die Geschichte des Hofes zu Weimar vermissen; sie ist – der Bedeutung der Klassikerstadt Rechnung tragend – bereits 1991 in einem eigenen Band ediert worden. –

Die angefügten genealogischen Übersichten erfassen übergeifend auch andere, nicht im Haupttext detailliert dargestellte Herrscherhäuser der sächsisch-thüringischen Region – eine zusätzliche Offerte für alle an entsprechender Geschlechterkunde und Familienforschung Interessierte.

Annerose Reinhardt

DER HOF
ZU GOTHA-ALTENBURG

Herzog Ernst I., der Fromme
1640 bis 1675

Der Stifter des Hauses Gotha war Herzog Ernst I., der Fromme, einer der edelsten Fürsten des 17. Jahrhunderts. Er war ebenso fromm, gottesfürchtig und weise als staatsklug, gelehrt und gebildet. Er steht auf der Grenzscheide der alten theologischen Periode, wo die deutschen Fürsten ausschließlich von den Religionsinteressen erfüllt waren, und der neuen Zeit, wo sich die Anforderungen eines geregelten Staatshaushalts und einer höheren Bildung geltend machten. Cromwell, der größte Staatsmann seiner Zeit, rechnete den frommen Ernst nebst dem Großen Kurfürsten und König Karl X. von Schweden zu den drei klugen Fürsten, die Europa besitzt.

Ernst ward im Jahre 1601 auf dem alten Schloß zu Altenburg geboren, wo einst die Prinzen entführt worden waren. Er verlor seinen Vater, den frommen Herzog Johann, schon im vierten Jahre, worauf seine besonders fromme Mutter Dorothea Maria von Anhalt-Köthen die Erziehung der Kinder übernahm. Schon in seiner Jugend war Ernst ein so frommes Kind, daß er auf sein dringendes Bitten noch vor zurückgelegtem 11. Jahre zum Abendmahl zugelassen werden konnte. Später ward sein Wahlspruch: »In silentio et spe« – In Stille und Hoffnung! 1617, 16 Jahre alt, verlor er seine Mutter, die an den Folgen einer Erkältung starb, die sie sich durch einen Sturz vom Pferde in die Ilm zugezogen hatte; sie ward nur 43 Jahre alt.

Ernsts Jugend und ein Teil seines Mannesalters fielen in den Dreißigjährigen Krieg. Wie seine Brüder Bernhard und Wilhelm widmete auch er der Sache der Protestanten seinen Degen und nahm als Obrist in schwedischem Dienst an dem bayerischen Feldzuge Gustav Adolfs Anteil. In der Schlacht bei Lützen 1632 errang er mit seinem Bruder den Sieg über den nach dem Falle des Schwedenkönigs in die kaiserliche Linie einrückenden Pappenheim. Als Herzog Bernhard das Oberkommando über die Schweden erhalten hatte, vertraute ihm dieser die Verwaltung der fränkischen Bistümer Bamberg und Würzburg in seinem Namen an. Später trat Ernst nochmals in die schwedische Armee unter seinem Bruder ein, zuletzt aber nahm er, wie Weimar, 1635 nach der Nördlinger Schlacht den Frieden des Kaisers mit Kursachsen an. Das Jahr darauf vermählte er sich mit Elisabeth Sophie, der Cousine des letzten Herzogs von Sachsen-Altenburg, nach dessen Ableben 1672 das Herzogtum Altenburg seinem Stamme anheimfiel. Seit dem Jahre 1640 nahm er seine Residenz in Gotha.

Die schwere Aufgabe Ernsts war, dem durch den Dreißigjährigen Krieg hart mitgenommenen Lande wieder aufzuhelfen. Er tat es mit dem wärmsten Eifer und der weisesten Umsicht. Schon in den Jahren 1643 bis 1646 baute er das 1567 in den Grumbachischen Händeln zerstörte Schloß Grimmenstein zu Gotha wieder auf, es wurde ihm der Gegenname Friedenstein gegeben, und es war eines der größten in Deutschland. Ernst suchte vor allen Dingen der Landwirtschaft wieder aufzuhelfen; er reiste selbst, oft zu Fuß, im Lande umher, um nachzusehen und nachzuhelfen, wo es not tat. Der Flor der sprichwörtlich reichen Altenburger Bauern, die drei Jahre vor seinem Ableben unter seine Regierung kamen, datiert von den guten Anstalten, die Ernst in seinem Fürstentum Gotha eingeführt hat und die nach seinem Tode auch Altenburg zugute kamen.

Sparsamkeit war eine von den Tugenden, die seine Fürstenkrone schmückten, er pflegte zu sagen: »Gott gibt's, und der Fürst erspart's. Nicht reichliches Einkommen, sondern sparsames Ausgeben macht reich.« Eine zweite Tugend war seine ungemeine Gerechtigkeitsliebe. Er führte deshalb den Spruch: »Ein guter Fürst wird nicht das für recht halten, was das sicherste ist, sondern das für das sicherste, was recht ist.« Er sah streng aufs Recht in allen seinen Kollegien und Gerichten. Er besuchte wöchentlich ein- oder zweimal die Gerichtssäle, er las alle

1. HERZOG ERNST I., DER FROMME, VON SACHSEN-GOTHA-ALTENBURG

eingegangenen Bittschriften selbst durch und hörte jeden seiner Untertanen an.

Als oberste Landesbehörde setzte er 1657 einen Geheimen Rat ein, den die Präsidenten der drei höchsten Landeskollegien bildeten: der Kammer, des Konsistoriums und der Regierung. Letztere war seinem Kanzler und ersten Minister Georg Franzke anvertraut. Franzke war ein Ausländer, ein Schlesier von Geburt, und er hat die meisten Verordnungen entworfen, die Ernst ergehen ließ. Als ihn auf einer gesandtschaftlichen Mission Kaiser Ferdinand III. kennenlernte, erhob er ihn in den Adelsstand, Franzke machte aber davon keinen Gebrauch. Vizekanzler war der gelehrte Jurist Ludwig Avemann, und ein dritter berühmter Mann unter seinen Räten, der 1704, 80 Jahre alt, zu Frankfurt starb, Hiob Ludolf, einer der größten Linguisten des 17. Jahrhunderts, der 25 europäische und orientalische Sprachen verstand und sich besonders aufs Äthiopische legte. Er war der Erzieher der Prinzen des Herzogs. Ludolf ist der Autor des zu seiner Zeit berühmten Buches »Allgemeine Schaubühne der Welt«. Die bekannte Herzogin Elisabeth Charlotte von Orléans, geborene Prinzessin von der Pfalz, ließ es sich nach Paris schicken und schreibt darüber in ihrer drolligen Weise am 22. Mai 1699 aus St. Cloud: »Wird mich des Herrn Ludolfs Buch sehr amüsieren, finde die Kupferstiche hübsch […] Trägt der Herr Ludolf seine rote Perücke noch, die er unten knüpft? Ich glaube, ich bin nicht in seinen Gnaden, denn ob er zwar ziemlich lange in Frankreich gewesen ist, ist er doch nur einmal zu mir kommen. Es ist eine wunderliche Sache, daß die gar Gelehrten so närrische Manieren an sich haben und nicht wie andere Leute sein können.«

Im Geheimen Rate und im Konsistorium präsidierte Herzog Ernst gewöhnlich selbst, und ebenso leitete er auch frühzeitig seine Kinder zu den Regierungsgeschäften an: Den einen Sohn machte er zum Kanzler, den anderen zum Kirchenrat, den dritten zum Baudirektor.

Ernsts Haupttugend, die ihm den Zunamen verschaffte, war seine Frömmigkeit. Seine Hauptsorge waren die Kirchen und die Schulen. Der würdige Herr war so gottesfürchtig, daß seine Zeit ihn nur den »Bet-Ernst« zu nennen pflegte, sogar auf die Dreier, die er münzen ließ, ließ er Bibelsprüche prägen. In die Stammbücher pflegte er den Spruch zu schreiben: »Regenten sind gemacht aus Erden, regieren auf Erden und müssen zur Erden werden.« Mit der ängstlichsten Fürsorge überwachte er die religiöse Erziehung seiner Kinder, sie mußten mehrere Stunden des Tages Psalmen, Sprüche und Gebete auswendig lernen und die Predigten nachschreiben. Ernst hat das große »Weimarische Bibelwerk«, einen mächtigen Folianten mit nutzbaren Erklärungen und Auslegungen des Schrifttextes, gedruckt zu Nürnberg 1640, ausgehen lassen. Direktor dieser Arbeit, die 29 Theologen besorgten, war sein Generalsuperintendent Salomon Glassius, gestorben 1656 zu Gotha.

Ernsts ganze Regierung ist erfüllt mit kirchlicher Gesetzgebungs- und Vermittlungsarbeit, mit Kirchen- und Schulvisitationen, mit Abfassung einer neuen Agende und Konsistorialordnung, mit Einrichtung eines Landeskircheninspektorats. Er trat mit großem Eifer in die Vermittlung der kalixtinischen [lateinisch calix, der Kelch; gemäßigte Richtung der Hussiten, die den Laienkelch beim Abendmahl forderte] oder synkretistischen [Vermischung mehrerer Religionen, philosophischer Auffassungen und Lehren] Streitigkeiten zwischen den kursächsischen Theologen zu Wittenberg und den braunschweigischen zu Helmstedt ein. Er unterhandelte mit Zar Alexej zu Moskau über die Angelegenheiten der evangelisch-lutherischen Gemeinde daselbst und erhielt von ihm 1674 eine Gesandtschaft. Er stand mit dem Patriarchen zu Alexandrien in Briefwechsel, ja er schickte, nachdem der Abbé Gregorius aus Äthiopien an seinem Hofe erschienen war, von dem er Nachricht von dem Zustand der dortigen Christengemeinde erhielt, einen Erfurter Waslebs dahin ab mit einer besonderen Instruktion, weitere Kunde über dieses ferne Land einzuziehen und alles zu tun, was zur Beförderung der christlichen Religion dort dienen könne.

Ein lange verfolgter Lieblingsplan von ihm war, auf dem Schlosse des ehemaligen Klosters Reinhardsbrunn, das er dazu nebst einem Kapital von 100 000 Talern hergeben wollte, ein theologisches Kollegium zu errichten, das sogenannte Collegium Hunnianum, so genannt, weil Nikolaus Hunnius, Superintendent zu Lübeck, im Jahre 1632 den ersten Vorschlag dazu gemacht hatte. Dieser Plan ging auf eine Art von Lutherischer Synode von zehn bis 12 Theologen mit ebensoviel Adjunkten, niedergesetzt und unterhalten von sämtlichen protestantischen Fürsten. Jeder Professor sollte 1000 Taler und freie Wohnung auf dem Schlosse haben. Sie sollten alle Kontroversen beilegen, die Zensur der theologischen Schriften übernehmen, ein allgemein bindendes Symbol und gute Kirchen- und Schulkompendien ausarbeiten, namentlich eine Kirchengeschichte den Annalen des Baronius gegenüberstellen, die in der Kirche vorkommenden Gewissensfälle behandeln und so weiter. Dänemark, Schweden und der Kurfürst von Sachsen sollten an der Spitze stehen. Dadurch sollten die Religionsstreitigkeiten beigelegt, ein ewiger Frieden in der evangelischen Kirche hergestellt werden, das Kollegium hieß daher auch Collegium pacificatorium. Herzog Ernst verwandte viel Geld und Mühe auf dieses fromme Projekt, schickte 1670 seinen zweiten Prinzen Albert, dem nachher Coburg zufiel, mit drei Räten an den dänischen und schwedischen Hof ab. Das Friedens-Kollegium konnte aber nicht zustande gebracht werden, namentlich der Oberhofprediger Dr. Geier in Dresden zeigte, wie die Sache mit unüberwindlichen Schwierigkeiten verknüpft sei.

Für das Unterrichtswesen tat Herzog Ernst ungemein viel. Die Landschulen wurden so wohl eingerichtet, daß das Sprichwort aufkam: »In Herzog Ernsts Land sind die Bauern gelehrter als die Edelleute im übrigen Deutschland.« Die Kinder erhielten nicht nur den Religionsunterricht, sondern wurden auch im Schreiben und Rechnen und in der Musik unterwiesen. Ein »Kurzer Unterricht«, den er drucken ließ, enthielt die Grundbegriffe der Naturlehre, Naturgeschichte und Mathematik für die Kinder: Es war das erste deutsche Elementar-Unterrichtsbuch. Das Gymnasium zu Gotha ward durch Ernsts Vorsorge eines der ersten besseren Institute dieser Gattung. Der obersten Klasse, worin Philosophie, Mathematik und Astronomie von einem eigenen Professor gelehrt wurden, räumte der Herzog ein eigenes Zimmer auf seinem Schlosse Friedenstein ein.

Auf diesem Gymnasium ward der berühmte Veit Ludwig von Seckendorff erzogen, nachdem sein Vater Johann Ludwig, der im schwedischen Heere unter Torstenson als Obrist diente, durch ein Kriegsgericht zum Tode verurteilt worden war. Er hatte sich in eine Verschwörung zugunsten der Kaiserlichen eingelassen, die durch eine Katze entdeckt worden sein soll, die mit einem Papier spielte, das einem nach Apenburg entsendeten Trompeter, der für Seckendorffs Frau einen Paß begehren sollte, zufällig im Stall aus dem Pistolenlauf gefallen war. Es war ein Brief, der ihn verriet, er ward 1642 zu Salzwedel exekutiert. Der junge Seckendorff studierte darauf in Straßburg, besuchte die Niederlande und kehrte nachher an den Hof Herzog Ernsts zurück. Dieser übertrug ihm die Aufsicht über die von ihm angelegte Bibliothek in Gotha, wo Seckendorff Auszüge machen mußte, die er dann dem Herzoge in freien Stunden, besonders des Abends, an Sonn- und Festtagen und auf Reisen, vortragen mußte. Auf dieser Bibliothek hat Seckendorff die Anlage zu dem Kunstwerke seines Lebens, das ihn unsterblich gemacht hat, entworfen, der Geschichte des Luthertums. Seckendorff diente hierauf dem Herzog in der Landesregierung, schloß 1660 den Rezeß [Vertrag] über die Verteilung der Grafschaft Henneberg zwischen dem Kurhause und dem Hause Sachsen-Altenburg ab und ward 1664 gothaischer Kanzler. Aber schon in diesem Jahre trat er in die Dienste des Herzogs Moritz von Sachsen-Zeitz, ebenfalls als Kanzler. Diese Stelle legte er 1681 nieder, lebte sodann auf seinem Gute Meuselwitz bei Altenburg seinen literarischen Arbeiten, gab hier 1688 seine berühmte Geschichte des Luthertums heraus und starb 1692, ein Jahr, nachdem ihn der Kurfürst Friedrich III. von Brandenburg als Geheimen Rat und Kanzler auf die eben von ihm gestiftete Universität Halle berufen hatte. Er starb, ohne Kinder von zwei Gemahlinnen zu hinterlassen. Es beerbten ihn seine Neffen.

Schon 17 Jahre vor Seckendorff war sein väterlicher Gönner und Freund, Herzog Ernst der Fromme, heimgegangen, geehrt im Ausland und Inland, von den deutschen Fürsten oft zur Beilegung ihrer Streitigkeiten eingeladen, wie er denn zum Beispiel den großen Streit der beiden hessischen Häuser Kassel und Darmstadt 1648 beigelegt hat. Herzog Ernst starb, 73 Jahre alt, am 26. März 1675, von einem Schlagflusse getroffen. Schon kurze Zeit vorher hatte der greise Herr, der Nestor unter den damaligen deutschen Fürsten, von Altersschwäche gedrückt, die Regierung seinem Erbprinzen Friedrich I. übertragen.

Herzog Ernst der Fromme hinterließ von 18 Kindern, die ihm geboren wurden, sieben Prinzen und zwei Prinzessinnen am Leben. Vielleicht in seiner Frömmigkeit durch die bedenkliche Bibelstelle: »Sind wir denn Kinder, so sind wir auch Erben« mißgeleitet, hatte er die Einführung des Primogeniturrechts [Erbfolge des Erstgeborenen] unterlassen, und infolgedessen wurden von den sieben Prinzen sieben Linien gestiftet. An die Linie Gotha fielen die beiden Fürstentümer Gotha und Altenburg. Von den beiden Prinzessinnen hatte sich die eine 1666 an den Landgrafen Ludwig VI. von Darmstadt vermählt, die andere starb ledig.

Der Hofstaat unter dem frommen Ernst war noch sehr einfach – wie der Herr selbst.

HERZOG FRIEDRICH I.
1675 BIS 1691

Friedrich I., geboren 1646, kam mit 29 Jahren zur Regierung. Er hatte in Straßburg studiert und dann seit 1667 mit 21 Jahren in Begleitung seines Hofmeisters und nachmaligen Ministers Bachoff von Echt Reisen durch Deutschland, Dänemark, Italien, die Niederlande und Frankreich gemacht. Er war zweimal am Hofe Ludwigs XIV., 1687 besuchte er ihn als regierender Herr zum zweiten Male, und hatte fünfmal Audienz. Bei der Abschiedsaudienz war es, wo Ludwig, so daß der Herzog es hören konnte, gegen Louvois äußerte: »C'est un prince, qui me plait fort [Das ist ein Prinz, der mir sehr gefällt].«

Zur Regierung gekommen, ging sein Hauptabsehen – da sein Hof der mächtigste unter den ernestinischen Höfen war – darauf, den Glanz seines Hauses möglichst zu erhöhen. Er hielt deshalb die weisen und löblichen Ordnungen seines Vaters zwar aufrecht, noch weit mehr aber tat er für fürstlichen Prunk und Glanz. Er zuerst zog die französischen Sitten den deutschen vor, er trug die Allongeperücke, kleidete sich französisch und gab stattliche Hoffeste in französischem Stile. Demnächst unterhielt er, um sich politische Verbindungen und dadurch seinem Hause ein Ansehen auswärts zu verschaffen, eine ansehnliche Truppenmacht. Er setzte sich selbst an die Spitze derselben und half mit ihr,

1683 Wien gegen die Türken zu entsetzen; 1689 zog er mit in die Kampagne gegen die Franzosen am Rhein. Herzog Friedrich hielt aber auch seine ansehnliche Truppenmacht, um Geld damit zu gewinnen. Er war einer der ersten deutschen Fürsten, die die berüchtigte Soldatenverkäuferei trieben. So verkaufte er schon 1689 ein Kavallerieregiment an Holland für gegen 20 000 Taler und in demselben Jahre 1600 Mann Infanterie und 400 Mann Kavallerie an Kursachsen, 1691 wieder ein Dragonerregiment von 1000 Mann an den Kaiser gegen die Türken. Die Klagen der Landstände über die Extraordinär-Steuern, die durch die Soldatenwirtschaft nötig wurden, fruchteten nichts. Es waren über 10 000 Mann, die er in Bereitschaft hielt, und zuletzt wußte er sie gar nicht mehr unterzubringen. Selbst in Wien erregte diese unverhältnismäßig große Truppenmacht Argwohn, daß er sich nicht etwa gar mit Frankreich alliieren möge. Doch verlieh ihm der Kaiser noch in des Herzogs Todesjahre 1691 den Titel »Durchlaucht«.

Sonst ganz dem neuen französischen Wesen zugewandt, war Herzog Friedrich nur dadurch noch mittelalterlich, daß er stark Alchimie trieb. Mit seinem Bruder, dem zweitgeborenen Albert in Coburg – mit dem 1699 diese Linie abstarb –, vertrug er sich sehr schlecht. Albert hatte 1688 eine aus einer polnischen Familie, die sich ins Coburgische gewendet, abstammende Dame, die zur Gräfin erhobene Susanna Elisabeth Kimpinsky, geheiratet, und es fielen zwischen den beiden Brüdern die ärgerlichsten Dinge vor. Albert war kaiserlicher Feldmarschalleutnant und errichtete dem Kaiser beim Feldzug gegen die Franzosen 1688 ein Regiment. »Einer der beiden Brüder«, schreibt Leibniz an den Landgrafen von Rheinfels im Todesjahre des Herzogs Friedrich 1691, »hat den anderen gewisser Dinge angeklagt, über die man besser nicht spricht. Der Tod seines guten Prinzen Monseigneur Graf von Sachsen-Gotha ist ein recht trauriger Unfall, ich habe die Ehre gehabt, mit diesem guten Prinzen in Hannover in seinem Arbeitszimmer zu sprechen, und er schien der Fröhlichste der Welt zu sein.«

Friedrich starb, erst 45 Jahre alt, am 2. August 1691 auf dem von ihm erbauten Lustschlosse Friedrichswerth zu Erfa bei Gotha so plötzlich, daß er, nachdem er an seinem Sterbetage, einem Sonntage, vor- und

2. Herzog Friedrich I. von Sachsen-Gotha-Altenburg

nachmittags den Gottesdienst besucht und dann abends sieben Uhr eine Spazierfahrt gemacht hatte, wo er unwohl ward, bereits zehn Uhr tot war. Man gab an, infolge eines Schlagflusses, andere sagen, infolge einer Vergiftung durch eine Prise Tabak. Er hinterließ von seiner ersten, vortrefflichen Gemahlin Magdalene Sibylle von Sachsen-Weißenfels, mit der er sich schon als Erbprinz 1669 vermählt hatte, zwei Prinzen und vier Prinzessinnen. Von den beiden Prinzen sukzedierte [nachfolgte] Friedrich, und Johann Wilhelm fiel, noch nicht 30 Jahre alt, 1707 als kaiserlicher Feldmarschall im Spanischen Sukzessionskriege bei der Belagerung von Toulon. Die vier Prinzessinnen wurden an die Herzöge von Meiningen und Mecklenburg-Strelitz und an die Fürsten von Dessau und Rudolstadt vermählt. Mit der zweiten Gemahlin, der verwitweten Markgräfin Christine von Ansbach, geborene Prinzessin von Baden-Durlach, hatte Friedrich keine Kinder.

An der Spitze des Hofes stand als Hofmarschall Bernhard Pflug auf Posterstein, Geheimer Rat, der noch 1681 fungierte; dann kam ein Ausländer, ein Schlesier, Ludwig Heinrich von Sebottendorf, früher in kursächsischem Dienst, der dem Herzog in Ungarn auf der Türkenkampagne bekanntgeworden war. Sebottendorf ward der vornehmste Favorit des Herzogs und erhielt sich bis zu seinem Tode in Gunst. Er ging nachher nach Schlesien zurück und starb hier 1702.

Bei Friedrichs I. Tode 1691 bestand die Armee aus sechs Kavallerieregimentern, vier Infanterieregimentern und dem Gothaischen und Altenburgischen Landregiment – jenes bestand bis 1822. Oberkommandant der gothaischen Truppen war 1681 der Generalmajor und Kommandant Otto Wilhelm von Berlepsch auf Urleben, dann Alexander Hermann von Wartensleben, der zugleich 1691 kaiserlicher Generalfeldmarschall ward und 1702 als Generalfeldmarschall und Kriegsminister in preußischen Dienst trat. Hier ward er vom Kaiser 1706 gegraft und starb 1734, 83 Jahre alt.

HERZOG FRIEDRICH II.
1691 BIS 1732

Er war 1676 geboren und stand bis 1693 unter Vormundschaft. Während reiste er mit seinem Bruder Johann Wilhelm und dem Hofmeister Hofrat von Boyneburg in Holland und England. 1696 vermählte er sich 20jährig mit der 17jährigen Prinzessin Magdalene Auguste von Anhalt-Zerbst.

Friedrich II., ein stattlicher, galanter Herr, trat, was Hof- und Militärglanz betrifft, ganz in die Fußstapfen seines Vaters. 1697 wurde bereits eine eigene Hofrangordnung erlassen. Das kleine Land wurde zwar durch die 1707 zufallende Herrschaft Eisenberg, einen Teil des alten altenburgischen Fürstentums, vergrößert, dafür aber auch der Hofstaat ansehnlich vermehrt. Ebenso wurde die Militärmacht noch vergrößert und mit der Soldatenverkäuferei fortgefahren. Man schämte sich der Sache nicht, wohl aber damals noch des Namens. Der Kanzler Bachoff von Echt schrieb unterm 28. Oktober 1692 an den Kriegsrat Avemann nach Holland, es könne schimpflich scheinen, wenn es heiße, die Leute seien verkauft, man solle daher, wenn man sie anderwärts unterbringe, aussagen, sie seien »auf ein oder zwei Jahre in fremde Dienste überlassen« worden.

Bei Ausbruch des Spanischen Erbfolgekrieges schloß Friedrich II. »zur Aufrechterhaltung der Neutralität des nördlichen Deutschlands« durch seinen Gesandten, Geheimen Legationsrat von Schleinitz, am 13. April 1701 einen förmlichen Allianzvertrag mit Ludwig XIV. ab. Er überließ 6000 Mann gegen 200 000 Livres Werbegelder und 57 000 Livres monatliche Subsidien [Hilfsgelder] an Frankreich. Er stellte sich zwar nicht gleich Bayern und Köln zu den Feinden Österreichs, er tat aber dasselbe, was auch Anton Ulrich von Braunschweig in Norddeutschland tat. Der Verlaß dabei ging auf die Hoffnung, daß sich auch August der Starke von Sachsen-Polen mit Frankreich verbinden werde. Als dieser sich aber am 16. Januar 1702 mit Österreich einigte, mußte Gotha ebenso wie Braunschweig von der französischen Allianz zurückgehen und bei erklärtem Reichskriege gegen Frankreich Truppen stellen. Bereits im Mai 1702 stießen 2442 Gothaer zu den preußischen Truppen am Rheine. Das Militär Gothas bestand im Jahre 1715 außer den Garden zu Fuß und zu Pferde aus zwei Regimentern Infanterie und drei Dragonerregimentern. An der Spitze kommandierten ein Generalleutnant und zwei Generalmajore. Als Gegenstück zu der Pracht, die gestiftet ward, kam gleichzeitig eine Stiftung für das Elend: 1710 ward das gothaische Waisen- und Zuchthaus gegründet.

Friedrich II. war, wie sein Großvater Ernst der Fromme, einer der eifrigsten Beförderer der evangelischen Religion unter den Fürsten seiner Zeit. Er ließ nicht nur im Gothaischen über 30 Kirchen teils neu bauen, teils wiederherstellen, sondern nahm sich auch der Evangelischen im Salzburgischen, in der Pfalz und in Schlesien an. Die lutherische Gemeinde in Genf erwählte ihn zu ihrem Schutzherrn. Gegen den Pietismus Speners sowie auf Rat seines Kirchenrats Cyprian erklärte er sich gegen die von Preußen unter Beiwirkung von Leibniz damals in Vorschlag gebrachte Union. Sogar der König von Schweden, der martialische Carl XII., der große Beschützer der Evangelischen in Schlesien, bezeigte ihm seine Hochachtung, indem er bei seinem Aufenthalt in Sachsen 1706 vom Lager von Altranstädt aus ihm in Person einen Besuch in Altenburg abstattete. Der Herzog wollte sich hier für seinen Vetter, den starken August, verwenden, diese Verwendung wies aber Carl mit den Worten zurück: »Was Augustus! In Polen ist König der Stanislav, und der Kurfürst von Sachsen bin ich dermalen!«

Auch die Wissenschaften fanden an Friedrich II. einen Schützer. Die berühmte gothaische Bibliothek stand unter Cyprians Aufsicht, und eine Darstellung des berühmten gothaischen Münzkabinetts wurde damals unter Aufsicht des Antiquars Liebe unter dem Titel »Gotha nummaria« zu Amsterdam auf des Herzogs Kosten herausgegeben.

An der Spitze der Regierung stand des Herzogs tüchtiger Minister Johann Friedrich Bachoff von Echt, Geheimer Ratsdirektor und Kanzler. Er stammte aus einer Kölner Patrizierfamilie, die Carl V. geadelt hatte. Dieser Geheime Ratsdirektor, dessen Vater Pächter einiger Güter in der Nähe von Gotha war, war 1643 zu Gotha geboren, hatte in Leipzig studiert und war dann von Herzog Ernst dem Frommen zum Instruktor des damaligen Erbprinzen gemacht worden und hatte ihn auf seinen Reisen begleitet. Er gelangte dann in den Staatsdienst, ward schon unter Friedrich I. 1689 Kanzler und 1698 Geheimer Ratsdirektor. Er ließ seinen Adel erneuern, ward 1693 Reichsfreiherr von Echt und starb 1726 im 84. Jahre. Er war vermählt mit der Tochter des Steuerdirektors Thomä zu Altenburg, welche ihm ein ansehnliches Heiratsgut zubrachte. Die Herzöge Friedrich I. und II. mehrten dieses Gut durch Schenkungen von Landgütern. Bachoff war ein durch Naturgaben und Bildung ausgezeichneter Mann, wohlerfahren in den Welthändeln, aber auch ganz erfüllt von dem Phantom des Weltglanzes, das damals alle Höfe blendete. Bachoff vorzüglich war es, der den Herzog darin bestärkte, den hohen Militärstand fortzuführen. Eigenwillig und hart wies er alle Klagen der Landstände zurück. Durch ihn hauptsächlich waren auch die Unterhandlungen wegen der Allianz mit Frankreich gegangen.

An der Spitze des Hofes stand der Hofmarschall. Diese Stelle bekleidete Hans Ludwig von Hanstein, dann Georg Ernst von Zehmen und zuletzt Johannes Howora (der alte Geschlechtsname) Graf von Ronnow aus einem böhmischen Geschlechte, das der Religion wegen ausgewandert war. Einer dieser Ronnows hatte König Podiebrads Schwester zur Gemahlin gehabt, und der Vater des Hofmarschalls, Johann Albrecht, der nach Sachsen einwanderte, vermählte sich mit der Pröpstin zu Quedlinburg, Elisabeth, Erbtochter der 1667 ausgestorbenen Barone von Biberstein auf Forsta in der Niederlausitz, verband deshalb Namen und Wappen dieses Geschlechts mit dem Ronnowschen und ward 1670 von Kaiser Leopold gegraft. Ronnow verkaufte die Herrschaft Forsta an die Grafen Promnitz, später kam sie an die Grafen Brühl. Nach dem Tode der ersten Frau vermählte sich Graf Johann Albrecht Ronnow mit einer Gräfin Reuß-Lobenstein, die ihm Johannes Howora 1690 gebar, und starb 1707, 81 Jahre alt, als Oberhauptmann des Neustädter Kreises. Dieser Johannes Howora-Ronnow, Hofmarschall Friedrichs II., war sein Liebling.

Nächst dem Hofmarschall fungierten noch ein Oberstallmeister, ein Oberjägermeister und ein Schloßkommandant. Für die Herzogin waren ein Oberhofmeister, Georg Heinrich von Boyneburg, und eine Oberhofmeisterin, Johanne Catharine von Watzdorf, bestellt. Nach Wartenslebens Übergang in preußischen Dienst 1702 wurde die gothaische Armee von Generalleutnant Jost Melchior von Wangenheim kommandiert.

Die Tagesordnung am Hofe des Herzogs von Gotha war sehr regelmäßig. Friedrich stand um sieben Uhr auf und widmete die erste Morgenstunde dem Gebet und dem Lesen aus einem Erbauungsbuche. Dann ließ er sich ankleiden und gab den Ministern und den Personen, die ihn zu sprechen wünschten, Audienz. Um Mittag speiste der Herzog mit seiner Gemahlin, seinen Prinzen und einigen Standespersonen. Die Tafel dauerte anderthalb Stunden. Nach dem Dinner ward ein Spaziergang im Schloßgarten gemacht. Wenn es das Wetter nicht erlaubte, zog der Herzog sich in sein Kabinett zurück und arbeitete oder las hier bis fünf Uhr. Sodann fuhr er regelmäßig zu irgendeinem der vornehmsten Hofbeamten, wo sich die gesamte Noblesse einfand, um seine Partie L'hombre zu spielen. Darauf kehrte er nach dem Schlosse zurück, soupierte wie zu Mittag mit seiner Familie und zog sich um neun Uhr zurück. Allwöchentlich dreimal war Apartement [Gesellschaft] am Hofe. Es fand in einem großen Saale des Schlosses statt. Hier wurden L'hombre und Piquet gespielt, jedermann machte seine Partie, wie er konnte. Um sieben Uhr ward eine große Tafel serviert, zu der man sich aber nicht niedersetzte, sondern die Erfrischungen wurden an die Spieltische herumgegeben. Während des Soupers war Konzert. Um neun Uhr zog sich alles zurück.

Herzog Friedrich II. starb, 56 Jahre alt, am 23. März 1732 auf dem Schlosse zu Altenburg, wo er sich öfters aufhielt, während sein Vater nie nach Altenburg gekommen ist. Er hat das Schloß zu Altenburg neu erbaut und hier 1705 das berühmte adlige Fräuleinstift gegründet.

Herzog Friedrich II. war – wie schon erwähnt – mit der anhalt-zerbstischen Prinzessin Magdalene Auguste vermählt. Die Briefe dieser Anhaltinerin aus den ersten sechs Jahren ihrer Ehe werden in der gothaischen Bibliothek aufbewahrt und sind durch ihre zärtlichen Überschriften bemerkenswert: »Durchlauchtigster Fürst, herzallerliebstes Engelsfritzchen« – »Mein charmantestes, allervollkommenstes, allerwertestes Fritzchen« und so weiter. Die zärtlichen Familienverhältnisse scheinen diese Prinzessin völlig erfüllt zu haben. Was darüber hinaus lag, scheint sie nicht begriffen zu haben. Als ihre Tochter den Prinzen von Wales, Sohn König Georgs II. von England, heiraten sollte, die kein Wort Englisch und sehr wenig Französisch verstand, schlug man ihr ein Jahr vorher, nachdem die Sache nach der Vorstellung der Prinzessin an Georg II. in Herrenhausen richtig geworden war, vor, ihre Tochter eine der beiden Sprachen lernen zu lassen. Sie meinte aber, das sei ganz unnötig, denn da die Hannover-Familie über 20 Jahre lang auf dem englischen Throne sei, so müßten die Leute in England und besonders bei Hofe so oft und so gut Deutsch sprechen wie Englisch. »Eine Vermutung«, setzt Lord Hervey, der diese Äußerung aufbewahrt hat, hinzu, »die so wohl gegründet war, daß ich glaube, es gab in England nicht drei Eingeborene, die ein Wort Deutsch besser verstanden als zur Zeit der Königin Anna.«

Friedrich II. hinterließ von seiner Gemahlin von 18 Kindern, die sie ihm geboren, neun – sieben Prinzen und zwei Prinzessinnen – am Leben. Von den Prinzen dienten drei dem Kaiser, zwei Kursachsen und einer Hessen-Kassel. Von den beiden Prinzessinnen heiratete die eine den Herzog von Sachsen-Weißenfels, die andere, Auguste, 1736 den Prinzen von Wales. Sie ward die Mutter Georgs III., der 1820 zu Windsor im Wahnsinne starb. Lord Bute, der »Steifstiefel«, wie ihn die Engländer nannten, war der Favorit der Prinzessin von Wales. Mit der Mutter des Prinzen von Wales, der berühmten geistreichen Königin Caroline, geborene von Ansbach, die mit Sir Robert Walpole England regierte, hatte Herzog Friedrich II. vor ihrer Verheiratung ein Liebesverhältnis gehabt, wie Horace Walpole in seinen Memoiren erzählt.

HERZOG FRIEDRICH III.
1732 BIS 1772

Herzog Friedrichs II. Nachfolger, Friedrich III., war 1699 geboren. Auch er machte – wie sein Vater und Großvater – zwei große Reisen, sah fast alle deutschen Höfe, Frankreich zweimal, die Schweiz, Italien, auch England, Holland, Dänemark und sogar Schweden. Er reiste in Begleitung seines Bruders Wilhelm in den Jahren 1718 bis 1720 und 1722 bis 1724. Das erste Mal war der Baron Hans Georg von Geismar, das zweite Mal der Kammerjunker und Amtshauptmann Heinrich Gottlob von Dieskau der Gouverneur [Erzieher]. Bei der ersten Reise, die 18 Monate dauerte und in die Schweiz, nach Italien und Paris ging, waren dem Prinzen noch beigegeben: zwei Kavaliere von der Tann und von Herzberg, ein Sekretär Heidelmann, ein Hofprediger Huhn, ein Reisemedikus Dr. Schnetter, ein Rechnungsführer, zwei Pagen, ein Kammerdiener, ein Kammerlakai, ein Koch und noch zwei Diener. Die Reise kostete für 16 Personen nach den Akten, die der Biograph Friedrichs II., Professor Schulze, eingesehen hat, nur 6500 Taler! Als Friedrich II. hörte, daß der Gouverneur von Geismar die bürgerlichen Begleiter seiner Prinzen den adligen nachsetze, schrieb er unterm 12. Juni 1719 an ihn im Stile seines Zeitgenossen Friedrich Wilhelm I. von Preußen, es sei Unrecht, daß den Prinzen solche Insinuationes [Einflüsterungen] beigebracht würden, in allen wohleingerichteten Staaten müßten Adlige und Bürgerliche in guter Harmonie beisammenstehen und kein Stand gegen den anderen verächtlich gehalten werden. Erst 1729, schon 30 Jahre alt, vermählte sich Herzog Friedrich III. mit der 19jährigen Prinzessin Luise Dorothea von Meiningen.

Auch Friedrich III. hielt, wie Vater und Großvater getan hatten, Hofstaat und Kriegsstaat zum Glanz des Hauses auf ansehnlichem Fuße. Seit 1749 kommen im Hofstaat zuerst Kammerherren vor und ein Oberhofmarschall, unter dem der Hofmarschall fungiert. Der Kriegsstaat bestand nächst den Fuß- und Roßgarden aus vier Regimentern Infanterie, zwei Milizregimentern, einem Feld- und einem Landdragonerregiment. Auch die Soldatenverkäuferei ward fortgetrieben: Friedrich III.

verkaufte 1733, als der Polnische Erbfolgekrieg gegen Frankreich ausbrach, um 120 000 Gulden 5000 Mann gewaltsam ausgehobene Rekruten, bestehend aus zwei Infanterie- und einem Kavallerieregiment, an Kaiser Carl VI., ebenso 1744 drei Regimenter an die Generalstaaten. In diese Regierung traf der Siebenjährige Krieg. Hier hätte es sich durch die Soldatenverkäuferei gar leicht treffen können, daß Gothaer gegen Gothaer gefochten hätten: Friedrich hatte nämlich ein Regiment an England, das mit dem König von Preußen alliiert war, überlassen und zugleich an Österreich sein Reichskontingent stellen müssen.

1757, 21. August, an einem Sonntag während des Gottesdienstes, rückten die ersten Franzosen unter dem Prinzen von Soubise in Gotha ein. Darauf wechselten französische und Reichstruppen- sowie preußische Truppen-Durchzüge. Der Herzog, mit beiden kriegführenden Teilen befreundet, blieb, um an Ort und Stelle für seine Residenz und sein Land besser helfen zu können, in Gotha und übernahm selbst die Bewirtung der durchmarschierenden oder garnisonierenden Generale und Offiziere. Soubise speiste gewöhnlich mit 150 bis 200 Offizieren seines Generalstabs bei Hofe. Aber schon am 15. September 1757 zog der große preußische König mit seinem Bruder Heinrich und anderen Generalen, nur von der Spitze seiner Vorposten, 800 Dragonern, begleitet, unter dem Jubel des Volkes in Gotha ein, das die Franzosen eiligst und schleunigst geräumt hatten. Er bat freundlichst um Erlaubnis, mit den durchlauchtigsten Herrschaften eine Suppe essen zu dürfen, da er seit vier Tagen nicht ordentlich gespeist habe. Er setzte sich an die für die Franzosen servierte Tafel und ritt dann nach zwei Stunden weiter bis Erfurt. Vier Tage darauf war wieder Soubise, der sich mit der Reichsarmee unter dem Prinzen Joseph von Hildburghausen vereinigt hatte, in der Stadt, aber Seydlitz vertrieb diese vereinigte Armee mit nur 1800 Reitern und nahm darauf im Schlosse das für Soubise und Hildburghausen bestimmte Diner ein. Endlich säuberte der große Sieg Friedrichs bei Roßbach am 5. November 1757 die Gegend gründlich. Noch vom Schlachtfelde schrieb der König ein Billett an die Herzogin, um ihr den Sieg zu melden.

Schon vor dem Siebenjährigen Kriege, seit den vierziger Jahren, galt der gothaische Hof als einer der gebildetsten Höfe im In- und Ausland.

Er erhielt diesen Glanz durch die Herzogin und ihre Freundin, die Oberhofmeisterin Frau von Buchwald. Die Herzogin Luise Dorothea, geborene von Meiningen, war eine der ausgezeichnetsten Fürstinnen damaliger Zeit, nicht bloß eine Beschützerin, sondern auch Kennerin der Wissenschaften, eine Freundin Voltaires und Friedrichs des Großen und dabei die zärtlichste und sorgfältigste Mutter. Ihr zur Seite stand ihre Freundin Juliane Franzisca von Buchwald, geboren 1707 zu Paris, eine Tochter des elsässischen Freiherrn und württembergischen Ober-jägermeisters von Neuenstein, vermählt seit 1739 mit dem Oberhof-meister von Buchwald aus einer ursprünglich holsteinischen Familie, die sich zum Teil nach Gotha gewendet hatte.

In diesem Jahre 1739 ward am gothaischen Hofe zur Belebung der Gesellschaft der berühmte Orden »Des Hermites de bonne humeur [Eremiten zum guten Humor]« gestiftet. Das Ordenskleid war eine Pil-gertracht von braunem Taft, ein weißer, mit Blumen bekränzter runder Hut und ein rosenrot bebänderter Stab. Das Ordenszeichen war eine dreifache Schleife von weißem Bande mit der Devise: »Vive la joie [Es lebe die Freude].« Die Ordensnamen der Brüder und Schwestern waren Andeutungen auf den Charakter derselben. So hieß Madame de Buchwald »La Brillante [die Glänzende]«, ihre Schwester, Fräulein Neuenstein, nachherige Gemahlin von Nepida, »La Florissante [die Blühende]«, Mademoiselle de Wangenheim, die in den Hofgeschichten Gothas als eine »sehr merkwürdige Dame« bezeichnet wird, »La Singu-liére [die Sonderbare]«. Ich kann nicht sagen, ob dieses Fräulein Wan-genheim diejenige gewesen ist, die im Jahre 1779 Gemahlin des Dich-ters der »Wilhelmine«, Baron Thümmel, ward, nachdem sie vorher mit dessen Bruder vermählt war. Als Präsident des gothaischen Obersteu-erkollegiums wird 1767 ein Geheimer Rat von Wangenheim aufgeführt, wahrscheinlich war dieser der Vater. Jedenfalls gehörte auch der 1850 zu Coburg gestorbene Wangenheim, erst coburgischer Regierungsprä-sident, dann württembergischer Minister und Bundestagsgesandter, zu dieser Familie, die eine der ältesten gothaischen Familien ist nächst der der Trützschler, Ziegesar und so weiter.

»Le Tourbillon [der Wirbelwind]« hieß »der liebenswürdigste der Epi-kureer«, wie ihn Friedrich der Große nannte: Graf Gustav Adolf Gotter.

Gotter war 1692 zu Altenburg von bürgerlichen Eltern geboren, sein Vater war herzoglicher Rat. Schon seit dem Jahre 1715 war er gothaischer Gesandter in Wien gewesen, hier machte er Fortune durch einige junge österreichische Kavaliere, die von den Annehmlichkeiten seines Umgangs bezaubert waren und ihn in die große Gesellschaft einführten. Kaiser Carl VI. baronisierte ihn 1723, und gegraft ward er 1740 von Friedrich dem Großen, als er, in preußische Dienste getreten, für diesen großen König nach des Kaisers Tode in Wien mit starker Stimme Schlesien gefordert hatte. Gotter war in den Jahren 1740 bis 1746 Oberhofmarschall am preußischen Hofe, dann kehrte er nach Gotha auf sein nahe gelegenes schönes Schlößchen Molsdorf mit seinem herrlichen Garten zurück und verkehrte vielfach mit dem gothaischen Hofe. 1752 lud ihn Friedrich wieder nach Berlin, er versah nun wieder seinen Oberhofmarschallposten bis zum Jahre 1762, wo er 70jährig starb. Gotter war in allen Dingen ein Glücksmann, er gewann zweimal, in London und im Haag, das Große Los und hatte auch bei den Damen wie ein zweiter Casanova große Gunst. Unter den Porträts von mehreren Hunderten von Zeitgenossen, die man noch in Molsdorf aufgehangen sieht, hat er so mancher schönen Dame nahe und ganz nahe gestanden.

»L'Affable [der Leutselige]« hieß im Orden der »Eremiten zum guten Humor« ein von Moltke, von dem die Hofgeschichten viel Sonderbares, ja sogar Grausames zu erzählen gewußt haben sollen. Schon von dem 1692 in Hannover hingerichteten Oberjägermeister Moltke, der in die Verschwörung des Prinzen Max verwickelt war, wurde gesagt, daß er 1691 die Vergiftung Herzog Friedrichs I. veranlaßt habe, aus Rache, daß dieser dem Prinzen Max eine seiner Prinzessinnen abgeschlagen habe, weil Moltke keine Vollmacht vom Kurfürsten von Hannover zur Heirat habe beibringen können.

Endlich nenne ich noch unter den männlichen Eremiten des gothaischen Freudenordens den Geheimen Rat Sylvius Friedrich Ludwig Baron von Frankenberg, der den Namen »L'Eveillé [der Aufgeweckte]« führte. Frankenberg stammte aus einer schlesischen Familie, die nach Thüringen gekommen war. Er war das Faktotum beim Herzog und erhielt sich als solches auch noch unter den zwei Nachfolgern. Über diese interessante Persönlichkeit berichten die Memoiren des weimarischen

3. GOTHA

Kanzlers und Geheimen Kanzlers Rat Friedrich von Müller zum Jahr 1807: »Herr von Frankenberg war ein in vielfacher Hinsicht merkwürdiger und höchst origineller Mann. In Geschäften ergraut, hatte er schon unter drei aufeinanderfolgenden Herzögen von Gotha das größte Zutrauen genossen und konnte billig für die Seele der gothaischen Staatsregierung gelten. Von Jugend auf in alle Hofgeheimnisse eingeweiht, fast mit allen deutschen Staatsmännern und Diplomaten seiner Zeit wohlbekannt und mit allen Feinheiten der Gesellschaftssprache, und besonders der französischen, vertraut [...], setzte er großen Wert darauf, in allen auswärtigen Verhältnissen und in seinen zahllosen Korrespondenzen eine bedeutende Rolle zu behaupten. Dabei war er trotz seiner Schlauheit von edlem Charakter und warmem Rechtsgefühl. Mild und freundlich gegen jedermann, dienstfertig und hilfreich, wo er nur immer konnte, vornehm ohne Stolz in seinem Benehmen, wußte er sich allgemein geachtet und beliebt zu machen und wurde dabei von einer geistvollen und liebenswürdigen Gemahlin unterstützt, die seine vertrauteste Geschäfts- und Lebensfreundin war. Schon im hohen Alter, hielt er jedoch stets eine gewisse jugendliche, nicht selten humoristische Gemütsheiterkeit fest und nahm mitten unter seinen vielen Geschäften an den Abendkreisen, die sich täglich um seine Gemahlin versammelten, immer, wenn auch nur kurzen Anteil. Er war klein von Gestalt, mehr hager als stark, und pflegte im engen häuslichen Kreise sein langes, blondes Haar, in einen Zopf geflochten, über seine seidne Pekesche [mit Pelz und Schnüren verzierter polnischer Mantelrock] fast bis zur Erde herabfallen zu lassen. Erschien er so aus seinem Arbeitszimmer plötzlich im Salon seiner Gemahlin, so gab ihm das ein ganz seltsames patriarchalisches Aussehen, und er unterließ dann niemals, jede ihm näher bekannte Dame mit einem väterlichen Kuß auf die Stirn zu begrüßen. Er schrieb täglich unzählige Briefchen und Billetts, aber im kleinsten Formate und mit den spitzesten Rabenfedern, so daß es oft großer Anstrengung bedurfte, sie zu lesen, zumal wenn er sich, wie nicht selten, grüner oder blauer Tinte bediente.«

Von 1739 bis 1743 wurden 36 Personen in den Eremitenorden »Zum guten Humor« aufgenommen, bis 1749 im ganzen 71 Personen. Der zuletzt Aufgenommene war der vierjährige Erbprinz, der nachherige Herzog Ernst II. Er erhielt den Ordensnamen »L'Espiègle [der Eulenspiegel]«. Die einzigen bürgerlichen Mitglieder waren der Regierungsrat Cachedenier, Sohn eines Refugiés, Kanzler des Ordens und zubenannt »Le Discret [der Verschwiegene]«, und Mademoiselle Jacquin, ebenfalls eine Französin, zubenannt »La Fidèle [die Treue]«. Die Kapiteltage [Versammlungstage] wurden abwechselnd auf den herzoglichen Lustschlössern, zumeist in Friedrichswerth, gehalten. Erst mit dem Siebenjährigen Kriege erlosch diese heitere Gesellschaft.

Außerdem gab es literarische Zirkel im Hause der Oberhofmeisterin von Buchwald. Es versammelten sich hier nachmittags die herzogliche Familie und die Hof- und Stadtnotabilitäten. Auch ausgezeichnete Fremde erschienen hier. Wieland las hier zuerst seinen »Oberon« aus dem Manuskript vor. Frau von Buchwald erhielt sich 60 Jahre lang bis zu ihrem Tode 1789 durch ihre Geschmeidigkeit und Geistesstärke im höchsten Ansehen am gothaischen Hofe. Man gebrauchte sie sogar als Ambassadrice [Botschafterin] und nannte sie nur »die alte Mama«, »die Mutter des Hofes«. Eine Tochter von ihr heiratete 1762 den Grafen Johann Georg Heinrich Werthern auf Beichlingen, starb aber schon 1764.

Der gothaische Hof wurde ein gesuchter Mittelpunkt für die Fremden, die sich stets der zuvorkommendsten Aufnahme erfreuten. Voltaire schrieb bei seinem Aufenthalt einen Teil der »Histoire de l'Allemagne«. Auch viele fürstliche Personen sprachen ein, unter anderen auch die verwandten englischen Prinzen, und im Jahre 1770 erschien die verwitwete Prinzessin von Wales, des Herzogs geliebte Schwester, mit ihrem Sohne, dem Herzog von Gloucester.

Der Herzog genoß die besondere Gunst und Freundschaft Georgs II. von England und Friedrichs des Großen. Unter den Künsten beschützte er vorzüglich die Musik. Seine Kapelle war eine der besten seiner Zeit. An ihrer Spitze stand seit 1748 der Kapellmeister Benda, der für die Hofkirche und Kammermusik und unter dem Nachfolger Ernst II. auch fürs Theater komponierte.

Die edle Herzogin Luise, dieselbe, die ihr Beichtvater mit den Worten anzureden pflegte: »Durchlauchtigste, gnädigste Herzogin, große, große erhabene Sünderin«, starb im Jahre 1767, fünf Jahre nach ihr 1772 ihr Gemahl, 73 Jahre alt.

Friedrich III. hinterließ, da der Erstgeborene, Friedrich, schon 1756, 21jährig, gestorben war, seinen Zweitgeborenen Ernst als Nachfolger und noch einen Prinzen August, der in holländische Dienste trat und 1806 starb. Dieser Prinz August gehörte nebst seinem Bruder zu den gebildetsten Prinzen, die Deutschland damals aufzuweisen hatte, und wurde besonders von Goethe hoch geschätzt. Er schrieb über ihn unterm 27. August 1782 aus Weimar an Frau von Stein: »Der Prinz ist gar verständig und gut, es läßt sich mit ihm etwas reden und treiben. Ich schicke Dir einen artigen Aufsatz über Rousseau von ihm. Er ist außerordentlich bescheiden bei sehr richtigem Gefühl und hat keine fürstlichen Queren.« Unterm 24. September 1782 schreibt er weiter: »Der Prinz ist weg und hat noch bei mir sein Frühstück eingenommen. Ich bin ihm herzlich gut und wollte, er wäre unser, es wäre ihm nütze und uns auch. Er hat die Kenntnis und das Interesse, das unsern fürstlichen Personen fehlt, um das in Bewegung zu setzen und zu erhalten, was so reichlich bei uns vorrätig ist und was außerdem jeder für sich behält.« Auch Wieland nennt Prinz August von Gotha »einen von den Besten in seiner Klasse«.

Herzog Friedrich III. hinterließ noch eine Prinzessin Luise, welche 1771 den Großfürsten Paul heiraten sollte, was aber wegen der nötigen Religionsveränderungen abgelehnt ward, und die bald nach des Vaters Tode 1775 unvermählt starb.

Der Hof-, Zivil- und Militäretat war in Gotha im Jahre 1767 beim Ausgang der Regierung Friedrichs III. glänzend besetzt. An der Spitze des Hofstaates stand jetzt wie am preußischen Hofe der Oberkammerherr, es folgten Oberhofmarschall, Hausmarschall, Hofmarschall, Oberschenk, Oberstallmeister, Stallmeister, Oberlandjägermeister, Landjägermeister und hierzu noch vier Oberforstmeister. Die Hofspeisung an der Marschallstafel bestand noch des Mittags, abends fand sie nur bei Gala-Tagen statt.

Die oberste Landesbehörde bildete das Geheime Konsilium. Die anderen Behörden waren die Landesregierungen in Gotha und Altenburg, die Oberkonsistorien in Gotha und Altenburg, die Kammern zu Gotha und Altenburg, die Obersteuerkollegien in beiden Städten und das Kriegskollegium. An der Spitze des Kriegsstaates stand der Schloß- und Stadthauptmann Obrist von Nepida.

HERZOG ERNST II.
1772 BIS 1804

Ernst II., geboren 1745, hatte von seiner Mutter eine höchst sorgfältige Bildung erhalten und wurde einer der vorzüglichsten Fürsten seiner Zeit. Nächst dem Stifter des gothaischen Hauses, dem ehrwürdigen Ernst I., dem Frommen, war er der ausgezeichnetste Herzog, den Gotha gehabt hat. Er erhielt seine staatswissenschaftliche Bildung bei Pütter. Dieser kam deshalb ein Jahr lang von Göttingen nach Gotha. Darauf begab Ernst sich in den Jahren 1767 bis 1769 mit seinem Bruder Prinz August auf Reisen. Er besuchte seine Tante, die Prinzessin Auguste von Wales, in England, er sah Holland und Frankreich. Schon als Erbprinz galt er für sehr englisch gesinnt und für einen Feind der französischen Moden. In Paris lernte er Diderot, wie der schwedische Tourist Björnstahl in einem seiner Reisebriefe aus dem Haag vom 31. Oktober 1774 berichtet, inkognito kennen. »Er kam verschiedene Male unter dem Namen eines reisenden Schweizers zu Herrn Diderot. Dieser fand bei ihm ein so reifes und gesetztes Wesen, daß er zu ihm sagte: ›Jeune homme, retournez bientôt en votre pais pour conserver votre innocence, ne vous laissez par gàter ici [Junger Mann, kehren Sie bald in Ihr Land zurück, um Ihre Unschuld zu bewahren, lassen Sie sich hier nicht verderben].‹ [...] Es trug sich hernach zu, daß Herr Diderot in einer gelehrten Gesellschaft war, wo jemand hereinkam und den Prinzen von Sachsen-Gotha anmeldete. Als der Prinz hereinkam, erkannte Herr Diderot seinen jungen Schweizer und bat ihn seiner Offenherzigkeit wegen um Verzeihung. Der Prinz antwortete: ›Der Ruhm, den Sie mir gegeben haben, ist der schmeichelhafteste, den ich je erhalten habe, ohne von einem Schmeichler erteilt worden zu sein.‹«

Zurückgekehrt, vermählte sich Ernst 1769 mit Charlotte, der Tochter Herzog Anton Ulrichs von Meiningen. Drei Jahre darauf starb sein Vater, und er übernahm nun die Regierung von Gotha. An der Spitze der Regierung blieb, wie unter seinem Vater, der Baron Frankenberg.

Die erste Aufgabe, die Ernst II. löste, war die Regulierung der durch den Krieg und die darauffolgende Teuerung zerrütteten Finanzen. Er führte eine weise Sparsamkeit ein. Ohne den Wissenschaften, Künsten und allgemeinen Landes- und Industrieanstalten beträchtliche Summen zu entziehen, suchte er allein durch die Einfachheit seines öffentlichen und Privatlebens diese Ökonomie zu bewirken. Er hielt zwar an seinem Hofe noch 1791 nach Ausbruch der Französischen Revolution 17 Kammerherren und 11 Kammerjunker und einen Directeur und Sousdirecteur des plaisirs [Vorsteher und stellvertretenden Vorsteher der Lustbarkeiten], aber er führte weder neue Auflagen ein, noch willigte er in das Anerbieten seines nächsten Anverwandten, des Königs von England, gegen ungeheure Subsidien Truppen nach Amerika herzugeben. Er verweigerte diese Subsidien noch aus einem anderen, höheren Grunde, weil er an der Entstehung des nordamerikanischen Freistaates den lebhaftesten Anteil nahm. Selbst als der Reichskrieg gegen Frankreich in der Revolution ausbrach, kaufte er sich von der wirklichen Stellung der Truppen durch bedeutende Geldzahlungen los. Er pflegte zu sagen: »Ich will lieber Geld und Pferde verlieren als Menschen.« Obgleich er für die amerikanische und im Anfang auch für die Französische Revolution gewesen war, ward er doch bald Gegner der Französischen Revolution. Das ging so weit, daß er unter seinen Augen durch Reichard von 1792 bis 1803 den [antirevolutionären] Revolutionsalmanach ausgehen ließ. Seine Gemahlin verfolgte dagegen mit weiblicher Leidenschaft ein ihm ganz entgegengesetztes politisches System. Es kam der sonderbare Irrtum vor, daß sie, vermutend, der Almanach werde seinem Titel nach die Sache der Revolution führen, 12 Exemplare subskribierte. Als sie sich enttäuscht fand, wollte sie alle 12 Exemplare mit Protest zurückschicken, was freilich der Buchhändler ablehnen mußte.

Wie das fürstliche Ehepaar im Politischen disharmonierte, so disharmonierte es auch in den häuslichen Verhältnissen. Die Briefe Goethes an Frau von Stein geben hierüber Andeutungen. Er schreibt aus Gotha am 30. März 1782: »Die Herzogin sitzt vielleicht schon sechs Wochen, läßt sich tragen, und niemand glaubt ihrer Krankheit, man hält es für Verstellung, und niemand kann doch sagen, warum oder wozu. Der Herzog ist auch nicht recht, er macht sich stark und kann es nicht ganz verleugnen.« Und am 9. Mai 1782: »Den armen Herzog finde ich in einer traurigen Lage. Seine Frau ist sehr krank und seine Geliebte sterbend. Es steht hier alles wunderbar gegeneinander, ich hielte es nicht acht Tage aus. Als Einheimischer versteht sich, ein Fremder kommt immer wie Israel durchs Rote Meer, ein Zauberstab macht die feuchten Wände stehend, wehe dem, über dem sie zusammenschlagen.« Unterm 5. Juni 1784 schrieb Goethe an Frau von Stein: »Ich hab' die Schneidern besucht, die mich gejammert hat. Sie ist gewiß ein seltenes gutes Geschöpf, das menschlichem Ansehen nach kein halb Jahr mehr leben kann. Sie trägt ihre Übel mit einer Gelassenheit, ist so verständig, beträgt sich so artig, daß es mich nicht wundert, wenn die beiden Prinzen [der Herzog und sein Bruder August] sehr lebhaften Anteil an ihr nehmen. Was aus dem Herzog werden soll, wenn sie stirbt, seh' ich nicht, Gott bewahre jeden vor so einer Lage. Er hofft noch, ich würde nicht hoffen können. Ich habe es recht lebhaft gefühlt, daß ich imstande wäre, in gleichem Falle meiner Geliebten Gift anzubieten und es mit ihr zu nehmen.«

Herder schrieb nach dem Tode dieser Frau unterm 2. März 1785 an Knebel aus Weimar: »Der Herzog von Gotha ist hier, zu trösten und getröstet zu werden; denn seine Madame Schneider ist Sonntag begraben. Er hat mir viel von der Qual eines zu empfindlichen Herzens gesprochen, was ich nicht verstand, weil ich die Veranlassung dazu nicht wußte, also auch nicht comme il faut [wie es sich gehört] beantwortet habe. Trödelkram! Trödelkram, lieber Knebel, ist das meiste auf der Erde, und die Herzen der Fürsten sind kostbare Stücke in dieser Bude. Kaufe sie, wer will, mir ist ein Dreier lieber!«

Zur Zerstreuung reiste Ernst im Sommer 1785 nach Westfalen und Holland; auf dieser Reise war der sarkastische Darmstädter Merck sein Begleiter. Am 12. September schrieb Herzog Carl August von Weimar an diesen: »Der Herzog von Gotha hat wirklich sehr liebenswürdige Eigenschaften und (das Los der meisten modernen Fürsten) sehr guten Willen: Er täte gern wirklich viel Gutes, wenn sich's nur so tun ließe. Vermutlich werden Sie sich einander nicht immer verstanden und sehr oft in Ideen verfehlt haben. Es ist dieses ein Zufall, der Ihnen schon öfters mit Fürsten, Baronen und Gelehrten vorgekommen ist.«

Die siebziger Jahre, in welche Ernsts II. Regierungsantritt fällt, waren die Jahre für Deutschland, wo die philanthropischen Ideen, die von Frankreich her durch die Philosophen und von England her durch die reformierte Freimaurerei einen ungemeinen Umschwung in den Gemütern aller edleren Menschen hervorbrachten. Menschenliebe und Völkerglück wurden damals mit einem Enthusiasmus zu verwirklichen erstrebt, von dem man heutzutage, nach den üblen Erfahrungen von dem Mißbrauche, den man damit gemacht hat, freilich nur noch einen kühlen Begriff hat, statt der wärmsten, schwärmerischen Empfindung wie damals. In den siebziger Jahren suchte man allgemein in den geheimen Logen, Orden und Gesellschaften jenen philanthropischen Ideen eine durchgreifende und universelle Wirksamkeit zu verschaffen. Herzog Ernst II. war tief in die Bewegungen der Freimaurerei verflochten. Er trat, und ebenso auch sein Bruder August, dem von Weishaupt gestifteten Illuminatenorden bei, wo er den Ordensnamen »Timoleon« erhielt. Als Novize des Ordens sandte der edle Mann, dem es ernst um die gute Sache war, dem Ordensgründer nach Ingolstadt die geheimen Berichte über seine innersten Herzensgedanken. Er nahm sogar, als der Orden der Illuminaten in Bayern aufgehoben wurde, Weishaupt 1785 als Legationsrat an seinem Hof auf und gab ihm eine Pension.

Um mit Paris, dem Zentralpunkt der großen Welt und Hofbildung, stets in engster Verbindung zu bleiben, hatte der Resident Gothas daselbst Auftrag, alle neuen Erscheinungen der Literatur schnellstens einzusenden. Dieser Resident war der berühmte Friedrich Melchior Baron von Grimm, der Herausgeber des Diderotschen Briefwechsels, der Korrespondent an die europäischen Höfe über die literarischen und anderen Neuigkeiten aus der Weltstadt. Grimm war ein geborener Regensburger. Als Herzog Ernst II. noch als Erbprinz in Paris war, hatte er als Vorleser bei ihm gestanden. 1776 ward er zum Legationsrat und später zum Geheimen Rat erhoben. Er starb als Wirklicher russischer Etatsrat 1807 zu Gotha, 85 Jahre alt. Friedrich der Große schrieb einmal über Grimm an d'Alembert unterm 23. Juni 1777: »Grimm geht bald hier durch, um sich nach Frankreich zu begeben, von wo er wieder nach Rußland zurückkehren wird. Wenn er die Welt nicht kennenlernt, so lernt es niemand. Nur Schweden und Grönland muß er noch sehen, dann ist er überall gewesen. Ich belehre mich lieber in meinem Kabinette, statt so weit in der Welt herumzustreifen.« »Die Gothaer«, schreibt Fräulein von Göchhausen an Merck unterm 26. April 1780, »haben einen Vertrag mit den schönen Geistern in Paris, alle ihre Ejakulationen, sobald sie damit entbunden worden, noch im Manuskript (für Geld) zu lesen.«

Damals galt das Theater für eine Hauptbildungsschule. Nach dem Schloßbrand in Weimar 1774 nahm Ernst die dortige Truppe in Gotha auf und gründete damit das Gothaer Hoftheater, das unter Aufsicht des genialen Oberhofmarschalls von Studnitz gestellt ward. Der Tourist Heinrich August Ottokar Reichard, später Bibliothekar des Herzogs und sein langjähriger Freund, der Autor des bekannten »Guide des voyageurs [Führers für Reisende]« und des antirevolutionären Revolutionsalmanachs war damals Theaterdirektor. Er gab den ersten Theaterkalender 1775 bis 1800 und ein Theaterjournal 1774 bis 1784 heraus und starb als Kriegsrat und Kriegsdirektor 1828. Seine Frau war das weimarische Fräulein Seidler, Pflegerin der fünfjährig verstorbenen Prinzessin Luise. Benda komponierte seine »Ariadne auf Naxos«, der Archivar Friedrich Wilhelm Gotter dichtete »Medea« fürs gothaische Theater.

Ernst berief den ersten und größten damaligen deutschen Schauspieler, Ekhof, der weit über die Flut seiner Vor- und Mitgänger hervorragte, nach Gotha, er starb aber bald darauf 1778. Ekhofs Steckenpferd war die Politik. Er las alle möglichen Zeitungen, war zuletzt fast in Geistesabwesenheit verfallen und starb so dürftig, daß die Freimaurerloge die Kosten des Begräbnisses tragen mußte. Das neue Hoftheater ging nach seinem Tode wieder ein.

Nachdem Baron Thümmel, Studnitz' Schwiegervater, früher Page bei des Herzogs Mutter, dann Kammerjunker und zuletzt Minister in Coburg, den coburgischen Ministerposten 1783 aufgegeben, ließ er sich bis zu seinem Tode 1817 am Hofe von Gotha nieder. Der Herzog Carl August von Weimar mit Goethe und Dalberg, mainzischer Statthalter zu Erfurt, sprachen oft ein. In der Revolutionszeit kam Baron Grimm, der 1807 in Gotha starb. Ettinger gab unter Herzog Ernst seit 1774 den 1765 durch von Notberg zum ersten Male erschienen

CONRAD ECKHOF.

Etenim Roſcius, *cum* artifex *ejusmodi ſit,*
ut ſolus dignus videatur eſse, qui in ſcena ſpectetur:
tum vir *ejusmodi eſt, ut ſolus dignus videatur,*
qui eo non accedat Cicero, Orat. pro P. Quint. 78.

4. Konrad Ekhof

»Gothaischen Hofalmanach« heraus. Becker, der Autor des »Not- und Hilfsbüchleins«, publizierte 1791 den »Reichsanzeiger« und 1796 die »Nationalzeitung der Deutschen«. Ernst gründete 1780 ein Schullehrerseminar, eines der ältesten, das in Deutschland besteht. Salzmann kam aus Dessau und gründete die Erziehungsanstalt Schnepfenthal bei Gotha. Ernst schützte nicht nur die Wissenschaften und Künste, sondern er nahm auch selbst einen Platz als wissenschaftlich gebildeter Mensch ein. Seine Lieblingsstudien waren Sprachkunde, Mathematik, Physik und Astronomie, er erbaute 1787 die berühmte Sternwarte auf dem Seeberg bei Gotha, wo Baron von Zach, ein geborener Ungar, Oberhofmeister der verwitweten Herzogin, die zu Eisenberg residierte, und Bernhard von Lindenau, der später Minister in Gotha und in Sachsen ward, gearbeitet haben.

Gotha hat Ernst II. bedeutend verschönert. Schon seit 1772 ließ er die Festungswerke des Friedensteins niederreißen und schuf den südlich vom Schlosse gelegenen herrlichen Park. Goethe schreibt über diesen Park aus Gotha am 14. Juni 1783 an Frau von Stein: »In dem englischen Garten ist es recht anmutig still und ruhig. Anstatt daß unser Herzog neuerdings alle Türen und Brücken seiner Gärten und Anlagen eröffnet hat, so sind hier die Partien des Gartens gegeneinander selbst verschlossen und stellen Vorhöfe, Tempel und Heiligstes vor. Der Unterschied ist recht charakteristisch.«

Bis zu seinem Tode suchte Herzog Ernst II. gewissenhaft alle Regentenpflichten zu erfüllen, er äußerte oft, daß jede Minute der Zeit, welche den Geschäften bestimmt war, entzogen, ein Raub an seinen Untertanen sei. Er starb, ohne die Katastrophe von 1806 zu erleben, welche seinem Herzen nur tiefe Trauer gegeben haben würde. Er haßte Napoleon und soll entschlossen gewesen sein, wenn jemals die französische Kriegsmacht sich seinem Lande genähert hätte, sich nach Nordamerika zurückzuziehen. Er starb am 20. April 1804, erst 59 Jahre alt. Er erlag, ohne durch Ausschweifungen erschöpft zu sein und noch bei herkulischer Stärke, einer sich plötzlich einstellenden Erschöpfung. Wenige Tage vor seinem Tode hatte er Reichard rufen lassen und Verordnung über Sicherstellung seiner freimaurerischen Papiere getroffen. Sie wurden eingepackt und mit den Kisten, welche den Nachlaß Bodes enthielten, an den Herzog von Südermannland, damaliger Landesgroßmeister und nachher als König Carl XIII. Stifter eines höheren Freimaurerrittergrades, ins Stockholmer Maurerarchiv abgesendet.

Herzog Ernst II. hinterließ zwei Prinzen, August und Friedrich, welche beide seine Nachfolger wurden und mit denen das Haus Gotha ausstarb. Seine Gemahlin, die meiningische Prinzessin Charlotte, starb erst im Jahre 1827. In den Jahren 1804 und 1805 reiste sie mit ihrem Oberhofmeister, dem berühmten Astronomen Baron Zach, in Frankreich, dann lebte sie bis 1806 zu Eisenberg, dann noch 20 Jahre teils in Frankreich, teils in Italien, zuletzt in Genua.

HERZOG EMIL AUGUST
1804 BIS 1822

Herzog Emil August, geboren im Jahre 1773, war in den Jahren 1788 bis 1790, wo die Revolution in Frankreich ausbrach, mit seinem jüngeren Bruder Friedrich in Genf erzogen worden, und als er zur Regierung kam, 31 Jahre alt. An der Spitze der Geschäfte blieb der alte Baron Frankenberg wie unter den zwei vorhergehenden Regierungen. Gleich in die ersten Jahre des neuen Herzogs traf der große französische Krieg gegen Preußen. Er war ein enthusiastischer Verehrer Napoleons und trat mit dem größten Empressement [Eifer] dem Rheinbund bei. Weit zurückhaltender geschah zuletzt der Zutritt zum Deutschen Bunde.

Herzog Emil August war eines der merkwürdigsten Fürstenoriginale, die das 19. Jahrhundert gesehen hat, ein phantastischer, splendider Herr, der viel Geld verschwendete, ein wunderlicher, exzentrischer Herr, der die barockste Laune und die skurrilsten Einfälle hatte, ein Mann, der von einer ewigen Unruhe umher – und in die tollsten Abenteuerlichkeiten, die die Fürstenwürde in ihm geradezu lächerlich machten, hineingetrieben wurde. Er war ein würdiges Pendant zu Ernst August von Weimar. Sowohl die Körperbildung Herzog Emil Augusts – er war ein hoher, blonder, blasser Mann von feinster Haut – als auch seine Neigungen deuteten mehr auf eine weibliche Natur. Er liebte ein weiches, bequemes und sentimentales Leben und brachte einen großen Teil des Tages im Bette zu. Hier nahm er in der Regel Cour [Aufwartung] an und besorgte auch die Staatsgeschäfte von da aus. Er war von ungemein reizbarer Einbildungskraft und gab allen Impulsen, die von dieser Quelle ausgingen, nach. Seine Eitelkeit bestand darin, als der geistreiche Sonderling auf seinem Schlosse zu Gotha wie ein Prinz aus Tausendundeiner Nacht zu leben. Orientalisch durch und durch war seine Phantasie gestimmt. Die Vorliebe für den Orient und namentlich für China ging zuweilen so weit, daß er seinem Staatsrat als Mandarin gekleidet präsidierte. Von der Vorliebe für das Himmlische Reich rührt auch das berühmte chinesische Kabinett in Gotha her.

Seine Lieblingsbeschäftigungen waren Künste und Wissenschaften. Er war Mitglied der Mineralogischen Gesellschaft zu Jena, der Gesellschaft der Altertümer zu Kassel und der Akademie zu Rom. Er war schon als Erbprinz ein intimer Freund von Jean Paul [eigentlich Johann Paul Friedrich Richter] und machte ihm heimlich kuriose, phantastisch-prächtige Geschenke. Unterm 21. Mai 1801 schreibt Jean Paul aus Meiningen an Otto: »Vorgestern abend fand ich von der Post eine Folio-Kapsel und darin eine englische Folio-Ausgabe von Young mit 20 oder 25 herrlich phantastischen Kupferstichen, englisch-prächtig vergoldet; eine goldene Kette, geendigte mit einer großen Perle, dient statt der Zwergzettel, die Du in Bücher legst. Anonym kam's, ist aber vom gothaischen Erbprinzen. Ich taxiere es auf 15 Guineen. Die Kette bin ich gesonnen abzulösen und meiner Frau um den Hals zu hängen.« Jean Paul mußte lange mit seinem fürstlichen Freunde korrespondieren, bis er es gar nicht mehr aushalten konnte und den grillenhaften Abenteuerlichkeiten desselben auswich. Jean Paul urteilte über Emil August, als er noch Erbprinz war, er habe die Titanomanie, und als er Herzog geworden, er sei der witzigste Kopf, der je unter einer Krone gesteckt habe – nur tauge der Witz für die Fürsten nicht. Herz sprach er ihm geradezu ab: »Der Herzog«, schreibt er aus Bayreuth am 17. September 1810 an Villiers, »ist ein personifizierter Nebel, bunt, leicht, schwül, kühl, in alle phantastischen Gestalten sich zerteilend, zwischen Sonne und Erde schwebend, bald fallend, bald steigend. Nun greife man nach diesem Nebel! Hätt' er ein Herz – sein Dichterkopf wäre der größte.« Goethe prädizierte ihn geradeheraus als »einen Narren«, dem Herzog dagegen erschien der ehrbare Geheime Rat als »ein Pedant«, und er war sehr übel auf ihn zu sprechen. »Papst Goethe«, heißt er ihn einmal in einem Briefe aus Gotha unterm 18. Juni 1810 an Jean Paul.

Herzog Emil August brachte halbe Tage damit zu, ausführliche, höchst beredte und reich ausgestattete Briefe an seine Freunde und Freundinnen zu schreiben, ja er schrieb selbst dergleichen Billette an Frisöre, Modehändler und dergleichen Leute, mit denen er fortwährend zu verkehren hatte. Er exzellierte sogar als Autor, er schrieb: »Kyllenion oder Ein Jahr in Arkadien« und erlebte mit dieser Schöpfung eigene Schicksale. Sein Freund Richter hatte ihn gelobt, dagegen dessen Schwager, der Leipziger Dr. Mahlmann, im »Freimütigen« eine sehr mißfällige Rezension des fürstlichen Dichterwerks gegeben. In aller Rage schrieb der Herzog aus Altenburg unterm 14. November 1805 an Jean Paul nachfolgenden Brief, der hinlänglich das sonderbare Gemüt desselben zeigt:

»Dieses Mal trägt der Richter und nicht die Gerechtigkeit die Bürde der Liebe und vielleicht eine noch unendlich zarter gewebte. Erinnern Sie sich, zaudernder Freund, Ihrer Gegensätze: Liebe in Arkadien und Arkadien in der Liebe? Ist das nicht einerlei [...]? Andere richten anders, aber sie sind mir nicht Richter. – Bald ärgert man sich, bald findet man alles schön, ›wegen der Griechheit‹ [...] Jetzunder habe ich mich für lange Zeit abgegriechet und verachte mein Mitpublikum, als wenn ich ein Deutscher oder ein Ausländer wäre. Mein Zorn ist gerecht; denn nur ein deutsches Schwein frißt sich finniges Schmer aus Lenzblüten, und eine deutsche Ente kackt es unverdaut mit noch lebendem Gewürm in den Morast eines öffentlichen Blattes für die deutschen Kiebitze [...] Doch ich bin zu aufgebracht, um nicht Schärfe und Härte zu verbinden; ich ende, weil es besser gewesen wäre, ich hätte nie angefangen; ich umarme meinen Richter mit Liebe und Schmerz, um auch bald meine Henker in Demut und leichtem Sinn umarmen zu können. Künftig will ich nur schreiben und träumen [...] Richter! Ich ändre nichts an Kyllenion; die Sache bleibt die Sache ohne Wechsel der Gewänder, ohne Beieinanderwohnen. War mein Motiv schön, so bleibt es

August

Herzog v. Sachsen Gotha u. Altenburg.

Auguste

Duc de Saxe Gotha et Altenbourg.

5. Herzog Emil August von Sachsen-Gotha-Altenburg

49

schön, ich ändre oder ändre nicht, man tadle oder lobe es. Auf Ehre! Ich schreibe weder für das Lob noch für das Geld. Sie wissen ja, daß ich nicht einmal schreibe, und Sie wissen, daß mein Nachschreiber mehr ein Vorschreiber als ein Schreiber ist [...] Adio! Ihr Herz ist mir unter dem Männerstaub und Männersand eine holde, tröstende Oasis. Mögen meine Zähren als reine Blüten in ihr aufsprossen. Bitte verteidigen Sie diesmal weder mich noch die Arkadier, ich mache alles wieder gut: Ich schreibe zwölf Stunden im Bordell, und beim 48sten déserteur [Überläufer] lassen sie den leeren und geschwächten Kopf aus der Hand sinken. Was werden die Männer frohlocken, daß ich auch weiß, wo ihr Himmel ist. Emil.«

Mit dem Rezensenten Mahlmann, »dem Henker«, den der Herzog »zu umarmen« sich vorgenommen, kam noch eine höchst drollige Begebenheit am gothaischen Hofe vor. Der Herzog lud Dr. Mahlmann nach Gotha, um ihm einen anderen Roman von sich vorlesen zu lassen, in dem er sich selbst persifliert hatte. Die Vorlesung sollte in einem großen Hofzirkel stattfinden. Die Herzogin bemerkte aber, daß ein simpler Doktor nicht hoffähig sei. Darauf ward Mahlmann, damit er der Vorlesung beiwohnen konnte, in aller Eile das Hofratsdiplom zugesandt. Mahlmann kam so, er wußte gar nicht wie, zu dem Titel.

Kurios ist noch, was Dorow in seinen Memoiren erzählt: Alle Genialität des Selbstherrschers verhinderte doch nicht, daß er von der alten, steifen Hofpedanterie beherrscht wurde. Dorow kam im Dezember 1811 als Kurier des preußischen Gesandten in Paris, General von Krusemark, durch Gotha. »Als ich in Gotha einfuhr«, schreibt er, »fragte der wachhabende Offizier nichts anderes als: ›Mein Herr, sind Sie ein Edelmann?‹ – ›Nein.‹ – ›Ist es aber auch bestimmt [so], denn ist dieses, so muß ich Sie melden.‹ – ›Zum Teufel, wenn ich Ihnen nein sage, so können Sie es glauben!‹ Und so fuhr ich zur Post. Also nur Edelleute werden in Gotha gemeldet.«

In dem »Kyllenion« waren Lieder eingeflochten. Auch diese waren meist von des Herzogs Komposition. Seine Kapelle war weit und breit berühmt. Sie stand unter der Leitung von Spohr und von Romberg. Auch mit dem Kapellmeister Reichardt stand er im besten Vernehmen.

Von Napoleon war der Herzog, im Gegensatz zu seinem Vater und dem weimarischen August, ein grenzenloser Bewunderer. Es ging ihm schwer an, diese grenzenlose Bewunderung vor 1806 nicht merken lassen zu dürfen. Als der Kaiser aber im Jahre 1806 bei ihm war und dieser ihn aufforderte, sich eine Gnade von ihm auszubitten, wagte er die Bitte, ihn umarmen, das heißt küssen zu dürfen. Napoleon wandte sich mit einem sehr starken Ausdrucke von dem sonderbaren Principion [Fürstchen] weg. Zu Napoleons Empfang war damals in Gotha vom Herzog selbst ein kolossaler Wagen in Gestalt eines Totenkopfes auserwählt worden, den der neue Cäsar natürlich ausschlug. Emil August blieb Napoleon bis zuletzt treu und wollte gar nichts von Befreiungskriegen wissen. Die russischen Offiziere waren auf diesen starken Bewunderer Napoleons gar nicht gut zu sprechen. Als der Kaiser abgedankt hatte, schrieb einmal General von Rennenkampf, Adjutant des Fürsten Barclay de Tolly, an Stein aus Breslau unterm 1. August 1814: »In Gotha bin ich den Mittag bei Hofe gewesen. Der Herzog war kurz vorher zum erstenmal in seinem Leben auf einer Jagd gewesen, in seiner Kutsche, und hatte verboten zu schießen, weil er bei jedem Schuß erschrickt. Er hat mich mit keiner andern Rede aus seinem hochfürstlichen Munde gewürdigt als den Calembourgs [Kalauern], die ich schon vor fünf Jahren von ihm hören mußte. Seine Gemahlin hat sich sehr klug benommen, sie hat geschwiegen.« Noch nach den Befreiungskriegen war August Napoleon so treu ergeben geblieben, daß er, als die gothaischen Truppen im November 1815 nach der zweiten Einnahme von Paris heimkehrten, jeden frohen Empfang derselben untersagte, ja sogar der Landwehr die Uniformen nehmen ließ, so daß die Befreiungssoldaten im harten Winterfrost in bloßen Hemdärmeln in ihren heimatlichen Dörfern Einzug halten mußten.

Offenbar war es mit diesem Herren nicht richtig im Kopfe. Seine krankhafte Stimmung wurde von Unterrichteten auf heimliche Jugendsünden geschoben. Die Höflinge suchten sie aus einem unbefriedigten Drange des Ehrgeizes zu erklären. Seine Seele, die nach Größe strebe, sagte man, finde für ihr Streben keinen würdigen Spielraum in dem engen Kreise seines kleinen Fürstentums. Die krankhafte Stimmung seines Gemüts ging oft in eine solche finstere Melancholie über, daß sie ihn um Mitternacht aus dem Schlafe aufscheuchte. Er pflegte dann auf dem Bette zu jammern oder im flatternden Gewande mit nicht endendem lauten Wehklagen und Verwünschungen die Gemächer seines Schlosses zu durchwandeln, dergestalt, daß denen, die diese Ausbrüche mit anhörten, die Seelen erbebten. In diesen Stimmungen hatte er schreckliche Gesichte, die der Hofmaler Graff dann nach seiner Angabe malen mußte. Man sieht noch solche Bilder, zum Beispiel Männer mit grünen Haaren, Frauen mit schönen Angesichtern und in Schlangen ausgehend, in der Galerie in Gotha.

Einmal gewahrte der melancholische Herzog den Triumphzug des Todes über die ganze Erde in einem staunenswerten Detail, das der Maler nicht auf der Leinwand wiederzugeben vermochte. Sein Lebensüberdruß war so groß, daß ihm alles zum Ekel geworden war. Er nahm, nur um des Neuen und Seltsamen willen, die größten Bizarrerien vor. So nahm er einmal als Frau mit entblößten Achseln und mit einem Kaschmirschal Cour vom ganzen Hofe an, mischte Eau de Cologne zum Salat, versuchte an seiner Hoftafel alle Grade von Fäulnis bei Fleischspeisen und Vegetabilien, färbte sich die Augenbrauen, trug heute eine blonde Perücke und erschien morgen als Schwarzkopf. Er ergoß sich in den bittersten Spott über sich und andere, machte die witzigsten und beißendsten Wortspiele und Epigramme, weidete sich an der Verlegenheit der Betroffenen – zu antworten durften sie nicht wagen. Seine Absicht war, in einem prächtig ausgeschmückten unterirdischen Gemach auf einer einsamen Insel im Park zu Gotha dergestalt beigesetzt zu werden, daß er in diesem Gemache, als dessen Deckenplafond der Sternenhimmel gemalt werden sollte, in seinen gewöhnlichen Kleidern auf dem Sofa ruhen möchte, wie über der Lektüre eines Buches eingeschlafen. Es kam nicht dazu. Er verordnete nun, nur bei Nachtzeit auf der Insel begraben zu werden, was auch geschah. Äolsharfen hängen in den Trauerweiden, die das Grab umgeben.

Vermählt war Herzog Emil August zweimal. Seit 1797 mit Luise Charlotte von Mecklenburg-Schwerin und das zweite Mal seit 1802 mit Caroline, Tochter des Kurfürsten Wilhelm I. von Hessen-Kassel, einer sehr korpulenten Dame, die diese Korpulenz noch durch den berühmten schwarzen Diamantenschmuck in recht helles Licht setzte. Von der ersten Gemahlin hinterließ er nur eine Tochter Luise. Diese sehr reiche Erbtochter heiratete 1817 Herzog Ernst von Coburg, der auch das Land Gotha erbte.

Seit Herzog August bestanden im Hofetat drei Stäbe: 1. der Oberkammerherrenstab, zu dem 30 Kammerherren gehörten [1791 waren es nur 17]; 2. der Oberhofmarschallstab, unter diesem rangierten Hausmarschall, Oberschenk, Schloßhauptmann, 14 Kammer- und Jagdjunker, sieben Pagen mit einem Hofmeister und vier Lehrern, zwei Kammerdiener, 38 Lakaien, die Hofküche mit 24 Personen, die Hofkonditorei mit vier, die Hofkellerei mit 12, die Silberkammer mit fünf und die Bettmeisterei mit 11 Personen, die Kapelle, bestehend aus 37 Personen und dem Konzertmeister Ludwig Spohr, die Bibliothek, das Münz- und Raritätenkabinett und die Hofgärtnerei; 3. der Oberstallmeisterstab mit 44 Personen. Hierzu kam die Jägerei in Gotha mit 48 Personen, an der Spitze der Landjägermeister, drei Oberforstmeister, ein Forstmeister und ein Kammer- und Jagdjunker; in Altenburg gehörten 33 Personen zur Jägerei. Der Hofstaat der regierenden Herzogin bestand aus der Oberhofmeisterin, dem Oberhofmeister und einem Kammerherrn, einem Kammerjunker und vier Hofdamen.

Der Zivilstaat setzte sich zusammen aus dem Geheimen Konsilium, dem vier Wirkliche Geheime Räte und Minister mit dem Exzellenztitel angehörten. Dazu kamen zwei Landesregierungen zu Gotha und zu Altenburg, denen Kanzler vorstanden, die zwei Kammerkollegien zu Gotha und zu Altenburg, zwei Obersteuerkollegien und zwei Konsistorien zu Gotha und zu Altenburg und ein Kriegskollegium zu Gotha. Der Militäretat umfaßte zwei Generalleutnants, zwei Generalmajore und acht Obristen.

HERZOG FRIEDRICH IV.
1822 BIS 1825

Dieser letzte Fürst des alten Hauses Gotha war nur ein Jahr jünger als sein Bruder, der Sonderling, geboren 1774 und mit ihm in Genf erzogen. Auch er war ein hochgewachsener Herr und von einnehmenden Manieren, aber ganz besonders stark debauchiert [ausschweifend]. General von Rennenkampf, Adjutant des Fürsten Barclay de Tolly, schrieb am 1. August 1814 aus Breslau an Stein: »Prinz Friedrich war im Karlsbade, um alte und neue Sünden abzuwaschen; man hat sehr viel Mut, wenn man noch hoffen kann, Mohren weiß zu waschen.« Im französischen Revolutionskriege hatte er das gothaische Dragonerregiment im Dienste der Holländer kommandiert und hier im Treffen bei Manin in den Niederlanden im Jahre 1793 das Unglück gehabt, sich durch einen Sturz mit dem Pferde eine bedeutende Verletzung zuzuziehen. Es entwickelte sich daraus nach und nach ein gefährliches Nervenübel, er bekam zuletzt regelmäßig alle Morgen mehrere Stunden den Starrkrampf. Selbst Corvisart, Napoleons berühmter Leibarzt, vermochte nicht zu helfen. Bei der Sektion fand man, daß sich in seinem Kopfe ein Polyp gebildet hatte.

Vor seinem Regierungsantritt hielt sich Herzog Friedrich die meiste Zeit in Italien auf. Wie sein Bruder hatte er eine Vorliebe für Musik und namentlich für Gesang. Deshalb verweilte er lange in Rom, wo er die Gesellschaft der Fürstinnen Dietrichstein und Fiano, der Gräfinnen Schuwalow und Sacrati und einiger Kardinäle besuchte. Durch sie verleitet und besonders durch den aus der preußischen Geschichte bekannten Marchese Lucchesini bestimmt, trat er im Jahre 1817 in Rom zur katholischen Kirche über. Im August 1820, nachdem zweimal Gesandte seines Bruders an den Papst gegangen waren, kehrte Herzog Friedrich nach Gotha zurück. In seiner Begleitung waren Monsignore Renazzi, ein katholischer Geistlicher, und dessen Neffe Viconti. Der Herzog selbst aber war jetzt völlig blödsinnig und stumm.

Als mit dem Tode Herzog Augusts 1822 der Regierungswechsel erfolgte, übernahmen die vier Minister die Regierung: von Trützschler,

Geheimer Ratspräsident – Großvater des 1849 standrechtlich erschossenen Zivilkommissars des Frankfurter Parlaments in Mannheim, Abgeordneter von Dresden, Wilhelm Adolf von Trützschler –, von Minckwitz, van der Becke und von Lindenau, derselbe, der nachher im Königreich Sachsen erster Minister wurde. Schon nach drei Jahren starb Herzog Friedrich. Mit ihm starben die Herzogtümer Gotha und Altenburg aus und wurden 1826 unter Vermittlung des Königreichs Sachsen zwischen Coburg, Meiningen und Hildburghausen geteilt. Gotha kam an Coburg.

Der Hof
zu Coburg-Gotha,
früher Saalfeld

HERZOG JOHANN ERNST VON SAALFELD
1680 BIS 1729

Das Haus Saalfeld, seit 1735 Coburg, seit 1826 Coburg-Gotha, ein Haus, das mit der Vermählung des Prinzen Albrecht mit der Königin Victoria von England im Jahre 1840 den mächtigsten Thron der Erde eingenommen hat, war der jüngste Zweig des ernestinischen Gesamthauses Gotha. Saalfeld, eine ehemals zum Fürstentum Altenburg gehörige Stadt, war die Residenz Johann Ernsts, des siebenten und jüngsten Sohnes Ernsts des Frommen, des Stammvaters des Hauses. Johann Ernst regierte über das kleine Ländchen von 1680 bis 1729, war zweimal vermählt, seit 1680 mit Sophie Hedwig von Sachsen-Merseburg und nach deren Tode seit 1690 mit Charlotte Johanne von Waldeck, und starb mit 72 Jahren. Es überlebten ihn zwei Söhne, die sukzedierten, und zwei in die Häuser Rudolstadt und Hanau vermählte Prinzessinnen. Ein dritter Sohn, Carl, ist merkwürdig, weil er sich in Italien konvertierte. Er starb 1720, 28 Jahre alt, in Cremona.

Johann Ernst hatte schon das Aussterben zweier von seinen Brüdern gestifteter Linien erlebt, von Coburg 1699 und von Römhild 1710. Über die coburgische Erbfolge entstand beim Reichshofrat in Wien ein langwieriger Streit, der erst nach 36 Jahren 1735 beendigt wurde. Er endigte aber glücklich für das Haus Saalfeld, dem der größte Teil des Landes und die Stadt Coburg zufiel, worauf Saalfeld auch den Titel Coburg annahm. Die römhildische Erbfolge ward früher reguliert, schon 1714; Saalfeld erhielt davon ein Drittel.

HERZÖGE CHRISTIAN ERNST
UND FRANZ JOSIAS VON SAALFELD
1729 BIS 1745

Die Nachfolger Johann Ernsts waren seine beiden Söhne Christian Ernst und Franz Josias, die gemeinschaftlich regierten, weil noch kein Primogeniturgesetz da war. Christian Ernst war ein frommer, andächtiger Herr, ein Hauptgönner der Pietisten und Zinzendorfs, der ihn schon 1728, als er noch Erbprinz war, besuchte, mit ihm »von Herzenssachen« redete und »einen Regierungsplan« machte. Dieser Besuch des »Seelensammlers« hinterließ so großen Eindruck in des Prinzen Gemüte, daß er den Freunden des »lieben Grafen« erklärte, sich »eher in Stücke zerreißen als vom Herrn Jesu abbringen« zu lassen. Herzog Christian Ernst war seit dem Jahre 1724 unebenbürtig mit einem Fräulein Christiane Friedrike von Koß, einer Stallmeisterstochter, vermählt.

Als er im Jahre 1729 zur Regierung gelangte, richtete er nach dem »Regierungsplan« Zinzendorfs jenen frommen, andächtigen Hof in Saalfeld ein, von dessen merkwürdiger Physiognomie uns die Biographen Zinzendorfs, namentlich der Bischof Spangenberg, Johann Jacob Moser, der bekannte württembergische Landschaftskonsulent, und Johann Salomon Semler, der bekannte Professor zu Halle, der ein geborener Saalfelder war, in ihren Autobiographien Erinnerungen erhalten haben. Semler gibt geradehin zu verstehen, daß die wahre Absicht der neuen Anstalten auf nichts anderes ausgegangen sei, als über Fürsten, Hof und Untertanen sehr fein zu herrschen. Lindner, der Superintendent von Saalfeld, der zugleich Hofprediger und Beichtvater des Herzogs war, ein von der österreichischen Regierung in dem damals noch nicht preußischen Schlesien des Evangeliums wegen Vertriebener, den der Herzog eigens berufen hatte, gewann die Oberhand über diesen, die Herzogin, deren Mutter, Frau von Koß, über Hofbediente und alle Personen, die zuweilen ein Wort dazwischen hätten sprechen können.

Alle Sonntagabende nach der Früh-, Vormittags- und Nachmittagspredigt und Betstunde wurden im Schlosse Erbauungsstunden gehalten. Eine fürstliche Karosse holte dazu den Superintendenten Lindner

6. Saalfeld

ab. Der herzogliche Speisesaal war eigens zu den Erbauungsstunden hergerichtet worden, mit Kanapees, Stühlen und Bänken versehen, eine kleine Orgel begleitete die neuen, schönen Lieder, die gesungen wurden. Der Zulauf war stark, weil Ehrenstellen, Ämter, Kundschaft für Kaufleute und Professionisten dabei zu erlangen waren. Das weibliche Geschlecht nahm lebhaften Anteil, man fand, daß bei den Erbauungsstunden leicht Heiraten zu machen waren. Trotz der geistlichen Vereinigung, die erzielt werden sollte, wurde fürstlicher Etikette nichts vergeben. Der Hof saß auf Kanapees, Standespersonen nahmen auf Stühlen und Bänken rechts und links ihren Platz, schlechtere Personen standen. Erweckte Fremde waren höchst willkommene Gäste. Als Johann Jacob Moser, schon in Stuttgart eingeladen, durch Saalfeld kam, ward er aus dem Wirtshause ausgelöst und im Schlosse einlogiert. Sobald der Bediente morgens dem Herzog die Meldung gebracht hatte, der Gast sei aufgestanden, besuchte ihn dieser im Schlafrock, schenkte selbst Kaffee ein und begann das »herzliche Vergnügen«. Moser ward von seinem fürstlichen Wirte neben dessen Gemahlin im Phäton [leichter offener Wagen] spazierengefahren, speiste zu Nacht mit ihm allein in seinem Kabinett. In engeren Erbauungsstunden mit den engstverbundenen Vertrauten, den sogenannten »Herzensstunden«, beteten Herzog und Herzogin gleich den übrigen kräftig und eindringlich aus ihren Herzen.

Die Saalfelder Prediger hielten über den Seelenzustand ihrer Gemeindeglieder förmliche Register, ebensolche Register wurden noch besonders von den Vorstehern der einzelnen Erbauungsstunden geführt. »Die Saalfelder Frommen«, berichtet Semler, »liefen Tag und Nacht im Walde umher, hielten Andacht im Mondenlichte, sangen die neuen Liederchen.« Der Herzog gab dazu seine Wagen und fürstliche Kellerei und Küche die Bewirtung, »war auch wohl selbst der Kutscher, um etliche fromme Schusterweiber, die viel Glaubenskraft hatten, um des Heilands willen öffentlich zu ehren«. Man stellte auch jährliche Wallfahrten an Orte an, »wo die Gnade fast sichtbar wohnte, namentlich nach dem benachbarten Ebersdorf im Reußischen, dessen Bibel in Saalfeld am stärksten gelesen war, dessen Lieder hier am erbaulichsten gesungen wurden«. Die halbe Stadt, in der damals so redliche Christen wie der fromme Herr von Bogatzky ihren Aufenthalt hatten, in die begreiflich aber auch eine Menge scheinheilige Kandidaten, von der verheißlichen Aussicht auf sicheres Brot gelockt, sich einschlichen, war in einer Art von Verzückungszustand. In den »Herzensstunden« beteten reihenweise Männer und Frauen, Knaben und Mädchen »laut aus dem Herzen«, wobei Semler fand, daß das weibliche Geschlecht viel feiner, unbefangener, also beredter war als die Männer, unter denen die in große Verlegenheit kamen, »welchen die Gabe sprudelnder religiöser Gefühle oder Wörter fehlte«. Semler mußte, trotz seines Widerstrebens, den »Herzensstunden« beiwohnen, weil dem Hofe nicht gleichgültig war, daß der Sohn des Archidiakonus [Vorsteher eines Kirchensprengels] unbekehrt bleibe. Er ward trübsinnig und freudenscheu. Als er genug befestigt schien, bestellte man den Zug der Frömmsten in ihrer Schülertracht, den blauen Mänteln, an den Hof ins Zimmer des Herzogs. Dieser empfing sie allein, lud sie zum Sitzen ein, redete mit jedem einzelnen über den Zustand seines Herzens und hieß sie endlich in länger als stündiger Audienz kniend in seiner Gegenwart beten.

Die Auswüchse blieben bei dieser Saalfelder Andachtsblüte nicht aus. Bei gewaltsamen Konversionen verfielen selbst schlichte Bürger in Teufelsanfechtungen. Neben der Frömmigkeit riß der Aberglaube ein. Der Hof, der Superintendent und andere »Standespersonen« stellten sich sogar einmal ganz ernsthaft ein, um Zeugen eines Koboltspuks zu sein, der bei hellem Tage sein Wesen in der großen Stube der Mädchenschule trieb. Schatzgräberei ward getrieben, der Stein der Weisen gesucht und an der Erzeugung von Lebensbalsam laboriert. Im Schlosse trieb ein Kammerdiener auf fürstliche Kosten in einem besonderen Gewölbe die große Kunst, ebenso gab es unter den Bürgern manchen treufleißigen Laboranten. Noch 20 Jahre später traf Semler bei dem Besuche einer alten Franziskaner-Klosterkirche seiner Vaterstadt im Innern derselben Bergleute, die in tiefstem Geheimnis auf Anweisung eines Dominikaners nach Schätzen gruben und nur noch auf die Ankunft des ersehnten Geisterbanners aus dem katholischen Erfurt warteten.

Herzog Christian Ernst starb 1745, 62 Jahre alt; seine Gemahlin und auch sämtliche mit ihr erzeugten Kinder waren vor ihm gestorben.

HERZOG FRANZ JOSIAS VON COBURG
1745 BIS 1764

Es regierte nun sein Bruder und bisheriger Mitregent Franz Josias allein. Er machte sofort, wie Semler schreibt, »der Wirtschaft in Saalfeld« durch den Geheimen Rat Gruner ein Ende, »wo fürstliche Kellerei, Küche, jeglicher Vorrat, sogar die Münze den Vorstehern der täglichen Erbauungsstunden zur Verfügung geblieben waren. Der Haushalt ward eingezogen und unter Kontrolle gestellt, manche durften reisen, wohin sie wollten, und einen anderen gutmeinenden Hof aufsuchen, zumal man ernstliche Dienste nicht eben von Personen erwartete, die sich stets für krank hielten und Gottesfurcht als ein unsichtbares, besonderes Geschäft ansahen, das alle anderen bloß menschlichen Arbeiten und Geschicklichkeiten nicht wohl neben sich stehen ließ. Mit dieser öffentlichen Veränderung des Hofes waren auf einmal alle Andacht, Frömmigkeit, das Kopfhängen, Leisereden und Augenverdrehen vorbei.«

Franz Josias gab dem Ländchen 1736 das so nötige Primogeniturgesetz. Er war das gerade Gegenteil seines frommen Bruders, ein Herr von sehr lebhaftem Wesen und ein großer Liebhaber der Jagd. Er erlebte den Siebenjährigen Krieg und starb 1764, 77 Jahre alt, auf dem Jagdschlosse Rodach, vermählt seit 1723 mit Luise Friedrike von Schwarzburg-Rudolstadt, die ihm drei Prinzen, die ihn überlebten, geboren hatte. Von diesen Prinzen sukzedierte der älteste, Ernst Friedrich, die beiden jüngeren, Christian Franz und Friedrich Josias, traten in kaiserlichen Kriegsdienst.

Von den beiden Prinzessinnen des Herzogs Franz Josias war Friedrike Caroline vermählt mit dem letzten Markgrafen von Ansbach, Alexander, und Charlotte Sophie mit Prinz Ludwig von Mecklenburg-Schwerin.

Prinz Friedrich Josias war einer der kleinen deutschen Helden des 18. Jahrhunderts. Er zeichnete sich aus in dem Türkenkriege Josephs II., wo Suworow sein großes Vorbild ward, er ward mit ihm 1789 Sieger in den Schlachten bei Fokschani und Martinestie und zehrte seitdem von dem, was er bei den Russen gelernt hatte. Er kommandierte am Rheine im Revolutionskriege gegen die Franzosen und eroberte nach dem Siege von Neerwinden 1793 Belgien zurück. Er verlor dann aber 1794 die Hauptschlacht bei Fleurus gegen Jourdan, die den Sieg der Revolution in Frankreich befestigte. Hormayr bezeugt, daß sein Generalstabschef, Prinz Christian von Waldeck, der Faktotum bei der Armee war, sie ihn aus politischen Gründen verlieren ließ. Hormayr nennt Coburg »eine von Suworowschem Gehirn, Herzblut und Fett zehrende sancta simplicitas [heilige Einfalt]«. Er legte hierauf seine Stelle nieder, privatisierte in Coburg und starb 1815, 78 Jahre alt.

Unter dem Herzog Franz Josias begann die coburgische Finanznot. Der Grund und Anlaß zu der Finanznot war merkwürdigerweise eine reiche Erbschaft. Der Hamburger Tourist Ludwig von Heß berichtet darüber in seinen »Durchflügen durch Deutschland«, die im Jahre 1793 in Hamburg erschienen, bei Gelegenheit des Besuchs von Sondershausen: »Fürst Heinrich von Schwarzburg-Sondershausen [der 1758 ohne Erben starb] haßte seine Vettern von Ebeleben dermaßen, daß, da er ihnen die Erbfolge nicht entziehen konnte, er ihnen doch seinen baren Nachlaß nicht zukommen lassen wollte. Er bot solchen bei verschiedenen, mit seinem Hause verwandten Fürsten herum, deren keiner ihn aus Ehrgefühl annehmen wollte. Endlich fand er den [mit einer Prinzessin von Rudolstadt vermählten] Herzog von Coburg, der so gutwillig war, ihm das Vermögen als Erbe abzunehmen. Diese Habsucht gereichte dem Herzog nicht zum Segen. Sein bisheriger Besitz war eingeschränkt gewesen, auf einmal sah er sich als Herr eines großen Vermögens, das er aber nicht übersehen konnte. Er schlug es zu hoch an, und in kurzer Zeit waren Erbschaft und Eigentum verschwendet.«

HERZOG ERNST FRIEDRICH VON COBURG
1764 BIS 1800

Der vierte in der Reihe der Herzöge von Coburg-Saalfeld war Ernst Friedrich. Nachdem er gereist war, vermählte er sich, 22jährig, 1749 mit Sophie Antoinette, Tochter Herzog Ferdinand Albrechts von Braunschweig. Unter ihm war das kleine Ländchen schon so verschuldet, daß 1773 eine kaiserliche Debitkommission eintrat, die bis 1802 die Schulden regulierte. Die Einkünfte wurden 1773 auf 86 000 Taler, die Schulden auf über eine Million angegeben. Die Kompetenzgelder zur Bestreitung des Hofstaates mußten auf 12 000 Taler herabgesetzt werden. Der edle Herzog Ernst II. von Gotha und Prinz Joseph von Hildburghausen, der Prinz, der in Gemeinschaft mit den Franzosen die Schlacht bei Roßbach verlor, hatten die Direktion dieser Debitkommission. Ernst Friedrich lebte, wie Johannes von Müller im Jahre 1780 schreibt, »so frugal, daß er nicht mehr als drei Gerichte aß, selten viel Tafelgenossen hatte und auch in der Kleidung simpel war«.

Sein Minister war 15 Jahre lang – 1768 bis 1783 – sein früherer Kammerjunker, der joviale Dichter der »Wilhelmine«, Moritz August Baron von Thümmel, geboren 1738 auf dem Stammgut Schönefeld bei Leipzig. Er fand Zeit, in den Jahren 1775 bis 1777 seine Reise in die mittägigen [südlichen] Provinzen Frankreichs zu machen. Dabei begleiteten ihn sein Bruder und dessen Gattin, eine geborene von Wangenheim, Besitzerin großer Plantagen in Surinam, die 1779 seine eigne Gattin wurde. Mit ihr verließ er Coburg und ging 1783 nach Gotha, wo er bis zu seinem Tode 1817 lebte, teils am Hofe, teils auf dem Gute seiner Frau, Sonneborn bei Gotha, teils auf Reisen.

Ernst Friedrich hinterließ zwei Prinzen, den Erbprinzen Franz und den Prinzen Ludwig Friedrich Carl, der 1806 in österreichischen Diensten starb.

HERZOG FRANZ VON COBURG
1800 BIS 1806

Ernst Friedrichs Nachfolger war der älteste Sohn Franz. Er vermählte sich 1776, 26jährig, mit einer Prinzessin von Hildburghausen, die in demselben Jahr noch starb. Die zweite Gemahlin ward 1777 eine Prinzessin Reuß-Ebersdorf. Unter ihm trat im Jahre 1802 die kaiserliche Debitkommission ab. Aber die neue Organisation durch den Minister von Kretschmann erregte allgemeinen Widerspruch, denn dieses System saugte das Land auf tyrannische Weise mit autokratischer Willkür aus. Er vertrieb durch Kabinettsbefehl 1804 den liberalen Regierungsvizepräsidenten Baron Wangenheim, einen geborenen Gothaer, welcher 1806 in württembergischen Dienst trat, später hier Minister, dann Bundestagsgesandter ward und 1850 im Privatstande zu Coburg starb.

In den Jahren 1803 und 1804 machte Jean Paul mit seiner jungen Frau einen Aufenthalt. Er vertauschte Meiningen mit Coburg, aus Gründen, die er unterm 3. November 1802 aus Meiningen an Otto mitteilte: »Am Freitag fuhr ich nach Coburg, behielt die Pferde da und ging montags wieder zurück. Da nun die Gegend aus vier oder fünf Eden zusammengebaut ist, die Stadt hundert Dinge hat, die hier fehlen – wenigstens einige Liebhaber der Philosophie und Kunst (z.B. Forberg) –, da ich sonntags am Hofe dinierte und teeierte, die Herzogin (meine brünstigste Leserin) und noch eine ungesehene kranke Prinzessin so trefflich fand und den Herzog und Großfürstin so schön und gut und alles so familienmäßig, viele Weiber gebildet, den Minister Kretschmann als einen herrlichen philosophischen, recht geachteten Kopf [...] und der Bücher wegen und weil Meiningen dagegen ein Dorf ist, so zieh' ich im April entschieden nach Coburg.«

Den Aufenthalt verleidete Jean Paul jedoch gar sehr der bittere Streit »des herrlichen philosophischen, recht geachteten Kopfs« mit der innig befreundeten Familie Wangenheim. Kurz nach dem Einzug unterm 28. Juni 1803 schrieb Jean Paul zwar noch im ersten Enthusiasmus an Otto: »Meine Menschen-Verhältnisse sind hier die lieblichsten, nur zu lang für die Feder. Am meisten ehr' und acht' ich Kretschmann, der mir

7. COBURG

die wichtigsten Papiere vorgelesen und der alle seine Briefe von und an den Herzog und sein ganzes System und alle Dokumente in 150 Bogen in drei Journalen drucken läßt, zu dessen Ausarbeitung ich ihn immer mehr anfeure.« Und er schrieb weiter mit noch größerem Enthusiasmus unterm 4. Juli 1803: »Du hast mir keinen neuen Einwand gegen Kretschmann gesagt. Alles ist im Werke, das er mir zum Wegstreichen und zum Dazusetzen gegeben. Ich finde an ihm gerade den besten und kräftigsten Menschen. Er und ich leben recht bürgerlich zusammen. Er spart für Dich eine ökonomisch wichtige Stelle auf, er will Dich aber vorher sprechen und befragen. Er findet Deine jetzige Stellung ganz unpassend für Dich, zuwenig Arbeit und zuviel moralische Qual. Kurz, ich weiß jetzt, was ein vortrefflicher Minister ist.«

Noch am 19. Juli 1803 rühmte Jean Paul »den vortrefflichen Minister« mit allen Prädikaten seinem Otto: »Auskommen würdest Du wohl mit ihm, denn trotz allem Auffahren und Heftigkeit nimmt er freudig jede Vernunft an. Er richtet mit der eisernen Elle, womit er selber gemessen sein will, und fordert z.B. unter dem Donnern über restierende [schuldige] Berichte ein gleiches über restierende Reskripte [Rückschreiben].« Unterm 17. Dezember 1803 schüttet er sein Herz über die materiellen Annehmlichkeiten Coburgs aus: »Da Steinwein hier der bloße Tischwein ist und die seltensten Franzweine zum Dessert gegeben werden, so kannst Du denken, daß es Thümmel hier und auch mir gefallen muß. Vorigen Sonntag um neuneinhalb Uhr abends tanzte ich – wenn ein Schreiten so zu nennen ist – mit der Großfürstin eine Polonaise. Die gute Bärenführerin!«

Und darauf kommt schon das Präludium zu der herben Klage, die ihn endlich ganz aus Coburg trieb. »Doch denk Dir mich hier nicht zu froh, sondern ich werde mir hier nur als ein vernünftiger Mann mehrere Bedenkzeit nehmen, um endlich einen letzten Aufenthaltsort zu wählen.« Darauf berichtete er unterm 24. April 1804: »J. B. W[angenheim] ist ohne Pension abgesetzt und geht klagend nach Wien. Sein Sohn ist im Herbst gestorben, seine Tochter war von drei Ärzten aufgegeben und rettete sich durch Wein. Ich selber, wie ich längst voraussah, wurde in die Untersuchung gegen Wangenheim durch die Kommission gezogen. Meinen Brief an den Herzog und mein Aussagen des Hofes und jenes gutmachende Antwort und noch einige wichtige Briefe schickte ich Dir, wenn ich nicht vielleicht sie jede Stunde zu brauchen besorgte. Du wirst staunen. Ich war zu keiner persönlichen Erscheinung als fremder Legationsrat verbunden, wählte sie aber doch, um meinen Spaß und meine Prüfung zu haben [...] Wer sich nicht mit den Umgebungen verändert, sondern fest bleibt, stellt eben dadurch sein Verhältnis zu ihnen und also sich als etwas Veränderliches dar. Ich bin überzeugt, daß man mich jetzt für veränderlich ausschreit, bloß weil ich fort will und fort muß, da alles um mich her, möcht' ich sagen, schon fortgezogen. Wangenheim und Kretschmann sind für mich fort, auch der Hof in mancher Rücksicht. Nach Bayreuth [zu gehen] wünscht' ich [...] In Meiningen war's besser und näher als in hiesiger größerer Stadt. Unser Umgang war hier so, daß er zur rechten Gemeinschaft des Lebens und Treibens zu wenig hilft. Etwas würd' ich wohl vermissen durch Mangel an Hofwesen, das weiß ich auch. Von längst gesättigter (schon literarisch satter) Eitelkeit ist nicht die Rede. Aber ein Hof bleibt immer ein Mittelpunkt von eleganten, artistischen und politischen Neuigkeiten, die anderweitige Lust an Frauen und Wein ungerechnet.« Der letzte Brief aus Coburg an Otto ist vom 19. Juni 1804, wo es heißt: »Am 1. August – wo nach der alten Sage der Teufel vom Himmel fiel [...] – hoff' ich, in Bayreuth einzurücken.«

Während der Bewegungen, die wegen Kretschmanns Neuerungen entstanden, kam die Katastrophe der Schlacht bei Jena 1806. Unmittelbar darauf starb Herzog Franz.

Von der zweiten Gemahlin hinterließ er außer dem Erbprinzen noch zwei Prinzen und vier Prinzessinnen, die den Anfang der glänzenden Heiraten machten. Prinz Ferdinand, der zweite Prinz, stand in österreichischem Dienst und vermählte sich 1816 mit Antoinette, der reichsten Erbin von Ungarn, Erbtochter des Fürsten Kohary, und sein Sohn Ferdinand ward 1836 König von Portugal. Prinz Leopold, der dritte, jüngste Prinz, seit 1803 General Kaiser Alexanders von Rußland, heiratete 1816 die englische Thronerbin Charlotte, einzige Tochter König Georgs IV. von England, die aber 1817 starb, worauf Leopold 1831 König der Belgier ward. Von den vier Prinzessinnen des Herzogs Franz ward Juliana [in Rußland Anna genannt] schon 1796 vermählt mit

Großfürst Constantin, 1820 von ihm geschieden; sie nahm ihren Sitz zu Elfenau bei Bern. Victoria ward erst mit dem Fürsten von Leiningen vermählt, dann 1818 mit Eduard, Herzog von Kent; durch ihn ward sie die Mutter der Königin Victoria. Die dritte Prinzessin vermählte sich mit Herzog Alexander von Württemberg. Endlich die vierte Prinzessin schloß eine unebenbürtige Ehe mit dem Grafen Mensdorf, österreichischer Feldmarschall und Vizegouverneur von Mainz.

Dem Hofstaat gehörten an: der Obermarschall, der Schloßhauptmann, der Reisestallmeister und dazu drei Kammerjunker. Der Ziviletat bestand aus dem Ministerium, der Landesregierung als Landes-Hoheits-Finanz- und Polizei- und Justizkollegium und der Kommandantenschaft.

HERZOG ERNST III. VON COBURG-GOTHA
1806 BIS 1844

Herzog Ernst III., geboren 1784, hatte in russischen Diensten gestanden. Er war durch Kaiser Alexander, den Bruder seines Schwagers Constantin, 1801 bei seiner Thronbesteigung mit 17 Jahren zum General der Garde zu Pferde ernannt worden. Bereits den Krieg 1805 in Mähren hatte er mitmachen wollen, Napoleons Sieg bei Austerlitz hatte aber schnell den Frieden erzwungen. Darauf war Herzog Ernst nach Berlin gegangen. Hier folgte er dem Anerbieten Friedrich Wilhelms III., den Krieg von 1806 an seiner Seite mitzumachen. Er nahm Anteil an der Unglücksschlacht von Auerstedt und folgte dann dem König bis Königsberg. Hier erkrankte er am Nervenfieber, mußte bewußtlos nach Memel weitergeschafft werden, weil die Franzosen drängten. Kaum entging er der zweiten Todesgefahr vom Treibeis auf der Überfahrt über den Njemen. Wiederhergestellt, ging er von Memel in die böhmischen Bäder.

Unterdessen hatte Napoleon Coburg in Besitz nehmen und verwalten lassen. Der Tilsiter Frieden erst restituierte Herzog Ernst in seinem Erbland, in das er am 28. Juli 1807 zurückkam. Er trat sofort zum Rheinbund und stellte Napoleon Truppen gegen Österreich in Tirol und nach Spanien und 1812 auch nach Rußland. 1809 entließ er den Minister von Kretschmann. Ein Dekret vom 11. Dezember 1809 führte, indem es die Steuerbefreiung der privilegierten Stände aufhob, eine gleichmäßige Besteuerung ein. Im Befreiungskriege 1814 übernahm Herzog Ernst das Kommando des fünften Armeekorps, mit dem er Mainz belagerte und einnahm, und 1815 das des vereinigten sächsischen Armeekorps. Er trat darauf zum Deutschen Bund und erwarb durch Metternich und die englische und russische Verwandtschaft die von Preußen ihm abgetretene Herrschaft Baumholder im Zweibrückschen, das Fürstentum Lichtenberg am Rhein mit 20 000 Einwohnern und S. Wendel als Hauptstadt. Erst 1817 vermählte er sich, schon 33jährig, mit der 17jährigen Erbtochter des vorletzten Herzogs von Gotha, worauf 1826 das Fürstentum Gotha dem Hause Coburg zufiel, das seitdem den Titel Coburg-Gotha annahm. Der Herzog nannte sich, mit Rücksicht auf die beiden früheren Herzöge Ernst den Frommen und Ernst II., Ernst III. Saalfeld ward dagegen an Meiningen abgetreten.

Wie alle Prinzen des Hauses Coburg durch körperliche Schönheit, wodurch sie ihr Glück in großen Heiraten gemacht haben, ausgezeichnet sind, so war auch Herzog Ernst ein schöner, stattlicher Mann, bis zu seinem Tode ein rüstiger Jäger und namentlich in der früheren Zeit ein überaus starker Liebhaber der Damen, mit denen er jedoch nicht immer die für ihn ehrenvollsten Abenteuer hatte, wie die »Mémoires d'une jeune Grecque [Erinnerungen einer jungen Griechin]« der Welt eröffnet haben. Diese Memoiren sind eine merkwürdig instruktive deutsch-fürstliche Verführungsgeschichte. Sie sind ein redendes Dokument, wie solche kleinen deutschen Fürsten des 19. Jahrhunderts noch klein-deutschfürstlich handeln. Die Erstellerin derselben ist zwar die Sprecherin in ihrer eigenen Sache, aber sie ist gut introduziert [eingeführt]. Der bekannte Prinz von Ligne riet kurz vor seinem Tode, als sich Madame Pauline Adelaide Alexandre Panam zur Zeit des Wiener Kongresses in seinen Schutz begeben hatte, ausdrücklich zur Publikation der Memoiren: Sein Brief bildet den Kopf dieser Memoiren, die zwar nicht gerade ein weitgreifendes Interesse haben, aber in dem kleinen Kreis, in dem sie sich bewegen, einige interessante Persönlichkeiten

8. Herzog Ernst III. von Sachsen-Coburg-Gotha

vorführen. Sie führen einen kleinen deutschen Souverän vor, der ein Kind von 14 Jahren verführt und dann Mutter und Sohn nicht nur darben läßt, sondern sie auch mit Gift und Dolch aus dem Wege zu räumen sucht, weil die Mutter sich das Darben nicht gefallen lassen will und laut redet. Ferner führen sie eine würdige Mutter dieses kleinen deutschen Souveräns vor, abstammend aus dem frommen Grafenhause Reuß, welche zu der Geliebten ihres Sohnes sagt: »Gebt mir das Kind und fahrt nach Paris, Euch dort die Zeit zu vertreiben. Seid vernünftig.« Zu diesen zwei deutschen Principions führen die Memoiren noch einen russischen Großfürsten an, sehr verschrien bei den liberalen Deutschen, der aber doch mit den Worten: »Man soll nicht sagen können, daß man in meiner Familie ein Kind verstoßen hat«, die Versorgung seines deutschen Neffen bei seinem deutschen Schwager, dem »Herzog, der Herr ist über sechs Bauern und zwei Dorfdoktoren« durchzusetzen sich Mühe gibt und allein wohl erwirkte, daß der bereitwillige Metternich und die Wiener Polizei die Unglückliche nicht sakrifizierten [opferten], obwohl Metternich ausdrücklich geäußert hatte, der Plan des Herzogs sei, das Kind zu »beseitigen«.

Die schöne Griechin stammte aus Montpellier in der Provence, wo ihr Vater eine Cottonfärberei angelegt hatte, als er 1780 dem türkischen Blutbad der Einwohner von Smyrna durch die Flucht entkommen war. Die Revolution brach ein, der Vater starb, die Geschäfte führten die Mutter nach Paris. Hier lernte der Herzog sie kennen, als er, sofort nach Antritt seiner Regierung gleich anderen dienstbeflissenen deutschen Fürsten Napoleon seinen Hof zu machen, dort anwesend war. Die Bekanntschaft geschah auf einem Balle, wozu man die Billetts der schönen Griechin und ihrer Schwester, einer jungen Witwe, zugeschickt hatte. Sie beschreibt den Herzog von Gotha als »einen großen jungen Mann, dessen leicht geneigter Kopf von natürlich gelocktem schwarzen Haar bedeckt war. Seine Haltung war würdevoll, sein Antlitz schön, seine Statur vornehm. Er sprach etwas langsam, aber gewählt. Das kündete von mehr Selbstsicherheit denn Gewandtheit, von mehr Selbstvertrauen denn von Ungezwungenheit.« Auf dem Balle zeichnete der Herzog das schöne, noch nicht 14jährige Mädchen sehr aus. »Er säumte nicht, meine Bleibe kennenzulernen. Drei Tage später besuchte er uns.

Er bot uns seine Unterstützung, seinen Einfluß und sein Vermögen an. Schließlich betrachteten wir ihn als einen Bruder. Unsere Zukunft bereite ihm Sorgen, sagte er. Ich sollte eines Tages Ehrendame seiner Schwester, der Großherzogin Constantin, werden. Meine Einfalt und meine Unwissenheit waren vollkommen. Eines Tages hielt ich seinen herausgeputzten Laufburschen, der ihn an der Tür erwartete, für einen Prinzen, und ich lief, um es ihm zu sagen. Er machte sich lustig über meine Torheit und nannte mich ›liebes kleines Dummchen‹. Im kindlichen Eifer meiner Frömmigkeit betete ich für ihn und sagte ihm dies. Er lachte und bestärkte mich, weiterhin zu beten. Er behandelte mich wie ein Kind. Er umarmte mich und forderte mich auf, ihn Vater zu nennen. Ständig war er bei uns. Er dinierte mit uns und führte uns in die Tuilerien. Er lehrte mich die Geographie Deutschlands. Die deutsche Gutmütigkeit, Ehrlichkeit und Gemütlichkeit führte er ständig im Munde. Eines Morgens kam er. Ich lag noch zu Bett, da ich seit ein paar Tagen indisponiert war. Meine Schwester war gerade ausgegangen. Er betrat ohne Umstände mein Schlafgemach. Sein Gesicht war traurig, und er hielt einen Brief in der Hand. ›Liebe Kleine‹, sprach er zu mir, ›ich bin ganz unglücklich. Meine Geschäfte rufen mich zurück nach Deutschland. Ich muß abreisen, Euch verlassen.‹ Er nutzte die ganze Macht seiner Stellung, meinen Schmerz, meine Unwissenheit und meine Schwäche aus. Ich war 14 Jahre alt. Nach 14 Tagen sagte der Fürst, an dem ich eine zunehmende Eitelkeit, deren Ursache ich nicht durchschaute, bemerkte, zu mir: ›Pauline, Ihr könnt nicht mehr hierbleiben.‹ Dabei betrachtete er sich in einem Spiegel, wie es seine ständige Gewohnheit war. ›Warum denn, mein Fürst?‹ – ›Mein armes Kind, Ihr seid schwanger.‹ – ›Schwanger! Das ist unmöglich. Wir sind nicht verheiratet.‹ Ernst lächelte. ›Ihr könnt nicht in Paris niederkommen‹, fuhr er fort, ›kommt mit nach Coburg. Ich habe meine Schwester benachrichtigt. Ihr werdet eine ihrer Ehrendamen sein. Alle Vorkehrungen sind getroffen.‹«

Die Mutter des Opfers befand sich in Geschäften abwesend. Pauline war nicht gesegneter Hoffnung, aber sie ward tödlich krank. Kaum war sie wiederhergestellt, so begann der Herzog seine neuen Bemühungen, sie in das Land der Gutmütigkeit, Ehrlichkeit und Gemütlichkeit in Sicherheit zu bringen. Er empfahl sie allen Kondukteuren auf der Eilpost, und sie reiste mit der Messagerie ab. Pauline reiste als Mann verkleidet mit ihrer kleinen Nichte Josephine nach Coburg, um den versprochenen Ehrendamenposten anzutreten.

In Coburg begannen die Erfahrungen über die deutsche Gutmütigkeit, Ehrlichkeit und Gemütlichkeit. Schon das kleine Städtchen machte einen enttäuschenden Eindruck. Der Herzog hatte »von Kriegen, Feldzügen, von Ambitionen und Politik« gesprochen und »die kindliche Eitelkeit zum Ruhme seiner eigenen« interessiert. »Ich erblickte«, schreibt Pauline, »so etwas wie eine altertümliche Kleinstadt mit engen Gassen, baufälligen Häusern, Toren aus grobgeschnittenem Holz, ganz wie in den französischen Dörfern. Schweigen und Langeweile schienen auf der Stadt zu lasten. Ich sage Stadt, denn dies war die Hauptstadt des Reiches, dessen Fürst mich zu sich rief. Wir fuhren vor ein Haus, das höher, breiter und schwärzer war als die anderen. Mitten in einer gewaltigen rauchgeschwärzten Mauer befand sich ein mächtiges und unförmiges Tor, das auf irgendeinen uralten Pferdestall hinzudeuten schien. Ganz oben wurde eine doppelte Reihe kleiner, länglicher und eng nebeneinanderliegender Fenster sichtbar, die eine gewisse Ähnlichkeit mit den Schießscharten einer alten Burg hatten. Diese hätten sicherlich jede Vorstellung von einem Pferdestall und von Bürgerlichkeit aus meinem Kopfe verdrängt, wenn ich nicht auch die apfelgrüne Farbe der sie schmückenden Jalousien bemerkt hätte. Ich erinnere mich noch daran, wie zwei dicke Ratten aus dem Kellergeschoß des ehrwürdigen Gebäudes hervorrannten und mir zwischen die Füße sprangen. Ich erschrak vor diesen Tieren, und das zu Recht: Es waren Hofratten. Sie kamen direkt aus dem Palast Seiner Königlichen Hoheit des Herzogs von Coburg« – der Ehrenburg. Als der Landesherr sich in Person im Gasthofe einfand, wo die schöne Griechin von der Eilpost abgestiegen war, war seine erste, gutmütige, ehrliche und gemütliche Eröffnung, daß seine Mutter aus dem alt- und hochfrommen Hause Reuß die Franzosen verabscheue und sich weigere, eine Französin in ihrem Hofstaat anzustellen. »Liebes Kind, ich rechne darauf, daß Ihr Verzicht übt [...] Tut etwas für den Mann, dem Euer Glück mehr als jedem anderen Menschen am Herzen liegt. Überlaßt mir ohne Vorbehalt die Sorge, Interessen wahrzunehmen, die mir teurer sind als meine eigenen.« Es begannen nun die Leiden der Langeweile für eine Französin in Deutschland, von der deutschen Wohnung an, wo sie wie eine Nonne lebte, nur durch die Jalousien ein paar Hofherren und Hofdamen in den Alleen wandeln sah und die Hofmusik von weitem spielen hörte, bis auf das deutsche Bett herunter. Von Coburg aus ward Pauline auf ein Vorwerk Oeslau in der Umgegend gebracht. Einem gewissen Eberhard, dem fürstlichen Hausverwalter, war der Auftrag zuteil geworden, ihr dort eine Wohnung vorzurichten. Sie war alles, nur nicht fürstlich. »Ich beging einen Fehler«, schreibt Pauline, »Kummer bedrückte mich. Ich schwieg. Ich fürchtete, dem Fürsten Ungemach zu bereiten. Er schrieb diese Rücksichtnahme, die mich schweigen ließ, der Gleichgültigkeit zu.« Noch in Mannskleidern stellte der Herzog seine Geliebte seiner Schwester, der Gräfin Mensdorf, vor, gleich darauf erhielt sie Erlaubnis, wieder weibliche Kleider anzulegen. Sie hatte gefallen, der Eitelkeit des Herzogs war vollkommen geschmeichelt worden. »Er sagte zu mir, daß die Gräfin von mir entzückt sei. Er rühmte meine Anmut, meine Gefälligkeit und auch meine kindliche Unbefangenheit. Er sprach zu mir von ewiger Liebe.« Darauf folgte eine Vorstellung bei der anderen Schwester, der Großfürstin von Rußland, in Coburg: »Ich wurde von ihr voller Huld und Liebenswürdigkeit empfangen und verbrachte ein oder zwei sehr angenehme Tage in Coburg.«

Der Prinz Leopold von Coburg [der spätere belgische König] introduzierte sich selbst auf prinzliche Weise, früh sieben Uhr, Pauline lag noch im Bette, konnte kaum einen Bademantel umwerfen und entsprang dem Prinzen. »Er war ein großer junger Mann mit unaufrichtigem Blick und einem unangenehm mitfühlenden Lächeln. Nachdem er sich in ziemlich schlechtem Französisch für die Art und Weise, in der er bei mir eingedrungen war, entschuldigt hatte, begann er, mein Schicksal zu beklagen, seinen Bruder zu tadeln und so weiter.« Darauf stellte sich der Herzog als wütender Eifersüchtiger ein, das Resultat war wieder eine 14tägige Krankheit. Darauf kam die Gewißheit des Umstandes, den der Herzog früher nur fingiert hatte. Er war jetzt ungemein aufmerksam, um das Opfer, das er sich für neue Genüsse aufsparen wollte, nicht am Kummer sterben zu lassen. »Er besuchte mich sehr oft. Wenn er ein

Fest in der Umgebung gab, ließ er mich holen, damit ich in den Kleidern einer Bäuerin, einer Dame oder wie immer es mir gefiel, daran teilnahm. Er fand immer Gelegenheit, mir daselbst irgendeine liebenswürdige Schmeichelei zu sagen.« Nach einer solchen Ballnacht in Rosenau, bei der Pauline auch gewesen war, ließ er sie bei sich zum Fenster auf einer Leiter einsteigen, um den äußeren Anstand zu wahren, aber ohne die Mutter seines künftigen Sohnes zu bewahren. Die Leiter war zu kurz, der Regierende hielt unter strömendem Regen und Blitz und Donner mit beiden Händen einen Stuhl über den Balkon herab, um die Intervalle zwischen Leiter und Fenster auszufüllen und das Opfer bei sich zu empfangen.

Von Oeslau ward das Opfer, um die Niederkunft abzuwarten, noch weiter von Coburg weg, nach Amorbach am Main zum Schwager des Herzogs, dem Fürsten von Leiningen, gewiesen. Die fromme Fürstin-Mutter schrieb ihr folgenden Brief, der einen tiefen Blick in die Herzen der Fürstlichkeiten tun läßt: »Adieu, meine arme Pauline, bewahrt diese frommen Gefühle, die Ihr in Eurem Briefe kundtut, und der gütige Gott, der über unsere Herzen richtet, wird sich des Euren, das so groß ist, erbarmen. Er wird Euch die geschehenen Verwirrungen vergeben, wenn Ihr guten Glaubens auf den Weg der Tugend zurückkehrt. Das ist nicht so schwer wie man denkt. Ihr werdet Mutter sein. Möge dieser heilige Ehrentitel, wenngleich Ihr ihn einer Verirrung verdankt, Eure Seele erfüllen. Er wird Euch für die Zukunft retten. Entfernt Euch, sowie Eure Schwester kommt, so weit Ihr könnt aus diesen Landen, um niederzukommen [...] Die Herzoginwitwe von Sachsen-Coburg«.

»Es ist nicht so schwer, wie man denkt«, hatte die hochfromme Dame geschrieben, und man überließ das Opfer in Amorbach fast ganz der Güte dessen »der über die Herzen richtet«. Pauline litt Mangel an aller Hilfe von seiten derer, die verpflichtet waren, ihr zu helfen. Sie beklagte sich bei dem Fürsten von Leiningen, dem Schwiegersohn der hochfrommen Dame und dem Schwager des gemütlichen Herzogs, demselben Herrn, dessen Gemahlin Victoria von Coburg später 1818 den Herzog von Kent in zweiter Ehe heiratete und Mutter der Königin Victoria von England ward. Der Fürst von Leiningen machte Paulinen die sehr merkwürdige Konfidenz [Vertraulichkeit]: »Ich kenne die Personen, mit denen Ihr es zu tun habt. Ich kann Euch nur raten, mißtrauisch zu sein. Bin ich nicht selbst von ihren Versprechungen getäuscht worden und haben sie mich nicht mit ihren schönen Reden zum besten gehabt, bevor ich in ihre Familie kam? Ich kam hinein, und sie haben nicht ein einziges Mal ihr Wort gehalten.«

Die Griechin kam wieder nach Coburg, weil sie es in Amorbach nicht aushalten konnte. Der Herzog schrieb ihr, indem er sie als sein Sujet behandelte: »Ihr werdet einstweilen Euer Zimmer nicht verlassen.« Die Griechin hielt sich aber nicht für ein Sujet, sondern kam zu Hofe. Hier entstand eine neue Szene: Die hochfromme Mutter überschüttete sie mit Invektiven [Beleidigungen], sie verfolgte die vor diesem Schneegestöber Fliehende, ihre enormen Pantoffeln klappten über das Parkett der ganzen Enfilade [Zimmerflucht] des herzoglichen Schlosses. »Nun denn. Wird diese Tragikomödie ein Ende nehmen? Glaubt Ihr, mein liebes Fräulein, daß ich meinem Sohn erlaube, so viele Torheiten zu belohnen?« Bei diesen Worten entstand eine Empörung im Herzen eines der Souveräne des Rheinbundes, und darauf folgte eine Alteration dieses Souveräns mit der hochfrommen Dame. Letztere begann sogleich sich ihrer Untertanenpflicht zu erinnern und lenkte ein. Pauline erhielt Weisung, sich zu ihr zu setzen, und folgende christliche Tröstung: »Wir werden uns um Eure Zukunft kümmern [...] Ihr könnt Euch darauf verlassen [...] Aber heiraten, darauf hofft Ihr vielleicht [...] Das wäre ein großer Irrtum [...] Weint nicht! Ihr seid wirklich sehr hübsch. Tretet noch etwas näher! Sie ist in der Tat reizend! Nun, mein armes Kind, Ihr seid heute nicht in der Lage, zu plaudern. Tröstet Euch, ruht Euch aus. Ich werde Euch morgen sehen. Ich bin sicher, daß wir beide sehr gute Freundinnen werden.«

Noch am Abend kam der Herzog, um die Weidung seiner geschmeichelten Eitelkeit dem Opfer in den Worten darzulegen: »Ihr habt meine Mutter bezaubert. Euer Auftreten ist so bescheiden und Euer Wesen so sanft. Ich sagte Euch bereits, daß es unmöglich ist, Euch zu sehen und Euch zu hören, ohne bezaubert zu sein. Meine Mutter kümmert sich persönlich um Euer Leben. Sie wird mein und Euer Kind aufziehen.« Die Audienz bei der Herzogin-Mutter am folgenden Tage gab dem Opfer folgende Weisung: »Pauline, Ihr könnt dem Herzog von großem

Schaden sein! Dann aber entziehe ich Euch meine Protektion, und Euer Kind und Ihr selbst seid dem Unglück geweiht! [...] Andernfalls könnt Ihr Euch darauf verlassen, daß Euch das beste Los zuteil wird. Ich selbst stehe dafür ein. Schwört mir also, daß Ihr niemals die offizielle Mätresse des Herzogs sein werdet und daß Ihr selbst versuchen werdet, ihn von Euch fernzuhalten. Ja, mein Kind, Ihr müßt Euch zu diesem Opfer entschließen. Ihr müßt ein glückliches Ende herbeiführen und auf den Weg der Tugend zurückkehren. Denkt an dieses kleine Wesen, daß Ihr unter Eurem Herzen tragt. Sein Glück hängt von dem ab, was ich von Euch verlange. Kommt und umarmt mich, meine liebe Pauline, meine Tochter!« Das Opfer schwor und wurde fürstlich belohnt. »Pauline«, sagte die Fürstin in jener Intimitätsperiode, »von welch schöner Gestalt Ihr seid! Welch reizende Figur! Wie nennt Ihr das Kleid, das Ihr tragt? – ›Herzförmig, Madame.‹ – Herzförmig, das paßt sehr gut. Sagt mir, kann ich ein solches Kleid in meinem Alter tragen? – ›Gewiß, Frau Herzogin.‹ – Nun, Ihr werdet mir das Eurige leihen. Meine Kammerfrau wird es morgen bei Euch abholen.«

Das Verhältnis, in dem Pauline mit Gunst und Hoffnung überschüttet wurde, dauerte bis zu der Zeit, in die etwa die Mitte ihrer Schwangerschaft fiel. Da reiste die Herzogin nach Karlsbad, der Herzog nach Petersburg. Zuerst kamen noch zärtliche Briefe vom Herzog. Nach und nach wurden die Briefe spärlicher, und das Geld blieb ganz aus. Die Schwester Paulinens, welche von Paris eintraf, fand sie vom Nötigsten entblößt, sie schrieb an die hochfromme Dame nach Karlsbad. Es ward ihr folgende Antwort: »Ich verlange strengstes Stillschweigen über die Beziehungen zwischen Pauline und meinem Sohn. Ich bin nachsichtig, aber ich weiß mich auch zu rächen. Augusta.« Sie hatte sich an den Fürsten Primas von Frankfurt gewendet, um Paulinens Niederlassung fern von Coburg, wohin sie doch der Herzog ausdrücklich zu seinem Vergnügen hatte kommen lassen, zu vermitteln. Sie schrieb ihr: »Ich empfehle Euch nochmals, meine liebe Pauline, größte Diskretion zu wahren. Ihr würdet mich schrecklich kompromittieren, wenn man etwas von Eurer Geschichte vermuten würde, und man würde meine Nachsicht besonders in diesem Augenblick gewiß nicht allzu günstig beurteilen. Ihr werdet den Namen irgendeiner Frau annehmen müssen und sagen, daß Euer Freund beschäftigt und nach Übersee gereist ist.« Mit diesem Briefe kamen fünf Louisdor, und später schickte der spätere König der Belgier 100 Gulden mit einer starken Reprimande [einem Verweis] über den Mangel an Ökonomie.

Als am 4. März 1809 der fürstliche Sproß der Liebe geboren wurde, befand sich die Mutter ohne Wäsche, ohne Heizmaterial, ohne Licht und ohne Brot. Erst nach der Niederkunft kam ein Wechsel vom Herzog auf 1000 Franken. Er schrieb aus Memel, daß er nicht begreife, wie seine Befehle, für sie zu sorgen, so schlecht vollzogen worden seien, er entschuldigte sich, daß er ihre Briefe nicht empfangen habe. »Meine Kleine, ich kann nicht glauben, daß Ihr so kurz vor der Niederkunft steht, wie Ihr es gedacht habt. Aber wenn dieser Augenblick kommt, so seid meiner aufrichtigsten Anteilnahme und meiner Wünsche für Euer Glück gewiß. Sei vorsichtig, und achte gut auf Deine Gesundheit. Ich habe Dir schon einmal gesagt, daß Du als Witwe eines hohen französischen Offiziers, der in Polen gefallen ist, gelten mußt. Du wirst die Taufe unter dem Namen des vorgeblichen Vaters, den Du Dir aussuchen kannst, vornehmen lassen, aber Du mußt ihn mir schreiben. Ansonsten empfehle ich Dir noch einmal, diskret zu sein und nichts Unbesonnenes zu tun. Ich habe Gründe dafür, daß ich dies mehr denn je wünsche. Unter dieser Bedingung werden wir Freunde bleiben. Nenne meinen Namen keinem Menschen auf der Welt [...] Adieu. Möge der Himmel Euch beschützen.«

Das Opfer lebte jetzt in Frankfurt als Witwe eines hannoverischen Offiziers, wie der Herzog nach einem nochmaligen Wechsel der Ansicht es zuletzt bestimmt hatte. Er bedankt sich für Haare vom »lieben Kleinen« »unserem schönen Engel«, wie er den gegen seinen Willen so getauften kleinen Ernst August nennt; Haare, die Pauline ihm nach Coburg geschickt hatte, wohin er endlich von der russischen Reise zurückgekehrt war. Im Juli 1809 besuchte er Paulinen in Frankfurt, fand sie sehr schlecht logiert, war gerührt, wollte ihr ein Haus einrichten, sie sollte sich Kammerjungfern und Bediente annehmen und Kutsche und Pferde halten. Am Ende reiste er ab, ohne irgend etwas für sie und das Kind getan zu haben. Wieder kamen von Coburg aus Versprechungen, aber kein Geld, obwohl der Herzog recht wohl wußte, wie

9. SOMMERSCHLOSS ROSENAU BEI COBURG

nötig es gebraucht wurde. Ein anderes Mal fragte er sie, ob 2000 Franken hinreichen würden oder ob sie mehr brauche, und erinnert sich der schönen Zeit in Rosenau. Die Memoiren weisen nach, daß Pauline die fürstliche Summe von zehn Louisdors monatlich erhielt oder vielmehr erhalten sollte. Sie schreibt deshalb: »Unter den guten Ratschlägen, die ich vom Herzog erhielt, war häufig der folgende: ohne Geld leben und keine Schulden machen. In seinen Liebesbriefen ist der liebe Gott immer der dritte im Bunde. Er brachte Gott selbst ins Spiel und bezahlte mich mit Gebeten.« Das Opfer mußte zuletzt zehn Gulden borgen, um nur zu leben.

Pauline zog nun nach Wilhelmsbad bei Hanau. Hier bot ihr ein alter, kranker französischer General L. an, sein Vermögen mit ihm zu teilen und ihm nach Paris zu folgen. Er offerierte ihr für ihre gegenwärtigen Bedürfnisse 100 000 Livres. Sie schlug sie aus. Noch einmal kam der Herzog nach Wilhelmsbad, und zwar plötzlich, früh fünf Uhr. Pauline hatte kaum Zeit, den Morgenmantel umzunehmen, das erste, was der Herzog tat, war, einen großen Schrank zu untersuchen, um den etwa darin versteckten Liebhaber, den alten General, von dem Pauline geschrieben hatte, zu treffen. Als er niemanden fand, die schlechte Wohnung sah, machte er wieder den Gerührten, fuhr mit Paulinen nach Frankfurt, speiste da aber nicht mit ihr, sondern mit einer anderen Dame, und war auf dem Rückweg außer sich, daß Pauline einem bettelnden, halbnackten Greise ein Zwölfkreuzerstück aus dem Wagen zuwarf. Er verließ sie wieder, ohne ihr und ihres Sohnes Schicksal arrangiert zu haben. Wieder kamen von Coburg aus Versprechungen über Versprechungen, aber kein Geld.

Nun entschloß sich das Opfer, noch einmal eine Epiphanie [Erscheinung] in Coburg zu machen. Der Herzog und seine hochfromme Mutter waren außer sich darüber, daß die kleine Französin ihre Drohung, wie eine Bombe bei ihnen einzutreffen, wahr gemacht hatte. Die Zusammenkunft mit der Herzogin-Mutter war klassisch. Sie empfing das Opfer mit folgender Apostrophe: »Meine liebe Tochter, wie hübsch Ihr seid! Der Herzog hatte nicht unrecht, als er mir sagte, daß Ihr von Tag zu Tag schöner werdet. Dieses Kleid aus blauer Levantiner Seide, dieser Strohhut und dieser große Schleier stehen Euch ganz wunderbar.

Setzt Euch zu mir, schöne Reisende, Ihr wißt, ich muß mit Euch schelten!« Pauline kam nun auf den Zweck ihrer Reise. Die Herzogin fiel sogleich ein: »Oh, mein Gott! Wir befinden uns selbst in einer sehr bedenklichen Lage. Die Zufälle der Zeit und des Krieges können uns von heute auf morgen alles nehmen, was wir auf der Welt besitzen. – Was wollt Ihr denn aus Eurem Kind machen: einen Herzog, einen Fürsten, einen Kaiser?« – Das Opfer antwortete: »Einen Mann. Und um dies zu werden, soll es eine gute Erziehung erhalten.« Die Herzogin erwiderte: »Gebt mir dieses Kind, ich werde es versorgen. Irgendein gütiger Bauer wird dies übernehmen. Pauline, gebt acht! Ihr habt vielleicht von einer Frau, einer Schweizerin, gehört. Auch sie äußerte Forderungen. Man hat ihr das Kind weggenommen. Geht selbst und seht nach, was aus ihr geworden ist. Jung und hübsch wie Ihr seid, habt Ihr eine schöne Zukunft und ein freudvolles Leben vor Euch. Seid vernünftig. Gebt mir das Kind und fahrt nach Paris, Euch dort die Zeit zu vertreiben!«

Als das fürstliche Opfer auf dieses fürstliche Anerbieten nicht einging, als Pauline erklärte, so lange werde sie in Coburg bleiben, bis man ihr und ihres Sohnes Schicksal arrangiert habe, erfolgte die große fürstliche Rache, die doch nicht zum Ziel gegen die energische Bürgerin führte. In dem Gasthof im Angesicht des herzoglichen Schlosses erschienen herzogliche Bediente und warfen die Sachen der Französin aus den Fenstern, Befehl ward erteilt, der Französin keine Lebensmittel zukommen zu lassen, man ging so weit, ihr das Fürstenkind entreißen zu wollen. »Ungeheuer!« rief die Mutter den Leuten des Herzogs entgegen, »Ihr könnt den Sohn Eures Herzogs töten, aber Ihr müßt die Mutter zuvor töten.« Die Leute standen verblüfft. »Es ist der Sohn vom Herzog«, sagten sie untereinander, »oh, der Herzog ist schlimm.« Mit diesen Worten gingen sie fort.

Die Tragikomödie dauerte einen vollen Monat und ward am 25. April 1810 durch einen Kontraktsabschluß beschlossen, den der Major Szymbowsky auf Befehl des Herzogs unterzeichnete. Der erste Artikel lautete: »Madame A. H. Alexandre wird eine Summe von 3000 Franken als Jahresrente gewährt.« Es folgten noch fünf Artikel, das Schuldenarrangement betreffend, und der siebente, letzte, Artikel lautete: »Madame A. H. Alexandre wird sobald als möglich die Lande Seiner Durchlauchtigsten Hoheit Seiner Gnaden des Herzogs von Sachsen-Coburg verlassen und niemals dorthin zurückkehren. Andernfalls verlieren die Artikel 1 bis 5 ihre Gültigkeit. Ausgefertigt in Coburg, am 25. April 1810, im Auftrag gezeichnet von Szymbowsky.«

Das Opfer begab sich nun nach Dresden, auf der Reise wurden noch andere kleine Fürstenrachen ausgeübt. Man verweigerte dem Opfer die Nahrungsmittel, verhöhnte es und wollte sogar den Sohn der Liebe prügeln. Darauf besuchte der Herzog aber wieder seine Pauline in Dresden. Er wollte in einem Zuge fürstlicher Rührung ihre Pension auf 6000 Franken erhöhen, bezahlte aber die versprochenen 3000 nicht und drohte in einem anderen Zuge fürstlichen Zorns sogar mit der sächsischen Polizei und dem Verlies. Das Opfer mußte sich durch den französischen Gesandten in Dresden, Baron Serra, eine Abschlagszahlung erwirken. Am 10. März 1813 ließ der Herzog dem Opfer bedeuten, daß er ihm nur 1000 Franken Pension geben und »aus Gnade und Güte die Erziehung eines Kindes, das er nie als das seinige anerkannt«, übernehmen wolle. Jetzt also wollte der Herzog den »schönen Engel« nicht mehr für seinen Sohn anerkennen. Er hatte einmal aus Amorbach von der Tochter seiner Schwester, der Fürstin von Leiningen, an Pauline geschrieben: »Es ist erstaunlich, wie sehr ihre Kleine August ähnlich ist. Eines Tages werden sie nicht ihre Verwandtschaft leugnen können.« Nur die Wohltätigkeit des Wirtes vom »Hôtel de Pologne« in Dresden, wo Pauline wohnte, schützte sie und ihren Sohn vorm äußersten Mangel. Der österreichische Gesandte Esterhazy und mehrere französische Generale, wie Régnier, mußten das Opfer halten.

Als die Russen nach Sachsen kamen, begab sich Pauline nach Frankfurt, sie widerstand hier den Anerbietungen des schönen Czernicheff. Der Krieg führte endlich auch den Herzog von Coburg nach Frankfurt. Er insultierte die Mutter und schlug den Sohn. Pauline wandte sich endlich an den Großfürsten Constantin, den Schwager des Herzogs. Ernst ließ alle Mienen springen, um dem Russen falsche Nachrichten zukommen zu lassen. Aber der Russe ging seinen selbständige Gang, zog seine Informationen ein und nahm endlich Paulinen unter seinen Schutz. Damals im Dezember 1813 war es, wo er in der schlechten Wohnung Paulinens die Worte sprach: »Nun, da ist es ja, dieses verstoßene Kind! Man soll nicht sagen, daß es nicht ein Verwandter von uns, unser Neffe, ist. Komm und umarme mich, mein Kind!« Pauline hatte sich aus Angst versteckt. Constantin sagte weiter zu ihrer Mutter: »Nun denn, Madame, sagt Eurer Tochter, daß ich nicht mit schlechten Absichten hierherkomme. Ich will das Wohlergehen dieses Kindes und das seiner Mutter sichern. Man soll nicht sagen könne, daß man in meiner Familie ein Kind verstoßen hat. Ich werde wiederkommen.« Der Russe, der starken »Seelen«-Besitze in seinem Vaterland eingedenk, äußerte sich sehr expressiv über den Deutschen: »Er soll Vater sein? [...] Man ist kein Vater, wenn man sein Kind zurückstößt! – Herzog! Herzog! Er ist Herr über sechs Bauern und zwei Dorfdoktoren!!!«

Die russische Intervention hatte ihre vollständige Wirkung. »Sowie der Herzog erfuhr, daß Seine Kaiserliche Hoheit zu mir gekommen war, suchte er mich auf. Welche Veränderung! Der Herzog war äußerst beunruhigt. Er war nicht mehr derselbe Mensch. Ich wurde mit Schmeicheleien und Versprechungen überschüttet. So sind die vornehmen Leute! So sind die Männer! Durch eine wundersame Wandlung tritt plötzlich tiefe Reue an die Stelle schrecklichster Grausamkeit. Der Herzog kommt jeden Tag, um über das Unglück, das er mir angetan hat, Tränen zu vergießen. Man gibt uns Geld. Man bezahlt unsere Schulden. Ich erblicke Ernst in den Armen seines Vaters. Ich bin glücklich. Die Vergangenheit verblaßt in meinen Erinnerungen. Inmitten dieser erneuten Zärtlichkeit bittet mich der Herzog inständig, nach Augsburg zu reisen. Ich gebe Wien, einer Stadt, in der mehr Menschen wohnen, den Vorzug. Dort wird besser für die Erziehung meines Sohnes gesorgt. Er willigt widerstrebend ein, bereitet mir Schwierigkeiten bei der Ausstellung eines Passes. Indessen gewährt er uns diesen, überschüttet uns mit Zärtlichkeiten, gibt uns ein Empfehlungsschreiben mit. Dieses ist, so sagt er, an einen Wiener Bankier gerichtet und so abgefaßt, daß es uns zu dem glänzendsten Empfang verhelfen wird. Er trifft alle Vorkehrungen für unsere Abreise und für unseren Aufenthalt, läßt mich meinen Namen ändern und den Namen Alexandre annehmen. Wir brechen auf.«

Die Reise erfolgte im Winter von 1813 auf 1814 von Frankfurt aus in einer alten, dem Zerfall nahen Berline [leichten Reisewagen]. Eines Tages ist Pauline, den Sohn im Arm haltend, eingeschlafen – um schrecklich zu erwachen. Sie fand sich neben der zerschmetterten Berline in einem Abgrund, in den sie gestürzt ist, oben auf der Straße sah sie den Hofburschen ruhig mit dem Postillon sprechen. Ihr Kopf war verwundet, ihr Sohn unbeschädigt geblieben. Mit Schrecken sieht der Hofbursche die zum Tode Bestimmten wieder aus dem Grabe herauskommen. Auf diesen Assassinatsversuch [Meuchelmordversuch] folgten einige Vergiftungsversuche in einem Ort, den die Memoiren »couvent des bois [Waldkloster]« nennen und der wahrscheinlich Kloster Klosterwald unfern Augsburg war. Das Opfer rettete sich nur dadurch, daß es dem Hofburschen Angst machte, daß »die Toten wiederkommen«. Nach diesem Schreckschuß entläßt er sie nach Wien. Es findet sich hier, daß der Rekommandationsbrief [Empfehlungsbrief] an den Bankier Stamitz nichts weiter als unverständlichen Nonsens enthielt, es war ein Brief, offenbar bestimmt, an gar keine Adresse zu kommen.

Vom Lager zu Oppenheim vor dem belagerten Mainz aus wies der Herzog unterm 8. März 1814 Paulinen an seinen Chargé d'affaires [Gesandten] Baron Blumenburg, dem er Auftrag erteilt habe, ihr Distraktionen [Zerstreuungen] zu machen und ihre Pension zu bezahlen. Pauline mußte hier wieder als die Witwe eines sächsischen Kapitäns figurieren.

In Wien sah General Nostitz den Herzog Ernst und schildert ihn in seinem Tagebuche mit nachstehendem Elogium [Lobrede] der Person und der Familie: »Der Herzog von Coburg ist groß und stark, doch nicht zum vorzüglichen Ruhm großer Menschen, denen man nicht mit Unrecht nur zu oft Kleinheit des Geistes vorwirft. Es ist überhaupt eine redliche, gutartige Familie, die coburgische, doch meist dürftig an Geist, vorzüglich der Prinz Ferdinand, jetzt österreichischer General, der ein schönes, geregeltes Gesicht hat mit einer dünn gezogenen Nase, worin alles, nur nicht Geist liegt.«

In Wien endlich fand das Opfer seinen Schützer an dem Prinzen von Ligne, der in ihr »eine der schönsten Frauen der Welt« adorierte: Er ward der »Schutzengel« ihrer »verwünschten engelhaften Tugend, die nur einmal in ihrem Leben von einem Herzog, der ebenfalls ein Engel war, gebrochen worden war.« »Vergebt dem Vater um des Kindes willen« war Lignes täglicher Rat, und Pauline empfing wieder mit dem Prinzen von Ligne auch den Herzog von Coburg. »Der Unglückliche war gestraft«, sagen die Memoiren. »Sein vornehmer Rang bewahrte ihn nicht immer vor Kummer. In seinen Worten tat sich die finsterste Stimmung kund. Eine manchmal schreckliche Bitterkeit war Beweis für die Verwirrung seiner Seele. Ehrgeiz gepaart mit Gewissensbissen, Haß, Lebensüberdruß und Ekel gaben ihm seltsame Selbstgespräche ein: ›Man hat mich zum besten, man macht sich über mich lustig. Metternich, dieser Schelm, behandelt mich wie einen Narren. Aber ich werde ihm [...] Und Zar Alexander, der mich an die Minister verweist, die mich ihrerseits wiederum an den Zaren verweisen! Wenn ich mich nicht an dem Ungeheuer, an dem Schurken, an dem [...] räche! Man gibt mir kein Stückchen Land, keine einzige Hütte, nicht einen Mann. Um sich über mich lustig zu machen, schickt man mir Geldbriefe mit Order auf Besitzurkunden, die ich begehre und die man mir verweigert! [...] Die elenden Schufte! Deshalb will ich sie sitzen lassen. Ich werde die Politik an den Nagel hängen. Sollen sie auf mich warten! Mein Leben fällt ihren verfluchten Kriegen und ihrer Allianz zum Opfer. Ich kann keine Stille ertragen. Ich will Geräusche um mich haben, und ich stelle jeden Abend drei Uhren auf meinen Tisch, um etwas zu hören. Wenn alles still ist, kann ich nicht leben, und ich werde mich selbst umbringen!‹«

»Ich versuchte«, fährt die Griechin fort, »ihn zu trösten. Es gelang mir. Seine Gewissensbisse, sein Kummer ließen etwas nach. Das Gebot des Evangeliums war erfüllt. Indem ich meinen ganzen Widerwillen besiegte und so Böses mit Gutem vergalt, fühlte ich mich über mich selbst erhoben. Und diese großmütige Aufgabe, meinen Peiniger zu trösten, ist nicht die unangenehmste Erinnerung, die mir heute ein gutes Gefühl verleiht [...] Aber es gibt unzähmbare Naturen. Einen Tiger kann man niemals zähmen und bändigen. Der Herzog, den ich aus Mitleid bei mir litt, malträtiert meinen und seinen Sohn. Eines Tages hätte er ihn fast getötet, als er ihn mit so viel Roheit wie Heftigkeit gegen einen Ofen stieß, gerade in dem Augenblick, als das Kind zu ihm lief, um ihn zu umarmen. Er überschüttet mein Kind und mich mit Schimpfworten, Flüchen und Verhöhnungen, wie sie dem niedrigsten Volk eigen sind, mit allem, was von Verderbtheit und Abscheulichkeit, verbunden mit Niedertracht und dem Fehlen jeden Anstands, kündet [...] Ich beklagte mich beim Fürsten Nariskin [Oberkammerherr Alexanders] und beim Fürsten Beauharnais über die neuerlichen Gewalttätigkeiten Seiner Hoheit. Der Zar von Rußland wurde unterrichtet und besaß die Güte, mir höchstselbst seinen Schutz zu versprechen. Der Herzog von Coburg wurde grob zurechtgewiesen. – Die Gunst des Augenblicks zu nutzen, dem Zaren alles zu erzählen, es ihm zu überlassen, ein so abscheuliches Verbrechen zu bestrafen: Dies rieten mir die Fürsten. Der Herzog wäre verloren. Das Mitleid hielt mich zurück. Ich tat es nicht. Zum Lohn dafür machte man einen neuerlichen Versuch, mich zu vergiften. Ein gewisser Pioni, ein Italiener, brachte mir im Auftrag des Herzogs eine Medizin. Dem Rat des Fürsten Nariskin folgend, warf ich diese fort. Noch sechsmal versuchte man, mich zu vergiften.«

Noch einmal veränderte der Herzog die Politik. »Der fortwährende Vorwurf seines Machtmißbrauchs und seiner Grausamkeiten mir gegenüber verärgerte Seine Hoheit. Sie gab also vor, wieder Reue zu zeigen, besuchte mich jeden Tag, versuchte mich zu blenden und traf ihre Maßnahmen, um mir mein Kind wegzunehmen.« Metternich bot seine Hand dazu, aber das Opfer hielt fest gegen alle Intrigen der Wiener Polizei. Metternich selbst hatte der schönen Griechin gesagt: »Eure Geschichte erregt in Wien schreckliches Aufsehen. In allen Gesellschaften hört man nur von Eurer Geschichte. Der Herzog macht unserer Polizei unablässig Vorhaltungen, und Ihr habt dem Erzherzog Régnier eine Darstellung des Tatbestandes geschickt, in der sehr schlimme Dinge stehen. Gebt mir Euren Sohn, ich werde ihn wie meinen eigenen Sohn behandeln. Ich verbürge mich Euch gegenüber für sein Leben. Ich werde ihn auf eine Schule schicken. Gott möge mich davor bewahren, eine Mutter daran zu hindern, ihren Sohn zu sehen, schon gar nicht Euch, die Ihr Euch auf so großmütige und würdige Weise aufgeopfert habt! Ich werde Euch eine gute Leibrente zuteil werden lassen. Was Euch der Herzog gibt, reicht nicht zum Leben. Ihr braucht mindestens sechsmal soviel. Ernst braucht eine Rente von 15 000 Franken, einen Titel und den Namen des Vaters, denn ich werde ihn legitimieren lassen, ich werde ihm den Titel eines Grafen geben, er wird in Österreich bleiben, und ich werde dafür sorgen, daß er seinen Weg macht. Der Herzog wird ihm hier ein Anwesen kaufen.«

Aber die schöne Griechin traute mit Recht nicht, sie wußte wohl, daß der schwedische Gesandte Graf Löwenhielm in großer Gesellschaft geäußert hatte, man müsse die Mutter in eine Zitadelle sperren, eine große Familie müsse nicht wegen einer Mutter und einem Kinde kompromittiert werden.

Großfürst Constantin schickte, als der Herzog wieder die Pension und Metternich die Protektion entzog, noch ein paarmal 1000 Franken, auch Mylord Steward, Bruder des Lord Castlereagh, Gesandter Englands beim Kongresse, half mit seiner Börse. Das Opfer rettete sich endlich nach Frankreich. Der deutsche Herzog, welcher Russen und Engländer ruhig für seinen Sohn sorgen ließ, blieb in Deutschland, nun von der Weitersorge befreit. Schon in Wien hatte Pauline den Prinzen von Ligne befragt, ob sie ihre Memoiren publizieren solle »Mit Ausnahme meines Sohnes hat man mir alles genommen. Ich muß ihm eine Existenz schaffen und für seinen Unterhalt sorgen.«

Der Prinz hatte ihr folgendes geantwortet: »Madame, ich bin nicht unbefangen in der Angelegenheit, die Ihr mir aus Freundschaft antragt. Das Schicksal und meine Vorfahren haben mich zum Adligen gemacht, mein Herz und meine lebhafte Anteilnahme haben mich zu Eurem Freund gemacht. Als Nachfahre einer gewissen Zahl von Rittern sage ich Euch: Verschont die Fürsten, macht sie nicht öffentlich. Als Euer Freund bitte ich Euch inständig, sie zu veröffentlichen [...] Auch wenn man als Prinz geboren wird, so fordern doch Vernunft und Menschlichkeit ihr Recht [...] Ja, Madame, Weltanschauung, Humanität, Euer Wohl und die Erziehung der Mächtigen dieser Welt verlangen den Druck Eurer Memoiren [...] Als ein Fürst Euch Eurer Heimat entriß, wart Ihr weder im Vollbesitz Eures Verstandes, noch hattet Ihr das Alter, in dem man beginnt, sich ein Urteil über die Dinge des Lebens zu bilden. Die Handlung Seiner Hoheit ist nicht mehr nur eine Verführung, sondern ein Mißbrauch der Macht. Sein Geschick, die Schwäche, die Leichtgläubigkeit und die Unerfahrenheit eines Kindes auszunutzen, nimmt ganz und gar die Form schrecklichster Perfidie an. Ich weiß, es gibt so zarte Bande, daß diese trotz großen Unrechts von beiden Seiten immer

10. Herzogin Luise von Sachsen-Coburg-Gotha

eine fast heilige Erinnerung hinterlassen, die die Rache in der Hand der verletzten Person zurückhalten soll. Wenn ich auch voraussetze, daß der schuldige Fürst undankbar und leichtfertig ist, so weiß ich doch nicht, ob mein Herz Euch die vollständige Enthüllung seiner Verfehlungen verzeihen würde. Man könnte meinen, daß zwischen zwei Seelen, die einander verstanden haben, weiterhin geheimnisvolle Bande bestehen und daß die heftigsten Auseinandersetzungen die verborgene Bindung nicht zerstören können. Aber welch ein Unterschied in diesem Falle! Ein Opfer und ein Peiniger, Unerfahrenheit und Perfidie, Schwäche und Macht. 14 Jahre, Schönheit, Unbesonnenheit und ein Fürst, der Vater wird, seinen Sohn in einem gemeinen Schlupfwinkel zur Welt kommen läßt, ihn und seine Mutter umzubringen versucht [...] Madame, veröffentlicht alles, Europa soll alles erfahren.

Euer Buch wird Aufsehen erregen. Es wird den Mächtigen die einzige Strafe auferlegen, die sie noch zu treffen vermag. Es wird die Geschichte Eurer Leiden in alle Landstriche dieses alten Kontinents tragen. Es wird sie bis in künftige Zeiten überliefern. Es wird Eure Klage und ihre Schande fortleben lassen. Was die Gerichtsbarkeit nicht vollbrachte, das wird die Schande gewiß vollenden. Ihr werdet mit der Veröffentlichung dieser Memoiren die Möglichkeit finden, den edlen Hof, der Euer Kind schmachten und zugrunde gehen läßt, endlich aus dem Schlaf zu reißen. Als Bürgerin, als Französin, als Frau und als Mutter müßt Ihr veröffentlichen [...]

Dieses arme Kind, dessen Gesichtszüge so vollkommen an die seines Vaters erinnern und dessen schwermütiger Gesichtsausdruck die Spuren all seiner Leiden zu tragen scheint, dieses Kind, das Ihr so sehr liebt, dessentwegen Ihr so viel erlitten habt und das Euch den Mut verliehen hat, so viele Wagnisse einzugehen, dieses Kind gebietet Euch, wiederum zu wagen. Als Frau ist es gut, die öffentliche Aufmerksamkeit auf das Schicksal und die soziale Lage Eures Geschlechts zu lenken. Sollen die Frauen weiterhin das Ziel der Begierde der Fürsten und ihrer Dienerschaft bleiben? Liegt die Geborgenheit dieses schwachen Geschlechts nicht im ureigensten Interesse der Gesellschaft? Ist dieses Thema in einer Zeit, da ganz Europa mit Reformen befaßt ist, nicht würdig, zum gründlichsten Nachdenken dargestellt zu werden?

Daß ein Fürst ein junges Mädchen von 14 Jahren entführt hat, daß er es gezwungen hat, das schöne Frankreich zu verlassen, verbannt zu werden in eine schreckliche Einsamkeit, unter den tristen Himmel Germaniens, fern aller seiner Freundschaften und all seiner Freuden; daß er es an diesem öden Orte Entbehrungen, Zwängen und Leiden aller Art ausgesetzt hat; daß es ihm einen Sohn geschenkt hat und daß dieser Sohn eines Fürsten mit der Geburt ins Elend gestürzt wurde; daß er es alsbald, erzürnt darüber, sich in den Gesichtszügen seines Kindes wiederzuerkennen, gewagt hat, ein Verbrechen zu versuchen, das ihn sowohl des Opfers als auch des Sohnes, des leibhaftigen Vorwurfs seiner Verfehlung, entledigen sollte; daß dieser Vater sich aller List und all seiner Macht bedient hat, um gegen seine im Stich gelassene Geliebte und seinen unglücklichen Sohn vorzugehen; daß dieser Fürst, von untergebenen Vollstreckern treu unterstützt, vergeblich von Gift, Dolch, Entführung und aller Art von Gewalt Gebrauch gemacht hat, um der Mutter den Sohn oder beiden das Leben zu nehmen. Ein solches Verhalten ist abscheulich, und es entspricht nicht der Zeit. 40 Jahre früher wäre es weniger verwunderlich erschienen. Heute überrascht und erschreckt es. Die Sitten haben sich geändert. Die Handlungen des Herzogs von Coburg entsprechen seinem Rang, aber nicht mehr seiner Zeit.«

Noch unterm 6. Januar 1823 hatte man Paulinen 5000 Francs jährlich offeriert, mit völliger Freiheit, sie für ihren Sohn zu verwenden, und ihr den Besitz ihrer Memoiren als Unterpfand für die richtige Zahlung des Geldes zugesichert – später ward die Deposition dieser Papiere gewünscht. »Ich habe diese Bedingung zurückgewiesen. Meine Papiere sind die einzige Sicherheit, die mir bleibt, und es ist meine Pflicht, so lange ihre Herausgabe zu verweigern, bis das Schicksal meines Sohnes vollständig gesichert ist. Da übrigens diese Rente, die man mir versprach, nur mündlich zugesagt wurde und das Wort Seiner Hoheit niemals einen sehr heiligen Charakte gehabt hatte, mußte ich es ablehnen, mich auf einen Vorschlag einzulassen, an dem nichts Sicheres war und der offensichtlich nur eine Falle war, die man mir stellte, um die Papiere von mir zu erschleichen.«

11. Schloss Reinhardsbrunn

So wurden die Memoiren 1823 in Paris gedruckt. Jedes der Exemplare enthält zur Beglaubigung die zierlichen Namenszüge des Autors vor dem Titel. In Deutschland waren aber unterdessen nach dem Kongresse von Verona die Karlsbader Zensurbeschlüsse verschärft worden, und das Buch der schönen Griechin hatte die Ehre, das erste zu sein, das vom Deutschen Bunde verboten wurde.

Mit seiner ersten Gemahlin Luise von Gotha, der sehr reichen Erbtochter des vorletzten Herzogs, lebte Herzog Ernst sieben Jahre, sie entfernte sich 1824 von ihm, nachdem die Memoiren der schönen Griechin erschienen waren. Sie lebte als Gräfin von Pölzig und Beyersdorf in dem coburgischen Fürstentum Lichtenberg zu S. Wendel am Rhein. 1826 ward sie geschieden und heiratete 1827 einen jungen Mann, der nur coburgischer Leutnant war, Alexander von Hanstein, den der Herzog von Altenburg aber 1827 zum Grafen von Pölzig erhob. Sie starb nach einer vierjährigen, glücklichen Ehe mit ihm 1831 in Paris. Um dem geliebten Gemahl ihr Andenken recht fest auch nach ihrem Tode einzuprägen und sozusagen sinnlich gegenwärtig zu erhalten, machte sie ihm in ihrem Testamente, worin ihm eine ansehnliche Jahresrente bestimmt ward, zur Bedingung, daß er ihre Leiche überall um sich behalten solle. Das tat der Gemahl, der sich übrigens wieder mit einem Fräulein von Carlowitz vermählte, getreulich und genoß auch die Rente. Eines schönen Morgens aber war die Leiche weg und große Furcht da, daß nun die Rente nicht mehr gezahlt werde. Der gothaische Hof aber zahlte sie, er hatte nur dem Unschicklichen der Leichenherumschaffung der Prinzessin ein Ende machen wollen.

1832 vermählte sich Herzog Ernst zum zweiten Male mit Marie von Württemberg, Tochter des Herzogs Alexander, Bruder König Friedrichs. Herzog Ernst war ein sehr reicher Herr, einmal dadurch, daß ihn die reichen Heiraten seiner Geschwister, Kinder und Verwandten der Versorgungen überhoben, sodann durch den Anfall des Fürstentums Lichtenberg und besonders zuletzt durch den Anfall des Herzogtums Gotha und eines bedeutenden Allodiums [freien Erbguts, auf dem keine Lehens- oder Majoratspflicht lastet] aus der Erbschaft seiner ersten Gemahlin. Lichtenberg ward im Jahre 1834 für zwei Millionen Taler an Preußen verkauft. Dafür erwarb der Herzog bedeutende

Domänen im Gothaischen, im Preußischen bei Erfurt und in Oberösterreich, die den nachgeborenen Prinzen versichert wurden. Ein ganz eigentümliches Bereicherungsmittel war die Prägung der verrufenen geringhaltigen Coburger Sechskreuzerstücke.

Die von der schönen Griechin so unschön befundene Stadt Coburg ist von Herzog Ernst bedeutend verschönert worden: Das neue Residenzschloß, die Anlagen um die Stadt, das Schauspielhaus und der schöne Park der durch die Rosen der schönen Griechin »unvergeßlich« gewordenen Rosenau sind seine Schöpfungen. In Rosenau ist 1819 der Gemahl der Königin Victoria geboren. Die Hauptschöpfung Herzog Ernsts aber war das zu einer schönen Sommervilla mit einem englischen Parke umgeschaffene Kloster Reinhardsbrunn, eine Stiftung des alten thüringischen Landgrafen Ludwig des Springers. Diese Sommervilla ist leider im Frühjahr 1852 bei einem Jagdfeste durch einen unglücklichen Brand sehr zerstört worden. 1833 wurde mit Meiningen und Altenburg der ernestinische Hausorden gegründet.

Herzog Ernst starb 60jährig im Jahre 1844, und das gutmütige Coburger Volk hat ihm wie einer großen historisch berühmten Persönlichkeit ein ehernes Standbild aufgerichtet. Von seiner ersten Gemahlin hinterließ er zwei Söhne, den Erbprinzen Ernst und den Prinzen Albrecht, der 1840 die Hand Victoriens, Königin von England, erhalten hatte.

HERZOG ERNST IV. VON COBURG-GOTHA SEIT 1844

Ernst IV. wurde 1818 geboren und ist der in vielen Stücken sehr ungleiche Sohn seines Vaters. Er ist ein Mann, der sich sehr für Literatur und Kunst interessiert und sogar selbst Opern schreibt, ein Mann, der spezifisch deutsch fühlt und den Krieg um Schleswig-Holstein im Interesse Deutschlands mit besonderem höchsten Enthusiasmus mitgemacht hat. Er gilt für geistvoll und genießt als enthusiastischer Deutscher bei enthusiastischen Deutschen eine große Popularität; seine leidenschaftlichsten Anhänger und besonders Anhängerinnen hätten ihn gar zu gerne zum Kaiser von Deutschland erhoben gesehen. Näherstehende, sehr wohl Unterrichtete urteilen freilich von seinen Geistesfähigkeiten anders. In einem Stücke gleicht er dem Vater: Er ist ein großer Freund der Damen. Vermählt ist Ernst IV. seit 1842 mit Alexandrine, Tochter des Großherzogs Leopold von Baden von der neuen Hochberg-Dynastie.

In den letzten Jahren waren die Kosten der Hofhaltung in Coburg-Gotha bedeutend in die Höhe gegangen. Nach Zeitungsmitteilungen betrugen sie 1834/35 über 111 000 Taler und 1848 schon fast 219 000 Taler. Die Einnahmen der Landeskassen beliefen sich 1853 auf 500 000 bis 600 000 Taler, über 200 000 Taler für Coburg und über 300 000 Taler für Gotha. Die gothaische Schuld betrug 1850 über zweieinhalb Millionen Taler, und die Zinsen der coburgischen, einschließlich Amortisation, 38 000 Taler, was zu dreieinhalb Prozent gerechnet über eine Million Taler gibt. Der Herzog verglich sich 1849 mit seinen Ständen auf eine Zivilliste von 100 000 Talern gegen Überlassung der Domänen des Landes. Gegen diese Überlassung der Domänen als »Staatsgut«, in welche der Herzog, in den Krieg nach Schleswig-Holstein eilend, übereilt eingewilligt haben soll, haben 1849 sein Bruder Albrecht aus England und sein Oheim Leopold aus Belgien Protest eingelegt, und 1853 kam es zu einer neuen Übereinkunft, wonach das Staatsgut in ein Fideikommiß [unverkäufliches, unbelastbares, vererbbares Nießbrauchsgut] umgewandelt wird, aus dessen Revenuen [Erträgen] ein Teil der Staatslasten getragen werden soll. Anstelle der jetzigen Zivilliste erhält der Herzog eine Quote.

Der kleine Hof hatte 1852 noch fünf Oberhofchargen.

DER HOF
ZU MEININGEN

HERZOG BERNHARD
1680 BIS 1706

Das Haus Meiningen ward durch den dritten Sohn Herzog Ernsts des Frommen, Herzog Bernhard, gestiftet. Meiningen war ein Teil der gefürsteten Grafschaft Henneberg in Franken, die nach dem Aussterben des Mannesstammes der alten hennebergischen Fürsten im Jahre 1583 an das Haus Sachsen gefallen war. Zu Lehen ging es bei Würzburg. Das kleine Ländchen vergrößerte sich etwas durch zwei Drittel von Römhild, die ihm 1714 zufielen. Römhild war ebenfalls ein Teil von der alten hennebergischen Grafschaft.

Herzog Bernhard war ein sehr frommer Herr, der noch die Predigten seiner Hofprediger nachschrieb, wovon er bei seinem Tode eine ganze Sammlung von Heften hinterließ. Dabei war er ein großer Freund der Alchimie. Vermählt war er zweimal, das erstemal 1671 mit Maria Hedwig, Tochter Landgraf Georgs II. zu Hessen-Darmstadt, und das zweitemal 1681 mit Elisabeth Eleonore, Tochter Herzog Anton Ulrichs von Braunschweig, Witwe Herzog Georgs von Mecklenburg. Er hinterließ von diesen beiden Gemahlinnen drei Prinzen und drei Prinzessinnen. Von letzteren heiratete Wilhelmine Luise Herzog Carl von Württemberg aus der julianischen Linie. Elisabeth Ernestine ward 1713 Äbtissin von Gandersheim, und Eleonore Friederike starb unvermählt.

HERZOG ERNST LUDWIG
MIT BRÜDERN UND NEFFEN
1706 BIS 1746

Die drei Prinzen Bernhards, Ernst Ludwig, der älteste Bruder, und nach seinem Tode 1724 seine beiden Söhne von Dorothea Marie von Sachsen-Gotha, Ernst Ludwig II. und Carl Friedrich, sodann Friedrich Wilhelm, der zweite Bruder, und Anton Ulrich, der dritte Bruder, führten, da noch kein Primogeniturrecht eingeführt war, ab 1706 die gemeinschaftliche Regierung. Ernst Ludwig I. war in den neunziger Jahren in Paris gewesen, wo ihn die bekannte Herzogin von Orléans sah. Sie fand ihn »recht häßlich, wasserblaue, runde Augen und ein platt, dick und rund Gesicht wie ein Teller, eine blonde Perücke, mittelmäßiger Länge, mehr fett als hager, wohl maniert, aber ein wenig zu komplimentisch allzeit vor mich«. Er starb 1724. Seine Söhne starben 1729 und 1743 [ihre Schwester, die geistreiche Luise Dorothea, wurde an Herzog Friedrich III. von Gotha vermählt], und endlich 1746 starb Friedrich Wilhelm, so daß der dritte Bruder Anton Ulrich noch allein übrig war.

HERZOG ANTON ULRICH
1746 BIS 1763

Herzog Anton Ulrich war ein in den Künsten und Wissenschaften nicht ununterrichteter und durch Reisen gebildeter Fürst. Daß er Bilder gesammelt hat, erfahren wir aus den Briefen Goethes an Merck. Er schrieb diesem einmal aus Weimar unterm 11. Oktober 1780: »In Meiningen haben wir eine Menge Kunst- und andere Sachen von Herzog Anton Ulrich her in gehöriger Erbschaftskonfusion gefunden. Der Herzog konnte nicht ruhen, bis er ihnen vier Gemälde abgehandelt hatte. Drei Ruysdaele, wovon einer von seiner höchsten Zeit ist. Ferner ein Gesellschaftsstück, von Le Ducq gemalt, was man malen kann.«

12. Regenten des Herzogtums Sachsen-Meiningen

Anton Ulrich glaubte sich auch in der Rechtsgelehrsamkeit genugsam beschlagen und ließ es deshalb nicht von sich, in seinen vielen Streithändeln, namentlich mit seinem Bruder Friedrich Wilhelm, persönlich die Feder zu führen und in Wien persönlich seine Sachen zu sollizitieren [einzureichen]. Seine Streithändel verwickelten ihn in immerwährende Unruhe. Die Landjägermeisterin von Gleichen wollte sich seiner Rangordnung nicht fügen, welche eine Gräfin von Solms, die einen Bedienten ihres Vaters, den der Herzog zum Hofrat ernannt, geheiratete hatte, den Rang vor allen anderen Damen des Meininger Hofes zusprach. Es ward Frau von Gleichen der Hof verboten, worauf sie sich durch ein Pasquill [Schmähschrift] rächte. Nun wollte ihr der Herzog sogleich einen peinlichen Prozeß machen, der Reichshofrat trug aber dem Herzog Friedrich III. von Gotha die Sequestration [treuhänderische Vertretung] der Frau von Gleichen auf, um sie in Sicherheit zu setzen. Gothaische Dragoner rückten 1747 ein, es kam zu einem Gefechte, wobei es mehrere Tote gab. Ein Herr von Diemar, der sich der bedrängten Dame angenommen, ward vom Herzog beschimpft, er klagte auf Abbitte und eine Strafe von 10 000 Talern. Das Reichskammergericht erließ eine Zitation [Vorladung] gegen den Herzog; hier begegnete es demselben, daß er diese Zitation für eine Sentenz ansah und eine eigenhändige Rekursschrift [Berufungs-, Beschwerdeschrift] dagegen eingab, zur großen Erheiterung der Männer von der Feder.

Anton Ulrich war ein Mann von heftiger Leidenschaft, und diese Leidenschaft warf sich auf noch eine Dame, die zwar schön, jedoch nicht ebenbürtig war. Es war die Tochter eines hessen-kasselschen Hauptmanns, Philippine Elisabeth Cäsar, die am Meininger Hofe bei des Herzogs Schwester als Kammerjungfer diente und mit einem gewissen Schurmann vermählt gewesen war. Anton Ulrich hatte diese 25jährige Dame 1711 zu Amsterdam geehelicht und tat mit seiner Feder und mit seinen übrigen Geisteskräften alles, um dieser heftig geliebten bürgerlichen Gattin die Reichsfürstenwürde zu verschaffen. Da der Kaiser Carl VI. ihm persönlich sehr geneigt war, glückte es 1727. Aber der Hauptzweck war damit immer noch nicht erreicht, er wollte den gemeinsamen Kindern auch die Nachfolge verschaffen. Dagegen stellte sich das ganze Haus Sachsen, namentlich Herzog Friedrich III. von Gotha, und die Aristokratie in Meiningen dergestalt, daß diese Kinder durch einen nachträglichen Reichsschluß nach dem Tode Carls VI. durch Carl VII. von Bayern, der der Schwager des Kurfürsten von Sachsen war, im Jahre 1744 für sukzessionsunfähig erklärt werden mußten. In demselben Jahre starb Elisabeth. Herzog Friedrich III. von Gotha machte sich schon sichere Rechnung auf die Sukzession. Anton Ulrich, obgleich 63 Jahre alt, heiratete aber im Jahre 1750 die 20jährige schöne Prinzessin Charlotte Amalie von Hessen-Philippsthal und erzeugte mit ihr bis ein Jahr vor seinem Tode noch acht Kinder zu den zehnen, die er bereits von Elisabeth hatte. Seine Gemahlin lebte mit ihm in Frankfurt am Main, wo er sich schon seit dem Jahre 1742 – also 21 Jahre lang entfernt von seinem Lande – aufhielt, weil ihn zu Hause die vielen Kammerschulden drückten. Als er 1763, 75 Jahre alt, starb, überlebten ihn aus der zweiten Ehe zwei Prinzen und drei Prinzessinnen. Von den drei Prinzessinnen vermählte sich Marie Charlotte Amalie 1769 mit dem edlen Herzog Ernst II. von Gotha, die zweite Prinzessin heiratete einen Landgrafen von Hessen-Philippsthal und die dritte einen Fürsten von Carolath.

Herzöge Carl und Georg
1763 bis 1782

Die beiden unmündigen Prinzen Carl und Georg standen unter Vormundschaft der Mutter. Der ältere derselben, Herzog Carl, war ein junger Herr von den besten Gesinnungen, einer der liebenswürdigsten und populärsten Fürsten, der zuerst anfing, sogar die Häuser der Bürgerlichen in seiner Residenz zu besuchen. Er stiftete die Loge »Zu den drei Nelken« zu Meiningen. Merkwürdig ist, was Goethe, der im April 1782 mit dem Herzog von Weimar zu Besuch nach Meiningen kam, von ihm und seinem Bruder Georg schreibt: »Ich gehe auf Meiningen. Es graut mir vor dem Anblicke zweier junger, erst freigelass'ner Prinzen und noch dazu solcher. Die Hofmeister junger Fürsten vergleiche ich Leuten, denen der Lauf eines Bachs in ein Tal anvertraut wäre, es ist ihnen nur drum zu tun, daß in dem Raum, den sie zu verantworten haben, alles fein still zugehe, sie ziehen Dämme quer vor und stämmen das Wasser zurück zu einem feinen Teiche; wird der Knabe majorenn erklärt, so gibt's einen Durchbruch, und das Wasser schießt mit Gewalt und Schaden seinen Weg weiter und führt Steine und Schlamm mit sich fort. Man sollte wunder denken, was es für ein Strom wäre, bis zuletzt der Vorrat ausfließt und ein jeder zum Bache wird, groß oder klein, hell oder trüb, wie ihn die Natur hat werden lassen und er seines gemeinen Weges fortfließt. – Die Herzoge wenden Erde und alte Mauern um und machen Torheiten, die ich ihnen gern verzeihe, weil ich mich meiner eigenen erinnere. Sie fragen mich um Rat, und ich habe gelernt, nicht mehr zu raten, als was ich sehe, das auszuführen ist.«

Ein Vierteljahr nach diesem Besuche Goethes in Meiningen starb Herzog Carl ganz unerwartet schnell, erst 28 Jahre alt, am 21. Juli 1782. Er hinterließ von seiner Gemahlin Gräfin Luise von Stollberg, mit der er sich 1780 vermählt hatte, keine Kinder.

HERZOG GEORG
1782 BIS 1803

Herzog Georg, der jüngere, ebenso populäre Bruder, führte nun allein die Regierung und vermählte sich noch in dem Jahre dieses seines alleinigen Regierungsantritts mit Luise Eleonore, Prinzessin von Hohenlohe-Langenburg, einer ausgezeichneten Dame, die sich später als Vormünderin-Regentin einen Namen gemacht hat. Erst nach zehn Jahren, 1792, ward aus dieser Ehe eine Tochter, die nachherige Gemahlin König Wilhelms IV. von England, geboren und erst nach 18 Jahren, 1800, ein Erbprinz. Die Geburt dieses Erbprinzen aber ward der Anlaß, daß endlich im Jahre 1801 das so nötige Primogeniturgesetz für Meiningen erlassen wurde. Meiningen ist der letzte Staat in Europa gewesen, der das Erstgeburtsrecht eingeführt hat.

Herzog Georg war wie sein Bruder ein Herr von den besten Gesinnungen. Er suchte seinen Ruhm darin, ganz eigentlich als Freund seines Landes zu gelten. Er nannte sogar seinen Erbprinzen, um ihn für immer daran zu erinnern, in der Taufe »Bernhard Erich Freund« und bat wiederholt bei seinen Kindern alle Stände zu Gevattern.

Georgs Regierung fiel in die Zeiten der Französischen Revolution. Er trat in österreichische Kriegsdienste ein und ward 1796 dänischer General. Während die Kriegsstürme brausten, suchte er der Landesökonomie aufzuhelfen und stiftete die Forstakademie zu Dreißigacker. An dieser Forstakademie war einer der ungeheuerlichsten Romantiker als Lehrer angestellt: Carl Gottlob Cramer, ein Kursachse aus der Gegend von Freiberg, ein mißratener Kandidat der Theologie, gestorben 1817, 59 Jahre alt, dessen mitten in der Revolutionszeit publizierten Romane »Haspar a Spada«, »Adolf Raugraf von Dassel«, »Der Domschütz und seine Gesellen« und so weiter ein ungeheures Lesepublikum fanden, größer fast noch als die Romane des mit ihm gleichzeitigen Lafontaine in Halle. Cramer, der Fürst der Thüringer Spießbürgerromantik, hat demjenigen einen Ausdruck verliehen, was der von seinen kleinen Höfen, Kabinettsjustizen und Adelsprivilegien gepreßte und geplagte Deutsche schüchtern zu denken wohl liebte, aber kühn, wie die Franzosen und Engländer, zu tun sich gewaltig fürchtete. Cramers Romane lassen Fürsten absetzen, Minister hängen, Raubritter köpfen, Mätressen ins Spinnhaus bringen, geknechtete Patrioten wieder zu Ehren kommen, sie feiern den schönsten Triumph der unterdrückten Tugend, beweisen handgreiflich, daß noch ein Gott im Himmel lebt. »Aus Cramer«, bemerkt Wolff in seiner Geschichte des Romans sehr richtig, »hat sich mancher arme Mensch mehr Trost geholt als von seinem Pfarrer.« Herzog Georg, der Freund seines Landes, konnte diesen revolutionären Romantiker frei schreiben lassen, er war sicher in seinem Ländchen. Er tat auch für den äußeren Schmuck dieses Ländchens sehr viel, er verschönerte alles in seiner Residenz und im ganzen kleinen Herzogtum. Seine Hauptschöpfungen sind der Meininger Park und das freundliche Bad Liebenstein.

Ohne selbst viel von Wissenschaften und Künsten zu verstehen, war der Herzog ein Freund der Gelehrten und Künstler. Von ihm bekam

Schiller kurz vor seiner Verheiratung 1790 den Hofratstitel. Schiller hatte unterm 8. Dezember 1787 freilich geschrieben: »In Meiningen habe ich mit dem Herzog Bekanntschaft gemacht, es war mir aber nicht möglich, sie fortzusetzen, denn der Mensch ist gar auf der Welt nichts. Mit Reinhart [dem Maler, der in Rom starb] war ich oft zusammen; mit dem Herzog lebt er en bon ami [als guter Freund], ohne sich zu genieren, sonst wäre es auch nicht auszuhalten.« Der Herzog aber hielt es sehr gern mit dem Rat Schiller aus, und kurz vor seiner Hochzeit meldete dieser an Körner: »Du wirst künftighin an Herrn Hofrat S. schreiben, ich bin seit einigen Tagen um eine Silbe gewachsen – wegen meiner vorzüglichen Gelehrsamkeit und schriftstellerischen Ruhms beehrt mich der Meininger Hof mit dem Diplom.«

Besser glückte die Freundschaft des Herzogs mit Jean Paul, der ein ganzes Jahr nach seiner Verheiratung in Meiningen aushielt. Über das Verhältnis belehren uns mehrere Briefe. Unterm 28. August 1801 schrieb Jean Paul an Otto aus Meiningen, als noch der Hof in Liebenstein war: »Der Herzog war einmal hier, ich mußte mittags und abends bei ihm essen, und er wird mich immer angeln wollen; er hat viel Sinn und Kenntnis und Güte, aber, wie hier niemand, keine Poesie und Philosophie.« Weiter schrieb er unterm 1. Februar 1802: »Ich glaubte nie, daß ein Fürst mein Freund werden würde; und das ist beinahe der Herzog, ob ich gleich, sooft ich will, seine häufigen Abend-Einladungen verneine – fast sechs in jeder Woche. Er kommt oft zu uns; neulich aß er sogar bei uns; freilich ließ er, weil's schnell ging, sein Essen auch gar herholen. Ich ziehe doch den Vorteil davon, daß der Adel sagte und bemerkte, ich mache ihn verrückt, weil er neuerdings einige scharfe Edikte gegen die Kollegien-Friktion [Kollegien-Zwist] und Moratorien ergehen lassen. Indessen sagte er doch, er wolle mir ein Haus bauen, was der Himmel verhüte, weil ich hier kein Ewiges suche.«

Kurze Zeit darauf, am 7. September 1801, starb die Herzogin-Mutter Charlotte Amalie von Hessen-Philippsthal. »Der Tod unserer verwitweten Herzogin«, schreibt Caroline Richter [die Frau Jean Pauls], »macht eine unglaubliche Bewegung hier, erstlich, weil sie Fürstin, zweitens, weil sie die beste, wohltätigste Seele war, die es geben kann. Der Herzog war außer sich, er ist ein recht seltener Fürst. Er läßt sie auf dem gewöhnlichen Kirchhof begraben, weil, sagte er, sie es wert ist, unter ihren Untertanen zu liegen. Alte, eisgraue Bauern kamen vom Lande herein, sie als Leiche zu sehen, weinten und nannten sie Mutter.«

Über eine Schlittentour, die Richter im nächsten Winter mit dem Herzog ins Gebirge machte, schreibt er unterm 27. März 1802 an Otto: »Meine Reise nach dem Oberlande mit dem Herzog und mehreren, aber im einsitzigen Schlitten – weshalb ich sie ihm nicht zum zweitenmal abschlug –, sollst Du, von mir beschrieben, lesen, so viel ging vor. Auch im herrlichen, an Bergrücken gelehnten Sonneberg war ich, wo der Herzog einen Ball gab. In Neuhaus gab uns ein Liebhabertheater von vier Bauern eine kurze Komödie. Den Tag vorher wurde das Stück dreimal gegeben, weil man wegen des zu kleinen Dach- und Theaterbodens immer die alten Bauern hinaus und frische hineinlassen mußte [...] Von Zeit zu Zeit wurde dem Herzoge, dem Prinzen von Hessen-Philippsthal und dem fürstlichen, vorn mitsitzenden Gefolge ein Krug gutes Bier gebracht, das unter uns hinauf- und hinablief.«

Aber schon unterm 3. November 1802 schrieb Richter an Otto über die beabsichtigte Veränderung seines Wohnortes. Dem biederen, wenn auch etwas langweiligen Herzog ging der Abschied, den ihm Jean Paul angesagt hatte, nahe. Er schrieb unterm 15. November 1802 an denselben: »Nicht Naturforscher genug, um die Art von Wanderratten genau zu kennen, die man Genies nennt, glaubte ich doch, ein Genie oder einen Geist genau genug zu kennen, um ihn meinen Freund nennen zu können. Diesem Glauben nach, welcher sich auf eine gewisse Festigkeit auf meiner Seite gegründet, ist es mir erlaubt, meinen Freund zu fragen: Was treibt Sie von hier? Sind es neue Freunde, die den ältern den Rang oder Wert streitig machen, oder sind es noch ältere Freunde, die ihre Rechte reklamieren? Doch was hat man für Rechte auf einen Geist, der außer uns ist? Es ist eine Luftgestalt, die man nicht festhalten kann, sie entwischt einem aus den Armen [...] Doch eins noch – doch das kann nicht sein: Sollte frischer Weihrauch, gestreut aus unsichrer Hand, einem solchen Geist annehmlicher sein als der Blumenduft im Hausgarten [...]? Kurz und gut, mein Freund, ich kann die Ursache dieser Wanderung nicht einsehen, und solang erlauben Sie, daß ich Sie für inkonsequent halte. GD.« Dazu schickte noch der biedere Präsident

13. Meiningen

Heim »im Auftrage des Herzogs« folgende gereimte Zeilen: »Sie sollen hier bleiben und schreiben und sollen haben an Gaben: frei Porto von Bayreuther Bier, nicht weniger ein frei Quartier, nebst Büchern, die Sie lesen wollen. H.«

Kurz vor dem Wegzug, unterm 1. Mai 1803, schrieb Jean Paul an Otto: »Die Leute hier meinen es sehr gut mit uns (keinen Feind hatt' ich hier); nur sind ihrer zu wenig für mich, und was da ist, will nicht viel sagen und sagt auch nichts, meinen alten, herrlichen Präsidenten Heim ausgenommen. Der Herzog bleibt mein alter, ungestörter Freund und schließt sich immer wärmer an; und es tut mir weh, daß ihm meine Flucht weh tut, die er sich und ich ihm nicht erklären kann. Ich behalte mir neben ihm mehr Freiheit als neben jedem andern Menschen, und er ist von mir Abschlagen und alles schon gewohnt. Er hat einen unschätzbaren Vorzug – den er mir schenken sollte –, er ist nie launischnachtragend [...] Künftige Woche bin ich schon in Coburg.«

Herzog Georg starb noch in demselben Jahre, wo Jean Paul ihn verließ, am Weihnachtsheiligenabende 1803, ebenso unerwartet schnell wie sein Bruder, erst 42 Jahre alt. Lotte Schiller schrieb darüber an ihren Schwager Wolzogen: »Der Tod des Herzogs von Meiningen wird Dich auch sehr frappiert haben, er ist nur fünf Tage krank gewesen an einem hitzigen Nervenfieber, alles beklagt ihn, denn er soll immer besser geworden sein. Man sagte, er habe sich auf der Jagd erkältet und geärgert, weil er 60 000 Gulden der Ritterschaft Entschädigung zu geben vom Kaiser sei beordert worden. Köniz soll jetzt an der Spitze der Geschäfte stehen, und die Herzogin ist Obervormünderin.«

Herzog Georg hinterließ außer seinem Nachfolger nur noch zwei Prinzessinnen, von denen die eine, Adelheid, bereits 36jährig, 1818 an Wilhelm, Herzog von Clarence, der als William IV. König von England ward, vermählt wurde. Die andere, Ida, ist seit 1816 die Gemahlin des starken Prinzen Bernhard, Oheim des Großherzogs von Weimar.

Im Jahre 1789, kurz vor Ausbruch der Französischen Revolution, besuchte der Hamburger Tourist Ludwig von Heß den kleinen Meininger Staat. Heß war ein Mann, welcher mit Fürsten in Verbindung stand, aber mit großer Freimütigkeit gegen die sklavische Unterwürfigkeit, Ängstlichkeit und Kleinigkeitssucht der Deutschen eiferte, die besonders in den kleinen Fürstentümern Deutschlands sich so bemerkbar machte, von den kleinen Fürsten wie von kleinen Göttern zu denken. Heß war ein weltvertrauter, solide gebildeter Mann, der einen größeren Horizont hatte, die Art der Leute, welche zu Höfen gehören, wohl kannte und überdies die Achtung der Vornehmsten in Hamburg im hohen Grade genoß. Er hatte über diese Stadt ein Werk in drei Bänden geschrieben, das von Archenholz als ein außerordentliches gerühmt wurde. Aus Laune reiste er zu Fuße und kam auch so nach Meiningen. Über seinen Empfang daselbst äußerte er sich in seinen »Durchflügen durch Deutschland«, welche im Jahre 1793 zu Hamburg erschienen, in folgender Weise:

»Meiningen liegt in einem engen Tale, von waldigen Bergen umgeben. Das große, mit Pracht aufgeführte Schloß mit der davorliegenden, nicht eben kleinen Stadt macht einen überraschenden Eindruck [...] Die Stadt ist regelmäßig gebaut, die Gassen sind breit; vorne haben die Häuser ein festes, massives Ansehen, hinten ist alles von Lehm. Das Schloß ist ein längliches Viereck, stark und dauerhaft gebaut und eines der größten Fürstenschlösser Deutschlands. Aber auch keines ist so gut bewacht als dieses. Die Wache, welche unter der äußern Pforthalle steht, läßt niemand durch, der nicht zum Hofe gehört. Ich wollte zum Hofmarschall T. Der Unteroffizier sandte erst einen Gefreiten hin mit der Anfrage, ob er mich sprechen wolle. Diese Weitläufigkeit wäre bei mir als einem Fremden noch zu entschuldigen, man konnte ja nicht wissen, zu welch einer Klasse von Landstreichern ich gehörte. Daß aber die Einwohner der Stadt und des Landes dieser asiatischen Etikette unterworfen sind, ist härter. Der Untertan muß das Recht haben, mit seinem Landesherren oder denen, die seine Stelle vertreten, zu reden. Dies ist das wenigste, was er für die Entrichtung seiner Abgaben, die doch eigentlich dem Fürsten als Fürsten sein Dasein geben, fordern kann [...]

Eine recht eigentlich unanständige Behandlung nahm man mit mir am Stadttore vor; eine Behandlung, die mir das Reisen zu Fuß auf ewig verleidet haben würde, wenn ich nicht bedacht hätte, daß Grobheiten nur dem, der sie begeht, nicht dem, der sie leidet, zur Last fallen [...] In dem sehr geräumigen, durch den Drang einer bunten Menge nie erschütterten, öden Tore steht ein großes, im modernsten Geschmack erbautes Wachthaus, an dessen Fenstern zu seiten der Landstraße ein Menschengesicht saß, daß ich zu einer besonderen Spielart rechnen muß. Es greinte, d.h., es lächelte mit Verzerrung des Mundes, die Schweden vergleichen so ein Gesicht mit einem Wolfe, der in die Sonne blickt [...] Ich reichte meinen Paß ins Fenster. Das Gesicht gab sich nicht viel Mühe damit. Greinend frage es mich, wer ich wäre. ›Es steht im Passe‹, war meine Antwort. Das wäre bloß der Name, meinte das Gesicht, aber wer ich denn eigentlich wäre? ›Wer? Wer? Was für ein Wer soll ich denn sein?‹ Das Gegreine ward heller, Kinn und Schläfen bekamen Anteil daran. ›Wollen zum Hofe?‹ – ›Nein.‹ – ›Sind etwa ein Professionist?‹ – ›Nein.‹ – ›Wohl so ein Gelehrter?‹ – ›Nun wohl so, ja denn.‹ Kann man raten, welchen Bescheid mir das Gesicht darauf gab [...] ›Können nicht in die Stadt, müssen ein Stück Wegs zurückgehen, können sich die Nacht in Dingsda betten lassen, kommen morgen früh wieder, erhalten Ihr Viatikum [Zehrgeld] und wandern dann weiter [...]‹ Mit Hitze bedeutete ich dem Greiner, daß ich keines Viatikums bedürfte und durchaus wissen wollte, wer ihn zu dergleichen Grobheiten berechtige. Ich wandte mich daher an einen Unteroffizier, der mir sagte, der Mann dürfte sich so etwas bei Prügelstrafe nicht von selbst unterstehen, es sei gewiß hochfürstlicher Befehl da, so zu verfahren [...] Wir kamen in weitern Wortwechsel, der Korporal, Gesicht und ich. Am Ende gerieten wir miteinander dahin, daß mein Paß durch einen Soldaten an den Kommandanten der Stadt, den Obersten von Bibra, gesandt ward, der die Ordre zurücksandte, mich einzulassen [...]

Den folgenden Tag [15. Juni 1789] meldete sich bei mir im Gasthofe ›Zum Roten Hirsch‹ ein Mädchen, das die Tochter eines dortigen Kanzlisten war. Sie überreichte im Namen des Herzogs ein Buch, worin derselbe die Fremden bittet, daß, da er dafür gesorgt, daß die Bettelei in Meiningen aufhört und die Fremden dadurch vor Überlast geschützt wären, sie doch so gut sein und den Armen etwas reichen möchten. Dies machte mit der Behandlung am Tor einen schönen Kontrast [...]

Ob die mir im Tore bezeigten Honneurs dem Willen des Landesfürsten völlig gemäß ausgeführt worden sind oder nicht, davon habe ich in der Stadt nichts Bestimmtes erfahren können. Niemand wollte sich über die Rechtmäßigkeit oder Unartigkeit des Verfahrens herauslassen, um nicht aus Unwissenheit einen schwer zu ahnenden Hochverrat zu begehen. Denn der Herzog von Meiningen hat sehr gehorsame Untertanen, denen der Zweifel nicht beifällt, ob sie um seinetwillen oder er um ihretwillen da ist. Sein Wille regiert allein, und dem Vergehen folgt die Strafe auf der Ferse nach. Dabei geht es ganz kurz und barsch zu. Wer in seinem neuangelegten englischen Garten, der von handhohen Stauden strotzt, ein Zweiglein abbricht, der kommt ohne Gnade ins Zuchthaus. Was er fordert, muß pünktlich geschehen [...] Er ist ein großer Liebhaber der Jagd, hat schöne Pferde und Hunde. Diese, wenn sie beim Jagen ein Versehen machen, schießt er gerne mit eigner Hand tot. Man lobt als etwas Außerordentliches an ihm, daß er keine Mätresse hält, ob er gleich von seiner jungen Gemahlin, einer Prinzessin von Hohenlohe-Langenburg, keine Kinder hat und ein schöner, blonder Mann von 30 Jahren ist [...]

Das Militär besteht aus 80 Mann Infanterie und einigen Kompanien Jäger unter dem Befehle des Obersten von Bibra. Diese wenigen Truppen sind schöne Leute, gut exerziert und gut montiert. Gegen diese und gegen Virtuosen in der Musik ist der Herzog sehr freigebig und hat diesen edlen Passionen jährlich 12 000 Taler geweiht. Alle übrigen Ausgaben bestreitet die Kammer [...] Titelsüchtig ist man hier im hohen Grade. Leinenkrämer und Tabakshändler sind Räte. Kaufleute gibt es keine hier. Die mehrsten Menschen leben vom Hofe; daher ist alles sehr ehrerbietig; man spricht immer in Respektsausdrücken: ›Unser gnädiger Herr! Der durchlauchtige Herr Herzog! Unser souveräner Fürst‹ und dergleichen mehr [...]

Die Stadt hat zwei Kirchen, die Markt- und die Schloßkirche. Die mehrsten Menschen gehen in die Schloßkirche. Was man mit dem Namen gemeiner Leute zu benennen pflegt, geht nicht in die eigentliche Kirche, sondern in einen Saal nebenan, wo sie hören können, ohne vom Hofe gesehen zu werden. Einige unter diesen Leuten hatten Arbeitszeug bei sich, und zwar Ackergerät unter andern; ich stellte mich zu ihnen, sie hörten der Predigt zu. Als ich ein Weilchen gestanden und dieser Art Gottesdienst müde geworden war, fragte ich die mir zunächst Stehenden, warum sie nicht hineingingen. Sie antworteten mir, der Hof wäre in der Kirche. – ›Und wenn der Hof da ist, so dürft ihr nicht hinein?‹ – ›Es schickt sich nicht‹, war die Antwort, ›wir sind so schlecht gekleidet.‹ – ›Steht ihr denn immer so hier?‹ – ›Immer, ehe wir an die Arbeit gehen.‹ [...]

Wo ein Hof ist, sei er so klein, wie er wolle, da schimmert Luxus und Mode immer stark hervor. Es möchte wohl der Mühe nicht unwert sein, die Konsumtion zweier so nahe aneinanderliegender Städte, wovon die eine Residenz, die andere eine Reichsstadt wäre, gegeneinander zu setzen. Vielleicht ist in einer ganzen Dekade nicht so viel Puder und Pomade in Nordhausen verbraucht worden, als in einem Jahre das nicht um die Hälfte so menschenreiche Meiningen weggezehrt hat. Dieselbe Proportion würde sich bei leichten Seidenzeugen, Bändern, Flor und ähnlichen Artikeln des Flitterstaats ergeben. Da die Mittel des Verdienstes in Residenzen gewöhnlich eingeschränkter sind als in bürgerlichen Städten, so steigt die Sparsamkeit und Entbehrungskunst in andern Dingen bei Menschen, die das Glück haben, Einwohner einer Residenz zu sein, oft zu einem unglaublich hohen Grade [...] Auch in Meiningen fehlen die Bilder der hoffärtigen Armut nicht. Vorzüglich bei den Weibern, unter denen ich übrigens manches artige Gesicht sah. Doch sind sie bräunlicher und nicht so zart als die Sondershäuserinnen [...]

Die Stadt hat weder Manufakturen noch Fabriken. Wenig Speditionshandel, aber zehn schachernde Juden, welche die Wohlhabenheit des Orts nicht mehren werden [...] Für Liebhaber ist eine hiesige Naturalien- und Kupferstich-Sammlung sehenswert [...] Die Freimaurer haben sich hier 1781 durch Anlegung eines Schullehrer-Seminariums ein rühmliches Denkmal gestiftet. Die hiesige Loge gibt dazu jährlich 100 Taler Zuschuß. Jetzt sind 20 Kandidaten da, wovon die mehrsten Fremde sind. Wer im Lande Schulmeister werden will, muß hier im Seminarium erzogen sein [...]

Ich habe oben einen englischen Garten erwähnt, den der Herzog hat anlegen lassen. Er gehört mit unter die vielen deutschen Nachahmereien ohne Ursache. Weitschichtig genug ist er und hat einige Partien, aus denen vielleicht etwas werden kann. Wem das Ganze aber als Natur vorkommen soll, der muß wie aus dem Gebiete der Kunst herausgegangen sein, so gezirkelt und abgemessen ist alles. Ein helles Zeugnis geben hiervon auch die angelegten Ruinen. Diese sind so neu, so symmetrisch, daß man den Augenblick von dem guten Willen, aber auch zugleich von der Geschmacklosigkeit des Baukünstlers überführt wird. Unten an einer massiven Brücke, wo eine Ruinentreppe zu einem kleinen Teiche führt, steht eine runde Bank und an der Mauer die befremdliche Inschrift aus den Klopstockschen Oden: ›Schön ist, Mutter Natur, deiner Erfindung Pracht auf die Fluren verstreut; schöner ein froh Gesicht, das den großen Gedanken deiner Schöpfung noch einmal denkt!‹ Ich nenne die Inschrift befremdlich. Von der Mutter Natur ist auch nicht eine Fingerspitze zu sehen. Sie drückt wenigstens die Pracht ihrer Erfindungen nicht auf Ruinen aus. Und nun gar das frohe Gesicht! Selten läßt sich überall ein Gesicht bei diesen Ruinen und in diesem Park erblicken. Frohsinn ist auch keine besondere Eigenschaft der Leute in Meiningen [...] O was vermöchten die kleinen deutschen Fürsten nicht, wenn sie es ihre herzlichste Angelegenheit sein ließen, frohe Gesichter um sich her zu erschaffen!«

Gegen diese Auslassungen des Herrn von Heß erschien im Jahre 1794 ein Aufsatz im Intelligenzblatt der »Allgemeinen Jenaer Literaturzeitung« von einem Arzt Dr. Jahn in Meiningen, der ihn auf die ehrenrührigste Weise der »Lügenhaftigkeit und Verleumdungssucht« anklagte. Herr von Heß ließ darauf den Herausgebern dieser Zeitung eine Gegenanzeige zugehen, worin er auf die ehrenhafteste Weise bei seinen ausgesprochenen Behauptungen beharrte und mit folgenden Worten schloß: »Ich bin freimütig gewesen, habe geradezu getadelt, was mir tadelnswert vorkam; aber ich habe noch lange nicht alles gesagt, was ich wußte, habe noch manches Gehässige verschwiegen. Ich lege dem Publikum die Pflicht nicht auf, mir aufs Wort zu glauben. Hartgläubige Leute mögen zweifeln. Man kann mich widerlegen, seine Meinung, seine Vaterstadt, was man will, gegen mich verteidigen. Wenn aber jemand wie der Arzt Jahn in Meiningen mir mündliche oder schriftliche Eigenschaften beilegt, die nur einen der Sozietät Unwürdigen bezeichnen, so hört alle mündliche und schriftliche Widerlegung auf, und er hat mit mir persönlich zu tun. Schimpfwörter mit Schimpfwörtern zu erwidern, ist unter der Würde eines Mannes von Ehre. In dem Augenblicke, wo ich ihn treffe, wo ich meine Existenz an die seinige setze, will ich ihm den Titel geben, den er verdient. Ich spare ihn bloß darum so lange auf, um ihn emphatischer zu machen. Ihn erreichen werde ich schon, wenn er sich dessen am wenigsten versieht, gesetzt auch, seine Wünsche und seine Bitten würden erfüllt, jeder Torschreiber und jede Wache würde aufmerksam auf mich gemacht. Man wird mich demungeachtet wohl passieren lassen.«

Diese Gegenanzeige aufzunehmen, verweigerten die Herausgeber der »Allgemeinen Literaturzeitung« in Jena unter dem Anführen, daß sie freilich zensurfrei seien, aber ihr Verfahren selbst mißbilligen müßten, wollten sie offenbare Persiflage gegen den Herzog von Meiningen, der ihres Herzogs von Weimar Verwandter und Freund, einer der bestgesinnten Prinzen und überdem als einer der Ernährer der Akademie zu Jena ihr eigentlicher Oberer sei, öffentlich verbreiten und überdem sogar einer Herausforderung zum Duell proparlieren [fürsprechen].

Dagegen meldete sich mit dem ersten Posttage Dr. Jahn, bat ab und versprach eine Ehrenerklärung in der »Allgemeine deutschen Bibliothek«, die auch erfolgte. Darauf erstand im Intelligenzblatt der »Allgemeinen Literaturzeitung« ein neuer Kämpfer, der seinen Worten mehr Anständigkeit zu geben wußte, aber dafür den Hofton auch so weit trieb, daß er dem Gegner, den er fällen wollte, erst mit Komplimenten den Weg verrannte. Dieser neue Kämpfer war Herr B. G. Walch, herzoglicher Rat, Geheimer Archivar und Aufseher der herzoglichen Bibliothek, der Münz-, Kupferstich- und Naturalien-Sammlungen. Diesem Kämpfer gab Herr von Heß unter anderem folgendes zu hören: »Herr Rat Walch verliert sich in Ekstasen, wenn er von seinem Gebieter redet. ›Wenn es sich der Mensch‹, schreibt er, ›von seinem Fürsten ebensogut wie von seinem Gott denken kann: Er denkt und sorgt auch für mich, dann folgt er jenem so bereitwillig, wie er diesem folgt. In diesem glücklichen Fall befindet sich der Herzog von Sachsen-Meiningen.‹ Vermutlich hat Herr Walch diese emphatischen Worte aus einer schlechten Krönungs-Predigt, worin er schlummerte, behalten und gibt sie schlafenden Muts wieder von sich. Auf der Kanzel geht nach der Gewohnheit vieles mit, was im Leben anzuwenden Unsinn wäre. Der

Mensch, der von seinem Fürsten wie von Gott denkt, ist ein Narr oder ein willenloser Sklave. Jeder muß für sich denken und sorgen; der Fürst soll bloß die Gerechtsame seines Volkes gegeneinander und vor auswärtigen Angreifern verteidigen. Er vertritt nicht einmal Gottes Stelle, denn Gott ist nie abwesend und braucht keinen Repräsentanten. Wer den Fürsten für sich sorgen läßt, der will sich auf Kosten seiner Landsleute gütlich tun, denn der Fürst hat ja nichts, was nicht der Nation kollektiv gehört. Wer den Fürsten für sich denken läßt, der läßt seinen eigenen Kopf ruhen, dem Schöpfer zum Trotz, der ihm den Kopf zum Denken gegeben hat. Auch muß man dem Fürsten nicht zahm und bereitwillig folgen wie das Lamm dem Scherer, der Brot in der Hand hat. Man muß den Gesetzen gehorchen, die der Fürst vollstreckt. Dieser Gehorsam ist Schuldigkeit um der Ordnung willen. Aber man muß sagen dürfen: Fürst, deine Gesetze sind schlecht. Man muß keiner Strafe ausgesetzt sein, weil man den Fürsten oder sich selbst über das, was besser ist, aufklären will. Wenn diese Freimütigkeit im Schwange wäre, so würde man nicht so viele große und kleine Nationen teils ein knechtisches Pflanzenleben führen, teils unter verbissenen Leiden stöhnen, teils sich unbändig empören und ihre Herren abschlachten sehen. Hätten solche Nationen in früheren Zeiten nicht von ihren Fürsten wie von Göttern gedacht, die späteren Zeiten wären glücklicher ausgefallen für beide [...] Es ist schwer einzusehen, wie Herr Walch durch diese fromme Apostrophe mich zu widerlegen denkt. Er sagte gerade das, was ich gesagt habe; nur, daß er den Meiningern einen abergläubischen Grund unterschiebt, von dem ich nichts wußte. Nur, daß er eine Schwäche übertreibt, welcher ich noch ein gewöhnliches Maß gelassen habe. Er preist das vorzüglich hoch, was ich tadelnswürdig fand [...]

Wunderbar anzusehen ist es, mit welchem heiligen Eifer Herr Walch für die Unantastbarkeit seines Fürsten kämpft. Unbegreiflich muß dem ganz parteilosen, unkundigen Zuschauer die Verschiedenheit unserer Urteile über diesen Herrn vorkommen. Die beste Art, aus Widersprüchen sich zu helfen, ist anzunehmen, daß sich die Wahrheit in der Mitte befinde [...] Es sieht sehr danach aus, als ob der Herzog, für welchen sie kämpfen, ebensosehr ein Wahnbild ist als ich, wider den sie ihre Kräfte anstrengen. Ich male ihn in Schatten; Herr Walch stellt ihn in voller Glorie dar, mit einem Lichtsaum, worin lauter Engel tanzen, umgeben. Vielleicht haben wir nicht ganz abweichende Ideen von ihm, die Stellung des Bildes ist nur verschieden geraten. Man kann ein fleißiger, verständiger, wohlwollender Herzog und dabei ein strenger, gebieterischer, vorschneller Mann sein. Diese letzten Eigenschaften verdunkeln die Vortrefflichkeit des Menschen, vertragen sich aber oft ziemlich gut mit der fürstlichen Würde [...]

Wenn ich den Eindrücken trauen darf, welche die Lesung des Walchschen Aufsatzes in meinem Kopfe hervorgebracht hat, so ist der Herzog dadurch, daß man ihn ganz in Klarheit, ohne Flecken, hat darstellen und zu einem Gotte machen wollen, um desto weniger vor unbefangenen Augen verteidigt. Daß er seine Untertanen als Taufzeugen bei seiner Tochter herbeiruft, beweist so wenig für seine Liebe zu ihnen, als wenn er die Republik Venedig zur Patin gebeten hätte. Wer wird wohl den Satz ernsthaft zu beweisen wagen: ›Der Herzog N. N. [nomen nescio – Name unbekannt] hat die Republik Venedig zur Gevatterin eingeladen, ergo liebt er die Venezianer aus vollem Herzen.‹ [...]

Herr Walch nennt den Herzog von Meiningen einen Regenten im edelsten, einen deutschen Fürsten im echten Sinne, einen Mann von Kopf und Talenten, der gesucht, geliebt und geschätzt wird. Ich habe dieses so wenig bestritten, als ich es aus Mangel an Kenntnis seines ganzen Charakters und aller seiner Verdienste unparteiisch zugestehen kann. Ich habe, weil ich nichts anderes schreiben wollte und noch immer nicht will, als was ich selbst sehe und wovon ich die Wirkung spüre, den Herzog nach seinen Wirkungen beurteilt: Mir fielen Proben der Härte und Raschheit des Herzogs auf [...] Einige seiner Untertanen, mit welchen ich gesprochen habe, haben ihn wenigstens nicht für einen Engel erklärt [...] Solange die Kriecherei der Gelehrten bei uns fortwährt, so lange bleiben die Fürsten übermütig und unwissend, die Völker unzufrieden und lasterhaft.«

HERZOG BERNHARD ERICH FREUND
SEIT 1803

Der von seinem Vater so expressiv getaufte Herzog Bernhard Erich Freund war, als der Vater starb, erst drei Jahre alt. Seine Mutter führte 17 Jahre lang mit großer Auszeichnung die Regierung. Sie verließ das Land selbst in den schwersten Kriegsjahren nicht. 1813 im Oktober war das große russische Hauptquartier auf dem Meininger Schlosse. General von Wolzogen, ein geborener Meininger, berichtet darüber in seinen Memoiren: »Kaiser Alexander wartete sogleich der Herzogin auf, und der junge Herzog begleitete ihn hernach mit auf sein Zimmer. Da dieser in kindlicher Ehrerbietung gar nicht wieder von ihm weichen wollte, so rief mir der Kaiser scherzend auf Russisch zu: ›Schaffen Sie mir doch Ihren Souverän vom Leibe!‹ Mittags war große Tafel bei Hofe. Nach derselben langte auch der Fürst Schwarzenberg in Begleitung Generals von Langenau an [...]«

Im Jahre 1821 übernahm Herzog Bernhard nach erlangter Mündigkeit die Regierung aus den Händen seiner Mutter. Er vermählte sich 1825 mit Maria, Tochter Kurfürst Wilhelms II. von Hessen-Kassel. Aus der gothaischen Erbschaft wurden 1826 die Fürstentümer Hildburghausen und Saalfeld, dazu von Gotha das Amt Kranichfeld und von Altenburg das Amt Camburg erlangt. In demselben Jahre 1826 wurde der Erbprinz Georg geboren, der sich 1850 mit einer preußischen Prinzessin Charlotte, Tochter des Prinzen Albrecht, vermählt hat.

Unter allen Ländern und Ländchen Deutschlands sind die Stürme von 1830 und 1848 am ruhigsten an Meiningen vorübergegangen. Weil in Meiningen die Landesvertretung an dem Grundsatze festhielt, daß die Domänen, mit wenig Ausnahmen, Staatseigentum seien, fiel jeder Streit über das, was bei Besoldungen der Staat und was die fürstliche Kasse zu tragen habe, weg. Regierung und Stände arbeiteten an möglichster Reduzierung der Besoldungen, und die so hohen Kosten der früheren doppelten Verwaltung der fürstlichen Domänen und der Staatseinkünfte wurden erspart. Während in den Nachbarländern seit

14. Meiningisches Schloss Kranichfeld

1848 die Steuern bedeutend erhöht wurden, ist Meiningen allein das glückliche Ländchen, wo diese Vermehrung nicht nötig war. Dazu ward noch die allerdings bedeutende Landesschuld vermindert, und auch die neuen Organisationen kamen zur Ausführung, die in den Nachbarländern in den Gerichten und mit der Trennung von Justiz und Verwaltung stattfanden. Ebenso ward die Ablösung der an den Staatsfiskus zu entrichtenden Abgaben ins Werk gerichtet.

Der Hofstaat bestand 1852 aus dem Oberstallmeister, dem Oberschenk und dem Oberkammerherrn.

DER HOF
ZU HILDBURGHAUSEN-
ALTENBURG

HERZOG ERNST
1680 BIS 1715

Das Haus Hildburghausen, jetzt Altenburg, ward gestiftet von Herzog Ernst, dem sechsten Sohne Herzog Ernsts des Frommen, der sogleich nach dem Beispiele der Herzöge von Gotha das Primogeniturrecht einführte. Hildburghausen war ein Teil vom coburgischen Gebiete. Es blieb das kleinste der ernestinischen Häuser, nur aus der coburgischen Erbschaft vergrößerte sich Hildburghausen 1705 durch das Amt Sonnefeld.

Herzog Ernst war ein Kriegsheld, er diente dem Kaiser beim Entsatze von Wien 1683 und in Ungarn, später trat er in holländischen Kriegsdienst. 1715 hinterließ er von seiner im Jahre seines Regierungsantritts geheirateten Gemahlin Henriette Sophie von Waldeck zwei Prinzen: Ernst Friedrich, der, und zwar allein, sukzedierte, und Joseph.

Dieser Prinz Joseph Maria Friedrich Wilhelm Hollandinus war der Zögling Graf Heinrich Seckendorffs und einer der kleinen, aber sehr unglücklichen Helden des 18. Jahrhunderts, talentvoll und tapfer, aber sehr unbesonnen. Er wurde mit 25 Jahren 1727 katholisch und lebte in Wien als österreichischer Generalfeldmarschall. Er stand in großer Gunst bei Kaiser Carl VI. und bei seiner Tochter Maria Theresia. In der italienischen Kampagne in den dreißiger Jahren erlangte er eine so hohe Reputation, daß man glaubte, er werde dereinst den großen Eugen ersetzen können. Er ward aber der Feldherr, der 1757 bei der Schlacht bei Roßbach die Reichstagsarmee zur Reißausarmee machte, was man in Wien dem Umstande zuschrieb, daß sein Glaube an Rom doch noch nicht fest genug gewesen sei. Er hatte sich im Jahre 1738 mit der Prinzessin von Carignan, Anna Victoria, verheiratet, der Bruderstochter und Erbin des großen Eugen, sie ließ sich aber von ihm scheiden und lebte getrennt von ihm zu Turin, wo sie 1763 starb. Im Jahre 1780 sah diesen Prinzen Joseph von Hildburghausen der englische Tourist Swinburne in Wien und schreibt von ihm: »Ich machte mit dem Baron Swieten, dem Sohn des Arztes, meine Aufwartung beim alten Prinzen von Sachsen-Hildburghausen. Er ist 80 Jahre alt und kann 300 Pfund wiegen. Er zieht sich jeden Abend acht Uhr in seine Appartements zurück. Wenn er aus seinem Salon in sein Schlafzimmer geht, sind Leute aufgestellt, welche ihm seine Perücke und seine Kleider abziehen, dergestalt, daß, wenn er in die Tür seines Schlafzimmers tritt, er allezeit fertig zum Bett ist. Er braucht kaum zwei Minuten zu seiner Toilette.« Das bestätigt Goethe, der ihn in Coburg sah, wohin er sich nach Maria Theresias Tode zurückgezogen hatte. Er schreibt unterm 13. Mai 1782 an Frau von Stein: »Heute habe ich in Hildburghausen bei dem Alten gegessen. Er war sehr munter und freundlich, gab mir Audienz im Bette und war nachher gleich angekleidet zur Tafel.« Er starb, 85 Jahre alt, 1787 in Coburg.

HERZOG ERNST FRIEDRICH I.
1715 BIS 1724

Herzog Ernst Friedrich I. war seit 1704 vermählt mit Sophie Albertine, Tochter des Grafen Georg Ludwig von Erbach und der Prinzessin Amalie Catherine von Waldeck, durch welche ihm die Herrschaft Cuylenburg in Geldern zufiel. Er hatte vorher im Spanischen Erbfolgekriege in holländischen und dann kaiserlichen Diensten gestanden. Er war ein ungemein splendider und prächtiger Herr, und seine Verschwendung überstieg bei weitem die Kräfte des kleinen Ländchens und das Vermögen seiner Gemahlin, die ihm verstattete, die Herrschaft Cuylenburg an die Staaten von Geldern zu verkaufen. Er hinterließ das Land tief in Schulden. Seine Gemahlin hatte ihm zwei Söhne geboren, den

Das Hochfürstliche Schloß gegen der Stadt

15. SCHLOSS HILDBURGHAUSEN

Erbprinzen und noch einen kleinen Helden des 18. Jahrhunderts, Prinz Ludwig Friedrich, der in kaiserliche, dann holländische Dienste trat und 1759 als Generalfeldzeugmeister und Gouverneur von Nimwegen starb, dazu eine Tochter, die sich mit Carl Ludwig Friedrich von Mecklenburg-Strelitz vermählte.

HERZOG ERNST FRIEDRICH II.
1724 BIS 1745

Ernst Friedrich II., der Nachfolger Ernst Friedrichs I., vermählte sich 1726 mit Caroline Gräfin von Erbach, war kaiserlicher und pfälzischer Generalfeldzeugmeister und hinterließ von ihr wieder zwei Prinzen, den Nachfolger und Prinz Friedrich Wilhelm Eugen, der in holländischen Diensten stand und als dänischer General 1795 in Oehringen starb, und eine Prinzessin, die sich mit einem Fürsten von Hohenlohe-Oehringen vermählte.

HERZOG ERNST FRIEDRICH CARL
1745 BIS 1780

Ernst Friedrich Carl, der Nachfolger Ernst Friedrichs II., regierte von 1745 bis 1780, drei Jahre erst unter Vormundschaft der Mutter mit Beihilfe des früheren Hof-, späteren Geheimen Rates Johann Sebastian Kobe, des Stammvaters des Koppenfelsischen Geschlechts, der 1754 von Kaiser Franz I. unter dem Namen Koppenfels nobilitiert ward. Unter diesem Herzoge wurde die Haushaltung so schlimm, daß, wie in Coburg, 1769 eine kaiserliche Debitkommission eintreten mußte. Die Stände mußten 1770 sogar die Erziehung der fürstlichen Kinder übernehmen, dem Herzoge wurden jährliche Kompetenzgelder zur Bestreitung seines Hofstaates ausgesetzt. Sie sanken bis auf 12 000 Gulden herab. Die Einkünfte betrugen 1779 ungefähr 72 000 Gulden, die für die

Schulden aufzubringenden Zinsen das Dreifache, an 210 000 Gulden. Die Direktion des Debitwesens war dem Prinzen Joseph von Hildburghausen, dem Liebling der Kaiserin Maria Theresia, und nächst ihm der verwitweten Herzogin von Meiningen, Charlotte Amalie von Hessen-Philippsthal, übertragen.

Herzog Ernst Friedrich Carl war dreimal vermählt, 1749 mit Luise, Tochter König Christians VI. von Dänemark, 1757 mit Christiane Sophie Charlotte, Tochter Friedrich Christians, Markgraf von Bayreuth, und 1758 mit Ernestine Auguste Sophie, Tochter Herzog Ernst Augusts von Weimar. Er hinterließ außer dem Erbprinzen Friedrich zwei Prinzessinnen, Ernestine Friederike Sophie, vermählt mit dem Herzoge Franz von Coburg, und Christiane Sophie Caroline, vermählt mit ihrem Oheim, dem erwähnten Prinzen Friedrich Wilhelm Eugen von Hildburghausen.

HERZOG FRIEDRICH
1780 BIS 1834

Herzog Friedrich war im Friedensschlußjahre des Siebenjährigen Krieges geboren und regierte über ein halbes Jahrhundert. Sieben Jahre lang, bis 1787, stand er zuerst unter der Vormundschaft seines alten Urgroßoheims Joseph. 1785 vermählte er sich mit Charlotte, Tochter des Herzogs Carl von Mecklenburg-Strelitz, Schwester der Königin Luise von Preußen, der schönen und galanten Prinzessin Friederike von Solms, späteren Königin von Hannover, und der Prinzessin von Taxis.

Während der Vormundschaft »des Alten« wurde acht Jahre vor Ausbruch der Französischen Revolution noch eine hochtrabende Rangordnung des hochbetitelten Hofpersonals an dem kleine Hildburghäuser Hofe in nicht weniger als 13 Klassen von den Hofexzellenzen bis zu den Hoflakaien und Läufern herunter erlassen. Mit dem Regierungsantritt des Herzogs aber ward diese lächerliche Hoffärtigkeit beiseite gesetzt. Es kamen bessere Zeiten, etwas arbeitete sich das Land endlich aus den

16. Herzog Friedrich von Sachsen-Hildburghausen-Altenburg

drückenden Schulden heraus, die sich zuletzt auf vier Millionen belaufen haben sollen. Die kalte, steife Hofpracht wurde nach und nach gelockert, und es drangen, besonders durch Vermittlung der jungen Herzogin, die sich für Literatur interessierte, mildere und erquicklichere Luftströmungen ein. Die Erscheinung eines Poeten wie Jean Paul einer war, muß den seltsamsten Kontrast mit der früheren Hildburghausener Hofgrandezza gegeben haben. Daß Jean Paul in der größten Intimität mit den Hildburghausener Fürstlichkeiten war, wissen wir aus seinen Briefen und aus den Briefen Knebels. »Die Prinzessinnen« schreibt Knebel unterm 2. Juni 1799 an Fräulein von Bose, »hatten ihn täglich um sich, wo er acht Tage lang von Mittag bis Mitternacht täglich zubringen mußte.«

Jean Paul selbst schrieb aus Hildburghausen unterm 25. Mai 1799 an seinen Freund Otto: »Hier sitze ich nun seit einer Woche und recht weich [..] Erstlich denke Dir, male Dir die himmlische Herzogin – mit schönen, kindlichen Augen – das ganze Gesicht voll Liebe und Reiz und Jugend – mit einer Nachtigallen-Stimmritze und einem Mutterherz –, dann denke Dir die noch schönere Schwester, die Fürstin von Solms, und ebenso gut, und die dritte, die Fürstin von Thurn und Taxis, welche beide mit mir an einem Tage mit den gesunden, frohen Kindern ankamen. (Erlasse mir die Männer.) Mit der von Solms wollte ich in einem Kohlenbergwerk hausen, dürfte ich ihren Galan da vorstellen. Diese Wesen lieben und lesen mich und wollen nun, daß ich noch acht Tage bleibe, um die erhabene schöne vierte Schwester, die Königin von Preußen, zu sehen, Gott wird es aber verhüten. Ich bin auf Mittag und Abend immer gebeten. Der Herzog, äußerst gutmütig, machte anfangs nicht viel fait [Aufhebens] von mir; aber jetzt ist er mir recht gut, und er merkte an, daß ich mir ›zu wenig Spargel genommen‹, und gab mir außer diesem die ersten Hirschkalben zu essen, die nicht sonderlich sind. Gestern hab' ich vor dem Hof auf dem Flügel phantasiert. Auch hier habe ich eine anständige Bruder- und Schwestergemeinde und kann der Zinzendorf sein [...]

Ich studiere an diesen Höfchen die Kurialien [Förmlichkeiten] mehr ein für meine Biographien. Wenn alles aus den Vorzimmern in den

Speisesaal zieht, so schreitet das kurze Kammerjunker- und sonstige Volk (und ich mithin mit) wie die Schule vor der Bahre voraus, und die fürstlich gepaarten Personen schleifen nach. Wieland aber (das erzählt er mir selber immer mit Spaß über seine Unwissenheit) gedachte höflich zu sein und ging nicht voran, sondern fügte sich zum Nachtrab und kam so zugleich mit den Fürsten-Paaren an [...] Übrigens, was ich mir durch den Hof an Gasthofessen und Trinken erspare, das trägt der Bader wieder fort, weil ich den verdammten Kinn-Igel öfter scheren lassen muß.«

Den vier Schwestern wurde der »Titan« dediziert, dessen erster Band 1800 erschien. Weil der gutmütige Herzog von Meiningen Schillern den Hofratstitel verlieh, hatte der gutmütige Herzog von Hildburghausen Jean Paul den Titel Legationsrat verliehen. »Weißt Du, was ich geworden bin?« schreibt er aus Weimar, 22. August 1799, an Otto: »Den 15. d. M. bat mich die Geheime Rätin von Koppenfels zum Tee, überreichte mir ein Dekret vom Herzog von Hildburghausen, das mich zu nichts weniger erhebt als einem – Legationsrat, was doch immer etwas ist. Das Diplom verlangt, daß ich ›von männiglich alle von diesem Charakter abhängenden Prärogativen [Vorrechten] und Personal-Freiheiten genießen‹ solle. Ich kenne noch keine einzige von diesen Personal-Lizenzen und habe noch wenig davon genossen, noch mich damit bekannt gemacht, damit ich darauf bestehe.«

Unterm 27. Oktober 1799 schreibt Jean Paul aus Hildburghausen: »Ich wußte voraus, daß der Hof in Seidenstadt war (einem Jagdschloß), wo ich heute auf eine Nacht hinfahre. Die schöne Herzogin war gerade bei meinem Einfluge hier und ließ mich sogleich auf ein paar Minuten vor dem Einsteigen kommen. Außer einer Geliebten weiß ich nichts Schöneres als diese süße Gestalt. Hätt' ich nur Zeit und Wetter, eine Woche lang blieb ich unter ihrem Dach [...] In Seidenstadt logiert' ich im Schloß, die Herzogin sang, so wie man sie besingen sollte, ich las ihr vor (nur machte ein verdammter Kälbermagen Laban, ein mir verhaßter, kalter, feiner Kammerjunker, der gerade die jour [Dienst-Tag] hatte und überall war, den Enthusiasmus gerinnen) [...] Sie und der Mann nötigten mich zum zweiten Tag, und sie fuhr im gießenden Abend mit mir in eine zwei Stunden ferne schöne Gegend.«

Über einen späteren Besuch in Hildburghausen mit seiner jungen Frau schreibt Jean Paul unterm 15. Juli 1802 an Otto: »Sieh die Hofsitte! Wir wurden in Hildburghausen auf den Abend eingeladen. Vor Tisch sagte die Oberhofmeisterin meiner Caroline, daß sie und die Prinzessin (eine göttliche Täubin) mit ihr allein soupieren wollten, und ich saß geschieden zu Tafel. Was die törichte Scheidung von Tisch [...] etwa entschuldigt, ist, daß drei Herzoge dabeisaßen, meiner, der Mecklenburger. Indes singt die Herzogin wie eine Himmelssphäre, wie ein Echo, wie aus Nachtigallen gemacht.«

Nach den idyllischen Tagen mit dem deutschen Poeten kamen die martialischen Tage mit dem französischen Imperator. Herzog Friedrich trat zum Rheinbund und stellte sein kleines Kontingent von 200 Mann zu Napoleons westlichen und östlichen Kriegen. Später trat er dem Deutschen Bunde bei.

Im Jahre 1826 erwarb der Hof zu Hildburghausen aus der gothaischen Erbschaft das Herzogtum Altenburg und nahm nun den Namen Sachsen-Altenburg an und zu Altenburg die Residenz. Das Herzogtum Hildburghausen fiel an Meiningen. Als Herzog Friedrich 1834, 71jährig, starb, hinterließ er außer dem Erbprinzen Joseph noch drei Prinzen und zwei Prinzessinnen. Von den Prinzessinnen heiratete Therese 1810 den Dichterkönig Ludwig von Bayern und Charlotte den Herzog Paul von Württemberg. Eine dritte Prinzessin Luise, vermählt mit dem Herzog Wilhelm von Nassau, starb 1825 vor dem Vater. Von den drei nachgeborenen Prinzen sukzedierte 1848 Prinz Georg, der bis 1853 regiert hat. Die beiden jüngsten Prinzen Friedrich und Eduard traten in Dienste ihres Schwagers, des Königs von Bayern. Prinz Eduard hat eine Zeitlang als bayerischer Gouverneur zu Nauplia in Griechenland fungiert.

HERZOG JOSEPH
1834 BIS 1848

Herzog Joseph, der Erstgeborene und Nachfolger, war im Jahre des französischen Revolutionsausbruchs geboren und bereits 45 Jahre alt, als er 1834 die Regierung antrat. Er stand früher als Generalmajor in königlichen sächsischen Diensten und war seit 1817 mit Amalie, Tochter Herzog Ludwigs von Württemberg, Schwester der regierenden Königin von Württemberg, vermählt. Er gehörte zu den nicht populären Fürsten, die im Laufe des Sturmjahres 1848 abdanken mußten. Er hatte viel aufgehen lassen, teils für Bauten, unter denen namentlich das bis 1846 erbaute große neue Stallgebäude zu Altenburg zu nennen ist, teils für die stattlichen Heiraten, die seine Töchter machten, und war stark verschuldet. Die Nachfolge kam, da er keine Söhne hatte, an seinen Bruder Georg, der bisher seinen kleinen Hof in Eisenberg gehabt hatte.

Die stattlichen Heiraten, die Herzog Josephs drei Töchter machten, brachten den Altenburger Hof in die englische und russische Verwandtschaft. Die älteste Tochter Marie vermählte sich 1843 mit dem schönen blinden Kronprinzen, späteren König von Hannover; eine zweite ward 1848 mit Constantin, Sohn des Kaisers Nicolaus von Rußland, vermählt und eine dritte 1852 mit dem späteren Großherzog von Oldenburg.

HERZOG GEORG
1848 BIS 1853

Herzog Georg, der Bruder und Nachfolger des abgedankten Herzogs Joseph, hatte früher in österreichischen Diensten gestanden und in Eisenberg residiert. Er war, als er die Regierung übernahm, bereits 52 Jahre alt und seit 1825 mit der Prinzessin Marie von Mecklenburg-Schwerin vermählt. Er hat nur fünf Jahre regiert, da er bereits 1853 starb. Er hinterließ zwei Söhne, den Erbprinzen Ernst und den Prinzen Moritz.

17. Herzog Georg von Sachsen-Altenburg

HERZOG ERNST
SEIT 1853

Es folgte sein Sohn Ernst, der jetzt regierende Herzog, geboren 1826 und seit 1853 mit Anna, Tochter des Herzogs von Anhalt-Dessau, vermählt.

Die Einkünfte beliefen sich im Jahre 1852 auf 670 000 Taler. Davon waren an 290 000 Taler Einkünfte der herzoglichen Kammer von den Domänen, Forsten und so weiter. Die Schuld betrug nahe 1 2000 000 Taler.

Die Höfe
von Schwarzburg
zu Sondershausen
und Rudolstadt

Das Haus Schwarzburg ist ein altes Thüringer Haus, aus dem Thüringerwaldgebirge stammend, wo Rudolstadt ihre Stammbesitzung ist, einer Abstammung mit den 1385 erloschenen Grafen von Käfernburg. Beider Geschlechter Ursprung ist bis auf den gemeinschaftlichen Ahnherren Günther zu verfolgen, welcher unter dem ersten Hohenstaufen-Kaiser Mitte des 12. Jahrhunderts lebte. Das Haus Schwarzburg hat dem Heiligen Römischen Reiche selbst einen Kaiser gegeben, aber freilich nur auf ein einziges Jahr, in der Person des Grafen Günther mit der Zahl XXI., welcher im Jahre 1349 der Gegenkaiser des luxemburgischen Carl IV. ward, desselben, der Deutschland die Goldene Bulle gegeben hat. Kaiser Günther starb, wahrscheinlich vergiftet, noch im Jahre seiner Erhebung auf den Thron Carls des Großen zu Frankfurt am Main. Das Geschlecht führt zum Andenken dieses unvergeßlichen Einjahr-Kaisers noch heutzutage den Namen Günther vorzugsweise und dazu den Reichsadler und die Kaiserkrone im Mittelschilde. Es führt ferner auch als des Heiligen Römischen Reiches Erzstallmeister eine Mistgabel und einen Striegel im Wappen. Endlich, wie Württemberg im Süden, führte es auch noch die Würde eines Jägermeisters des Heiligen Römischen Reiches. Seit den Tagen des Einjahr-Kaisers und zumeist in neuerer Zeit hat es sich aber auf die Bärenhaut gelegt, namentlich als ein Kaiser vom Hause Habsburg, und zwar der tüchtigste, den dieses Haus gehabt hat, Maximilian II., über einen Grafen Günther, der die Ziffer XLI führte, den die offizielle Geschichte wie insgemein sehr pomphaft »den Streitbaren« rühmt und der Maximilians General in Ungarn gegen die Türken war, gar sehr zu klagen gehabt hatte, als der nichts könne »als stolzieren«.

Seit jenen Tagen hat das Haus Schwarzburg sich durch nichts wieder sehr berühmt gemacht als – wenigstens was Sondershausen betrifft – durch starkes »Jagen vor dem Herrn« bis in die allerneueste Zeit und – was Rudolstadt betrifft – dadurch, daß eine adlige Dame dieses kleinen Hofes es gewagt hat, einem der berühmtesten Roturiers [Bürgerlichen] Deutschlands, Schillern, ihre Hand zu reichen. Notable Männer der Wissenschaft und Kunst hat Schwarzburg gar wenige aufzuweisen. Wetzel, einer der deutschen Poeten, die im Wahnsinn starben, war ein Sondershäuser, der Violinvirtuose Hermstädt dirigierte und der Autor des »Tonkünstler-Lexikons« Gerber fungierte in der Sondershäuser Kapelle. In Rudolstadt stellte die landesherrliche Familie ein paar geistliche Liederdichterinnen, und Ahasverus Fritsch war ein Rudolstädter Kanzler, der, wie der berühmte Seckendorff, der Autor der Geschichte des Luthertums, ebenso stark in der theologischen als in der juristischen Fakultät beschlagen war. Der neueste, berühmteste Schwarzburger ist Friedrich Fröbel, ein Rudolstädter Landpastorsohn, der Nachfolger Pestalozzis, der Stifter der »Kindergärten«. In Keilhau bei Rudolstadt ward ein Erziehungs-Institut nach seinen Prinzipien gestiftet.

Die Besitzungen der Schwarzburger sind erst seit den Tagen des Einjahr-Kaisers im 14. Jahrhundert zusammengekommen. Es gehören dazu: Sondershausen, das 1356 durch Vermählung mit einer Gräfin von Hohenstein erworben ward, und Frankenhausen, das 1340 von den Grafen von Beichlingen erkauft wurde. Diese beiden Herrschaften bilden den sogenannten »Unterteil« der Grafschaft Schwarzburg, in einer Gegend gelegen, die man zu den romantischsten Gegenden Deutschlands zählen muß, in der Nähe des Kyffhäusers und der anderen überaus schönen, weichen, warmen und grünen, laubholzbewachsenen Vorberge des Harzes, zum Teil in der Goldenen Aue, die schon ganz südlichen Charakter hat, während der Harz noch ganz nordisch ist.

Rudolstadt, die Stammbesitzung, und Arnstadt, das früher von Kaiser Otto I. der Abtei Hersfeld und ihren Schutzherren, den Grafen von Käfernburg, geeignet und ebenfalls erst seit dem Anfange des 14. Jahrhunderts erworben worden war, durch Kauf von den Grafen von Orlamünde und Weimar, an die es durch Vermählung gekommen, und von dem Stifte. Die Liebfrauenkirche zu Arnstadt, die Stätte, wo Bonifaz wirkte, gilt für die älteste Thüringens, und bei der Feier des 300jährigen Religionsfriedens, 1855, ist die Idee rege geworden, sie wieder instand zu setzen.

Diese beiden Herrschaften Arnstadt und Rudolstadt bilden den sogenannten »Oberteil« der Grafschaft Schwarzburg, in dem auch romantischen Thüringerwaldgebirge gelegen, wo aber Laub- und Nadelholzwald untermischt ist und auch ein etwas rauheres Klima herrscht als an den Kreidebergen des Vorharzes, an deren warmen,

18. Schwarzatal

wohnlichen südlichen Abhängen, namentlich in Frankenhausen, sogar schöne Weinberge gedeihen, in denen die guten Bürger von Frankenhausen, die wohlhäbigen Eigner des Salzwerkes, eines der ältesten und vornehmsten Deutschlands, ihre heiteren, kleinen Sommerhäuschen haben, die wie Vogelnester an jene sanften Bergabhänge gelehnt sind. In diesem Oberteile der Grafschaft Schwarzburg liegt die Stammburg des Hauses, die dem Ländchen den Namen gegeben hat, die »Schwarze Burg«, auf hohem Felsen inmitten der schwarzen, mit dem schönsten Wald bewachsenen Schieferwände des schauerlichen Tales der Schwarza gelegen. Beide Teile der Grafschaft sind, was die Natur betrifft, durch ein Gemeinsames ausgezeichnet: durch den vortrefflichen thüringischen Vögelgesang. Von Anfang des Frühlings an bis in den hohen Sommer machen Lerchen, Nachtigallen, Amseln, Drosseln, Zeisige, Finken die thüringischen Felder und Wälder, Berge und Täler zu den gesangreichsten in ganz Deutschland.

Später ward zu diesen Stammbesitzungen der oberen und unteren Grafschaft noch die Hälfte der Ämter Heringen und Kelbra, zwischen Sondershausen und Nordhausen, erworben, im Jahre 1420, wiederum von den Grafen von Hohenstein. Die andere Hälfte hatte 1412 das Haus Stolberg gekauft, und Schwarzburg und Stolberg besaßen seitdem beide Ämter in Gemeinschaft. Erst 1819 ward der rudolstädtische Anteil an Preußen verkauft.

Die Grafen von Schwarzburg waren mainzische, böhmische und sächsische Vasallen. Die Grafen von Sondershausen, namentlich wegen Sondershausen, mainzische, wegen Ebeleben ehemals den Herren von Schlotheim zuständig und wegen Heringen und Kelbra kursächsische Vasallen, endlich wegen Arnstadt sachsen-weimarische Vasallen. Die Grafen von Rudolstadt erkannten wegen Rudolstadt, der Stammbesitzung, die erst 1361 Böhmen zu Lehen aufgetragen worden war, die Lehenshoheit Böhmens an und wegen Frankenhausen die Lehenshoheit Kursachsens.

Der gemeinschaftliche Stammvater beider jetzt noch blühenden Häuser Schwarzburg-Sondershausen und Schwarzburg-Rudolstadt ist Günther mit der Ziffer XL. und mit dem Zunamen »mit dem fetten Maule« geschmückt, was nicht auf das Thüringer Wohlleben geht, sondern auf den glückhaften Umstand, daß ihm 1538 durch das unbeerbte Ableben eines Vetters Heinrich mit der Ziffer XXXII. die fette Erbschaft von Rudolstadt und Arnstadt zuwuchs und er damit wieder Inhaber aller schwarzburgischen Länder und ein sehr reicher kleiner Herr wurde. Dieser Günther mit dem fetten Maule war 1490 geboren, erlebte die große Bauernniederlage 1525 auf dem heutzutage noch so genannten Schlachtberge bei Frankenhausen und führte im Jahre 1541 die Reformation in Sondershausen ein. 1546, im Jahre des Ausbruchs des Schmalkaldischen Krieges, war er mit auf dem großen Landtage zu Freiberg, welchen Herzog Moritz von Sachsen hielt. Er ward, weil er zu dessen Partei hielt, von dem aus Oberdeutschland damals zurückkehrenden Kurfürsten Friedrich dem Großmütigen aus seiner Residenz Sondershausen vertrieben, erlangte aber alsbald nach der Mühlberger Schlacht wieder seine Restitution.

Dieser Stammvater des Hauses Schwarzburg hatte eine sehr martialische Verwandte, die Gräfin Catharina, geborene von Henneberg, Gemahlin jenes Vetters, Grafen Heinrich XXXII., von dem er 1538, da er ohne männlichen Erben verstarb, Rudolstadt und Arnstadt erbte. Günther XXXII. war ein Sohn eines Großoheims des Grafen Günther XL. Als Alba nach der Schlacht bei Mühlberg 1547 durch Thüringen zog und auf dem Stammschlosse Schwarzburg frühstückte, trieben seine Spanier das Vieh in der ganzen Umgegend weg. Da überfiel die Gräfin mit ihren bewaffneten Dienern den Herzog bei der Tafel und rief ihm die Worte zu: »Fürstenblut für Ochsenblut!« Sie drohte, ihn abschlachten zu lassen, wenn er ihr nicht die geraubten Ochsen zurückgeben lasse. Alba war galant gegen die Amazone und befahl die Herausgabe. Diese martialische Dame war bereits Protestantin, ihr Gemahl hatte noch bei Lebzeiten seines Vaters, Günthers XXXIX., der 1531 als eifriger Katholik starb, die Reformation angenommen. Dieser Günther XXXIX. hieß »der Bremer«, weil er Statthalter seines Bruders, des Grafen Heinrich XXVII. war, der 1496 als Erzbischof von Bremen und Bischof von Münster starb. 50 Jahre vorher, 1445, war ein Günther, Graf von Schwarzburg, als Erzbischof von Magdeburg gestorben. Noch ein Großoheim des Grafen Günther XL. mit dem fetten Maule, Graf Heinrich XXX., war geistlich, er schloß aber im Jahre 1510 eine Mißheirat.

Er vermählte sich öffentlich mit einer sehr schönen Schusterstochter aus Freiberg im Erzgebirge, die Herzog Georg von Sachsen, weil er die Heirat nicht dulden wollte, hatte einsperren lassen und die der Graf ritterlich befreite. Wie Moller in seinen Annalen Annabergs erzählt, lebte das Paar sehr glücklich.

Graf Günther XL. mit dem fetten Maule, der Stammvater, ist noch durch eine besondere Kuriosität im Andenken aller Antiquitäten-Liebhaber. Er war es, der den Püstrich, den rätselhaften Heidengott, erwarb, den man noch in dem fürstlichen Kunst- und Naturalienkabinett zu Sondershausen als große Rarität zeigt. Dieser Heidengott, der den Scharfsinn der deutschen Altertumsforscher zu einer nicht geringen Zahl von Schriften veranlaßt hat, war in einer unterirdischen Kapelle der jetzt rudolstädtischen Rothenburg, der Nachbarin des Kyffhäusers, unter Schutt und Steinen ausgegraben worden, als noch die Hohenstaufen regierten. Die Herren von Tüchterode, die damaligen Besitzer der Rothenburg, hatten den kostbaren Fund einem Herrn von Reifenstein überlassen, und von diesem erwarb ihn Graf Günther mit dem fetten Maule in dem Jahre, wo ihn der großmütige Friedrich aus seiner Residenz in Sondershausen vertrieb. Der gelehrte Landgraf Moritz von Hessen ließ den Gott später einmal nach Kassel kommen und ihm den linken Arm abschlagen, sehr eigenmächtig in seinem antiquarischen Eifer, um endlich zu ergründen, was an oder vielmehr was in diesem Gott sei, aber auch dieser antiquarische Feuereifer hat zu keiner näheren Erkenntnis der Bestandteile des Gottes geführt.

Graf Günther XL. mit dem fetten Maule, der Erwerber des mysteriösen Gottes, war einer Gräfin von Isenburg vermählt und starb im Jahre 1552, 62 Jahre alt, unmittelbar nach einem opulenten Thüringer Fest auf dem Schlosse zu Gehren, wo er auch seine Ruhestätte fand. Er hinterließ vier Söhne, und eine seiner Töchter hat einen der berühmtesten deutschen Fürsten geboren, den Marstallhalter in Oldenburg. Von seinen Söhnen hatte Graf Günther XLI., der Erstgeborene, den – wie schon erwähnt – pomphaften Beinamen »der Steitbare«, und der Sondershäuser Advokat Junghans, der einzige Mann, soviel mir bekannt ist, der in neuerer Zeit [1821] die Geschichte von Sondershausen geschrieben hat, sagt, er wäre »gleichsam ein zweiter Günther XXI.« [er meint den einjährigen Kaiser] gewesen. Urkundlich gewiß ist, daß dieses Weihnachtskind, er war am 25. Dezember 1529 geboren, beim Feldzug Kaiser Maximilians II. in Ungarn gegen die Türken ein sehr schlimmer Feldhauptmann war. Der vortreffliche Kaiser hat die bittersten Klagen über ihn auslassen müssen.

Graf Günther »der Streitbare« hatte in Wien als Truchseß Kaiser Carls V. seine Laufbahn begonnen, war 1553 dann mit ihm vor Metz, das bekanntlich nicht erobert ward, und hatte dann 1554 König Philipp II. zu seiner Gemahlin, der blutigen Maria in London, begleitet. Nach Brüssel zurückgekehrt, hatte er eine Reise in das ihm schon 1552 angefallene Stammland gemacht, war aber bald wieder als Obrist der deutschen Garde eingetreten; 1557 war er mit beim Siege von St. Quentin. Nach dem Frieden von Cateau en Cambresis 1560 heiratete er Catharinen, die Schwester des großen Wilhelm von Oranien, und zog nun heim nach Arnstadt, wo er von den 10 000 Gulden, die ihm Kaiser Carl V. geschenkt hatte, den Bau des Schlosses zu Arnstadt zustande brachte. In den Jahren 1563 bis 1565 diente Graf Günther aber wieder dem König Friedrich II. von Dänemark in dem sogenannten Dreikronenkriege gegen Schweden. 1566 treffen wir ihn mit Kaiser Maximilian II. in Ungarn, wo dieser die erwähnten bittersten Klagen »über der Hauptleute Eigennutz« ausließ und über »die Furcht derselben, insonder des Grafen Günther«, der die Belagerung von Gran widerriet und »zum höchsten samt andern schrie, ja fast protestierte«, daß der Kaiser die Türken bei Weißenburg angreife. »So kann«, schreibt der Kaiser, »Graf Günther nichts als stolzieren, verhindert mehr, als er Gutes macht [...] Unter andern hat Graf Günther die 1500 Pferde in der Musterung, aber sooft man sie gebraucht hat oder gezogen ist, hab' ich nie 1000 gesehen. Ich will mich wohl dreimal bedenken, ehe ich diese Obristen wieder gebrauche.«

Graf Günther ward nun als Diplomat gebraucht, zum Reichshofrat ernannt. Als solchen gab ihn Kaiser Maximilian II. dem Kurfürsten von Sachsen bei seiner Expedition gegen den geächteten Johann Friedrich den Mittleren von Sachsen-Gotha bei, und 1568 schickte er ihn in die Niederlande zu Alba. Er sah hier die Grafen Egmont und Horn sterben. Des großen Befreiers der Niederlande Schwester war seine Gemahlin, er blieb bis zum Jahre 1573, wo Alba auch abberufen wurde. Noch einmal sandte ihn Maximilians Nachfolger, Kaiser Rudolf II., 1582 in die Niederlande, um dem Erzherzog Matthias als kaiserlicher Geheimer und Kriegsrat zur Seite zu stehen. Er starb hier zu Antwerpen 1583, 54 Jahre alt, ohne Kinder von seiner oranischen Gemahlin zu hinterlassen. Sie brachte seine Leiche von Delft, wo sie bei ihrem Bruder einsprach, in einem zinnernen Sarge in einem großen Ballen zu Schiffe nach Emden und von da nach Sondershausen.

Nach des »streitbaren« oder vielmehr »stolzierenden« Günthers Tode kam es zwischen seinen Brüdern zu der sogenannten Ilmischen Hauptlandesteilung, und seitdem bestehen die beiden noch blühenden Linien Sondershausen und Rudolstadt. Graf Johann Günther stiftete die erstere, die damals die Arnstädtische hieß und Arnstadt, ein Drittel des Oberteils im Thüringer Walde, und Sondershausen, zwei Drittel des Unterteils der Grafschaft Schwarzburg, umfaßte. Graf Albert ward der Stifter der Linie Rudolstadt, die Rudolstadt, zwei Drittel des Oberteils im Thüringer Walde, und Frankenhausen, ein Drittel des Unterteils der Grafschaft Schwarzburg, umfaßt.

In den Reichsfürstenstand ward zuerst 1697 Sondershausen, dann Rudolstadt 1710 erhoben. Beide Linien erhielten aber erst 1754 Sitz im Reichsfürstenrat mit einer Stimme. Bis dahin gehörten die Grafen von Schwarzburg zum Wetterauischen Grafenkollegium. Bei Reichskriegen stellte das Haus Schwarzburg mit dem Hause Reuß ein Regiment von sechs Kompanien, 1000 Mann, wozu Schwarzburg zwei Drittel gab.

SCHWARZBURG-SONDERSHAUSEN

Graf Johann Günther, der zweitgeborene Sohn des Grafen Günther mit dem fetten Maule, war der Stifter des Hauses Sondershausen, und er wurde auch der erste, sehr frühzeitige Konvertit desselben. Die Katholiken ernannten ihn zum Domherrn von Köln und Würzburg. Er gab aber die Ehre, ein großer Kirchenfürst zu werden, auf und ward wieder Protestant. Er nahm mit seinem älteren Bruder, »dem Streitbaren«, und dem jüngeren, dem Stifter der Linie Rudolstadt, 1563 am Dreikronenkriege teil. Vermählt war er mit einer Gräfin von Oldenburg, einer Schwester des Gemahls seiner Schwester, die die Mutter des berühmten Marstallhalters wurde. Diese Dame gebar ihm 12 Kinder, vier Söhne und acht Töchter. Er starb schon 1586, auch nur 54 Jahre alt. Zwei Jahre vor seinem Tode war die Landesteilung zustande gekommen, wozu drei Grafen, drei Edelleute und drei Gelehrte von seiten der drei teilenden Grafen gebraucht wurden. Die Linie des dritten Bruders Wilhelm, der zu Frankenhausen residierte, erlosch mit ihm 1597. Frankenhausen mit Heringen und Kelbra kam an Rudolstadt.

Von Johann Günthers vier Söhnen, die in Gemeinschaft regierten, ward Graf Christian Günther I. Stammfortpflanzer, der die schweren Zeiten des Dreißigjährigen Krieges erlebte, namentlich das schwere Jahr 1640. Die Sondershäuser flüchteten dazumal nach der Bergveste Stolberg im Harz, dem Asyle aller Thüringer. Dieser Graf Christian Günther I. war mit seiner Cousine von Rudolstadt vermählt und starb noch im Dreißigjährigen Kriege 1642, 64 Jahre alt.

Von seinen drei älteren Brüdern starben zwei unvermählt, und der dritte, Graf Anton Heinrich, war unstandesgemäß vermählt. Er erzeugte mit seiner Freundin Offenyi den Johann Heinrich Oberhaupt, geboren 1604 zu Frankenhausen, der schwarzburgischer Stallmeister und 1641 als von Schwarzenfels geadelt wurde. Dieser Graf Anton Heinrich war ein bedeutender Schatzgräber, der sich die Mühe nicht verdrießen ließ, den ganzen Sommer des Jahres 1636 durch die Ruinen der unter Kaiser Heinrich IV. zerstörten Altenburg auf dem Spatenberge bei Sondershausen nach verborgenen Schätzen, die da liegen sollten, durchgraben zu lassen. Es blieb eine vergebliche Mühe.

Graf Christian Günther I. hinterließ drei Söhne, Graf Christian Günther II. zu Arnstadt, Graf Anton Günther zu Sondershausen und Graf Ludwig Günther zu Ebeleben. Der älteste Bruder zu Arnstadt, Graf Christian Günther II., »der Fromme« zubenannt, erzeugte nur einen Sohn, der 1669 erst 15jährig zu Tübingen starb, und der jüngste Bruder zu Ebeleben nur Töchter. Stammfortpflanzer wurde der mittlere Bruder Graf Anton Günther II. zu Sondershausen, der mit einer Pfälzerin, einer Prinzessin von Zweibrücken-Birkenfeld vermählt war. Er starb 1666, auch nur 46jährig. Er hinterließ zwei Söhne, Graf Christian Wilhelm, der der erste Fürst von Sondershausen wurde, und Graf Anton Günther, der Arnstadt erhielt und 1716, 63 Jahre alt, starb, ohne Kinder mit seiner Gemahlin zu erzeugen, die eine Prinzessin von Braunschweig war, eine Tochter des Konvertiten Anton Ulrich und eine Tante der Kaiserin Elisabeth und der Schwiegertochter Peters des Großen, der Gemahlin des enthaupteten Alexis.

Christian Wilhelm, der erste Fürst von Schwarzburg-Sondershausen, war 1647 geboren, machte 20jährig seine zweijährige große europäische Tour durch die Niederlande, Frankreich und Italien und trat 1670 die Regierung an, die bisher seine Mutter, die Prinzessin von Birkenfeld, und sein Oheim Ludwig Günther geführt hatten. Er war zweimal vermählt, mit einer Gräfin von Barby und einer Prinzessin von Weimar, von denen er 15 Kinder, acht Söhne und sieben Töchter erhielt. Er ward 1697 in den Reichsfürstenstand erhoben, nahm im Hausvertrag mit Rudolstadt vom 7. September 1713 das Primogeniturgesetz an und erbte 1716 Arnstadt, die sogenannte Oberherrschaft, mit der Stadt gleichen Namens an der Gera am Fuße des Thüringer Waldes, in angenehmer Gegend, die gegenwärtig, wo ein kräftiges Solbad hier eingerichtet ist, immer mehr Touristen und Badegäste anzieht, ja einige sich bleibend anzusiedeln vermocht hat, wie den bekannten Romanschriftsteller Willibald Alexis aus Berlin, der hier ein Haus gebaut hat, wo er die Sommer zubringt und viel zur Empfehlung und zum Aufkommen von Arnstadt getan hat.

Arnstadt war schon damals einer der wichtigsten Korn- und Holzplätze Thüringens, wo gerade in dem Jahre, als er an Sondershausen zurückfiel, 1716 ein berühmter Arnstädter starb: Christian Theodor Leucht als hochfürstlich schwarzburgischer Rat. Dieser rührige Publizist gab damals in Arnstadt unter dem angenommenen Namen Antonius Fabri die zu ihrer Zeit vielgelesene »Europäische Staatskanzlei« heraus, ein redendes Denkmal der deutschen Staatspedanterie, in einer Reihe von 61 Oktavbänden der Nachwelt hinterlassen.

Der erste Fürst von Sondershausen schloß 1719 den Hauptvergleich mit Sachsen ab, das bisher als Lehensherr der Führung der fürstlichen Würde widersprochen hatte. Sachsen erließ die in vorigen Zeiten üblich gewesenen Hofdienste, dagegen blieb die Pflicht, auf den sächsischen Landtagen zu erscheinen. Der erste Fürst von Sondershausen starb 1721, 73 Jahre alt.

Es folgten seine beiden Söhne, zuerst Fürst Günther XLIII., der dritte überlebende Prinz, nach dem Erstgeburtsrecht allein. Er war vermählt mit einer Prinzessin von Anhalt-Bernburg und ein besonders in den orientalischen Sprachen gelehrter Herr, der 72jährig 1750 starb. Dieser zweite Fürst von Sondershausen schloß 1731 den Vergleich mit Sachsen-Weimar ab, das bisher als Lehensherr von Arnstadt der fürstlichen Würde ebenfalls widersprochen hatte; eine Menge Schriften waren gewechselt worden, und die Arnstädter Bürger hatten die an den Stadttoren und Straßenecken zu Arnstadt angeschlagenen weimarischen Befehle herabgerissen.

Dieser zweite Fürst von Sondershausen ist der Erbauer des Jagdhauses »Zum Possen« mit dem eine Fernsicht von 16 Stunden gewährenden hohen, hölzernen Turme mitten in den schönen Buchenwäldern des Ländchens. Dieses Jagdhaus erhielt seinen sonderbaren Namen von einem Possen, womit eine starke Disharmonie in der neuen fürstlichen Familie zwischen den rechten Geschwistern des Fürsten und den Stiefgeschwistern von der zweiten weimarischen Stiefmutter beigelegt wurde. Fürst Günther hatte nämlich diese Stiefgeschwister bei der Einweihung des neuen Jagdschlosses nicht eingeladen, eine der Stiefschwestern, Christiane Wilhelmine, stellte sich dennoch ein und überreichte ein scherzhaftes Gedicht, das mit den Worten begann: »Ich komm' euch heut' zum Possen [spielen].« Dem Erbauer des »Possens« folgte, da er keine Erben hatte, sein Stiefbruder von der weimarischen Prinzessin, Fürst Heinrich XXXV., geboren 1689.

Er hatte sich infolge der oben erwähnten Disharmonie mit seinem Stiefbruder, entstanden wegen des von diesem zum erstenmal in Wirksamkeit gesetzten Primogeniturrechts, anfänglich, als dieser die Regierung antrat, aus dem Lande begeben und in dem weimarischen Städtchen Bürgel bei Jena gelebt. Erst nach sechs Jahren verglich er sich dahin, daß ihm der Regierende in Keula, wo er nun seinen Wohnsitz nahm, eine sogenannte »Hofkanzlei« gestatten mußte, durch die er die unmittelbare und unabhängige Gerichtsbarkeit über seine Dienerschaft ausüben ließ. Er hielt sich einen Teil des Jahres regelmäßig, bis er zur Regierung kam, auf Reisen auf, seit 1733 nahm er namentlich seinen Aufenthalt im Haag und in Amsterdam.

Als er zur Regierung kam, zeigte es sich, daß er von der damals alle kleinen und kleinsten Fürstlichkeiten verführenden großen Seuche, nach Größe zu streben, sehr angesteckt war. Er ließ, um diese Größe an seinem kleinen Hofe recht gründlich zu entfalten, unter anderem in Paris zwei ganz große Staatswagen für sich bauen. Der Historiograph Schwarzburgs, Junghans, der sonst an seinen Fürstlichkeiten kaum etwas auszusetzen findet, meint selbst, daß diese großen Staatswagen Fürst Heinrichs XXXV. »rücksichtlich ihrer ungeheuern Größe und Pracht mit den heutigen dergleichen Wagen in einem solchen Kontraste« ständen wie etwa ein großes gotisches Gebäude mit einem kleinen Gartenhäuschen. »Dieser dritte Fürst von Sondershausen liebte«, sagt ferner dieser im Illuminationsrosenlicht sämtliche Schwarzburgica vorführende Junghans, »vor allem äußern Glanz und Pracht sehr, doch war er nichts weniger als verschwenderisch. An seinem Hofe herrschte die strengste Etikette, doch kannte er selbst keinen Stolz, vielmehr war er äußerst leutselig, liebte muntere Scherze und übte gern die schöne Tugend der Wohltätigkeit.« Es umfaßt dieses schöne Lob die Leutselig-

keit gegen beide Geschlechter und die Wohltätigkeit gegen beide Geschlechter sowie die fürstliche Ungeniertheit bei Jagd- und anderen
munteren Scherzen hinwiederum mit beiden Geschlechtern. Nur so
beiläufig erwähnt der gewissenhafte Historiograph bei der folgenden
Regierung, daß sie die fürstlichen Domänen wieder in einen sehr guten
Zustand versetzt habe, die unter der vorigen Regierung vernachlässigt
worden und dadurch sehr in Verfall geraten wären.

Dieser Pracht und Etikette vor allem und die thüringischen, nicht
sehr spirituellen menus plaisirs [kleinen Vergnügungen] dazu neben-
bei liebende Fürst setzte durch, was seine beiden Vorgänger bisher immer noch nicht hatten durchsetzen können, daß er Sitz und Stimme im
Reichsfürstenkollegium erhielt. Es geschah dies zwei Jahre vor dem
Siebenjährigen Kriege, 1754. Vier Jahre darauf fand sich dieser kleine
Potentat bemüßigt, seine großen Pariser Staatswagen zu verlassen. Er
machte sich unsichtbar und lebte fortan in dem heiteren Frankfurt, wohin er sich begeben hatte, um dem unangenehmen Siebenjährigen
Kriege zu entgehen. Hier am Main starb er sehr bald, 69 Jahre alt, 1758,
unvermählt, aber nicht ohne Nachkommen.

Fürst Christian Günther III.
1758 bis 1794

Nun sukzedierte ein erst 22jähriger Neffe, der bisher ganz still in Ebeleben gelebt hatte und, als die Nachricht vom Tode seines Oheims an-
langte, freudigst nach Sondershausen eilte. Er war ein Sohn Augusts,
des jüngeren Sohnes des ersten Fürsten, der als apanagierter Prinz zu
Ebeleben residiert hatte, und einer Prinzessin von Bernburg. Fürst
Christian Günther III. war 1736 geboren und seit 1760 vermählt
mit Charlotte Wilhelmine von Anhalt-Bernburg. Dieser vierte Fürst
Günther von Sondershausen ist der erste, den man aus Schriften
näher kennengelernt hat. Er lebte, obgleich er ein vortrefflicher Öko-
nom war, als Grandseigneur noch ganz im Stile der bon vieux temps
[guten alten Zeit], außerdem war er ein passionierter Bau- und Uhren-

liebhaber. Er hielt einen glänzenden Hof, gab stattliche Maskeraden und hielt streng auf fürstliche Etikette, während der Hofjude Herz schamlosen Ämterhandel trieb und die ganz kleine Residenz Sondershausen in einem Aufsatze in Schlözers Staatsanzeigen vom Jahre 1784 mit Rom verglichen wurde – hinsichtlich des geduldeten Schwarms von Bettlern.

Kurz vor Ausbruch der Französischen Revolution, im Sommer 1789, war der Hamburger Tourist Ludwig von Heß in dem kleinen Ländchen Sondershausen, und er beschrieb das, was er da sah und vernahm, in folgenden Worten im ersten Band seiner 1793 in Hamburg erschienenen »Durchflüge durch Deutschland«:

»Die kleine Fürstenstadt Sondershausen liegt ungemein angenehm an der Wipper, in einer langen, ziemlich schmalen Ebene, die an beiden Seiten von hohen Hügeln wie von einer Wand eingegrenzt wird, und wenn man, von Nordhausen kommend, von oben herabsieht, einem stillen, breiten Flusse ähnelt, wodurch die aus der Mitte hervorragende Stadt ein wirklich wundervolles Ansehen bekommt. Doch scheint sie von fern nicht viel mehr als ein Zusatz des Schlosses zu sein, welches sich sehr vorteilhaft präsentiert [...] Dieses Schloß hat 350 Zimmer, wovon der jetzige Fürst einen großen Teil hat bauen lassen. Im ganzen kann man es als einen Grundsatz annehmen, daß die kleinen Fürsten, wenn sie nicht etwa Originalköpfe sind, sich immer einen etwas größeren zum Muster nehmen. Für den Fürsten von Schwarzburg-Sondershausen ist es demnach der Landgraf von Hessen-Kassel [Landgraf Friedrich II., der Seelenverkäufer], den er wenigstens in seiner Bausucht nachgeahmt. Er täte vermutlich dasselbe in seiner Neigung zum Kriegsstande, wenn sein Land ihn in den Stand setzte, ein gleiches Heer halten zu können. Dabei hat aber Fürst Günther einen Zusatz von Originalität, die ihn zu einer ganz eigenen Liebhaberei verführt hat. Der vornehmste Teil des Aufsatzes seiner 350 Zimmer besteht in Uhren von allerlei Art: große, kleine, Wanduhren, Schlaguhren, Repetieruhren, Spieluhren usw. In mehreren Zimmern sind deren vier, nicht allzu symmetrisch gestellt. Einige haben ihm 600 Taler, die meisten viel weniger gekostet. Selbst gemacht hat er keine, obgleich er in seinen Erholungsstunden die praktische Mechanik studiert und besonders nebst seiner ganzen Familie ein vorzüglicher Dendriten [Gestein mit feiner, verästelter Zeichnung]-Schleifer ist [...]

Vor diesem fand Fürst Günther seine größte Freude in der Musik, an Schauspielen und Jagden. Seine Kapelle war die beste der Gegend. Seitdem er das Bauvergnügen vorgezogen hat, ist er so populär als vielleicht kein deutscher Fürst geworden. Anstatt daß andere Bauherren die Arbeiter nicht genug zur Tätigkeit antreiben und über die viele verlorene Zeit klagen können, steht Fürst Günther bei den Bauleuten herum und hält sie ganze Stunden lang von der Arbeit ab, um sich von ihnen Schnaken vorplaudern zu lassen. Von seiner Jagdliebhaberei sind keine Hunde, sondern jetzt nur noch 72 Pferde übrig, die er nicht oft in Bewegung setzt. Dabei aber wird sein Körper vor lauter Trägheit nicht weichlich, denn er hat Bewegung genug von seinen Uhren, die außer ihm kein Mensch aufwinden darf [...]

Nicht so originell als seine Uhrsucht ist für einen Fürsten sein Geschmack an einer Mätresse. Auch in der Wahl dieser ist er nicht fern von seinem Muster geblieben, darin aber hat er mehr Vaterlandsliebe bewiesen, daß er sie aus seinen eigenen Untertanen erkoren hat. Sie heißt Hannchen Männchen, ist die Tochter eines seiner Gardereiter, ein schönes Mädchen nach den Begriffen der unfürstlichen Mittelklasse, soll aber herzlich dumm sein. Daher kommt es wohl, daß sie weder bei Hofe noch im Staat einigen Einfluß hat. Doch wohnt sie auf dem Schlosse, nahe bei den Prinzessinnen, die ihr weder mit Achtung noch Verdrusse begegnen, sondern sie treuherzig dutzen [...]

Der Fürst hat drei Prinzen und drei Prinzessinnen. Die Prinzessinnen sind gutmütige Wesen; schade, daß man diese durchlauchtigen Sprößlinge in ihrer Kindheit gar zu ängstlich gewartet hat. Denn die beiden Ältesten sind schief, und nur die Jüngste, die für eine Schönheit gelten kann, ist gerade. Einmal hielt der in merkantilischen Katastrophen sehr glückliche Herzog von Hildburghausen um die älteste Prinzessin an, und sie würde ihn nicht verschmäht haben, wenn ihr Vater nicht die wahren Ursachen seiner Bewerbung durchblickt und ihr geraten hätte, ihr Geld und ihre Ledigkeit noch fürs erste für sich zu behalten. Die reinste Keuschheit der Prinzessinnen wird in Sondershausen für ausgemacht gehalten, und es verlautet kein Sterbenswörtchen von einer

19. Sondershausen

Liebesintrige, obgleich öfters Offiziere der benachbarten Gegenden zur Residenz kommen, zumal im Winter auf die Redouten, deren im Jahre 1788 hier 20 gehalten wurden, wobei manchmal an die 600 Masken erschienen. Die weltlichen Ergötzlichkeiten aber stellen den frommen Geist der Prinzessinnen nicht vor allem Überdrusse sicher, und auf ihrem Gesichte sind von Ennui [Langeweile] Harmpfoten aufgedrückt. Solche, so gut es sich tun lassen will, abzuglätten, bemüht sich der Rektor Bötticher, der täglich drei Stunden zu ihnen geht und Vorlesungen über Religion und Geschichte hält. Es gibt ein Buch von ihm, ›Die angenehmen Monate‹ betitelt. Ich habe es nicht gelesen, das deutsche Publikum hat es vergessen, in Sondershausen findet sich's noch.

Bötticher war einst der Lehrer Wetzels [...], des Autors des ›Hermann‹, der ›Wilhelmine Arend‹ [...] und einiger anderer Schriften [...] Sein letztes Werk ›Über die menschliche Seele‹ ist unvollendet geblieben. Der arme Wetzel hat zwischen der Verfertigung desselben einen Verlust erlitten, von dem er sich wohl nicht wieder erholen wird. Der Körper lebt, die äußeren Sinne verrichten ihr Amt, aber an die Stelle der denkenden Seele ist eine träumende getreten [...] Der Grund zu Wetzels Unglück war, daß er nie von irgendeinem Menschen, von irgendeinem Vorurteile abhängen wollte, wie schöne Anerbietungen man ihm auch von verschiedenen Seiten her getan hat.

Eine ganz eigene Bizarrerie von ihm muß ich doch anführen. Sein Vater lebt nicht mehr, nur seine Mutter ist noch in Sondershausen, wo er geboren und erzogen ward. Seine und seiner Familie Begriffe standen schon in seinen frühesten Jahren in solcher Ferne auseinander, daß er selbst in seiner Kindheit bereits den Glauben merken ließ, er sei nicht von diesen Eltern gezeugt und geboren. Daher fruchteten ihre Erziehung, ihr Beispiel, ihre Autorität, ihre Züchtigung nichts an ihm. Er hielt sich an verschiedenen Orten Deutschlands auf und studierte die Menschen nach dem Klima, der Lage und Regierungsform. Seine Mutter wünschte sehnlich, ihr Sohn möchte sich doch zu etwas bequemen. Den letzten Brief voll solcher vergeblichen Mutterwünsche schrieb sie ihm nach Wien. Er antwortete ihr abschläglich und hart, er würde ihr nicht gehorchen, gegen sie hätte er keine Sohnespflichten, er könne höchstens ihr Pflegekind sein; denn wie es möglich wäre, daß sie solch einen Sohn – wie er – habe gebären können [...]? Die verachtete Mutter fühlte die ganze Unbilligkeit der Behandlung; aber seitdem ihr Sohn sich in seinem jetzigen Zustande und wieder in Sondershausen befindet, nährt sie ihn zum Teil mit der Arbeit ihrer Hände. Denn sie fürchtet, daß nach ihrem Tode zu seinem Unterhalte das Geld nicht hinreichen werde, das er mit seinen wohlbezahlten Schriften gewonnen, einen Teil davon durch Sparsamkeit erhalten und mit zurückgebracht hat. Er lebt völlig einsam, flieht die Spur alles dessen, was Mensch heißt, geht nie bei Tage aus, nur des Nachts wagt er sich hervor und streift bis zum grauen Morgen in den Wäldern herum. Er genießt nichts als dünnen Kaffee und abgebrühte Kartoffeln. Bei Hofe nennt man ihn nur den ›übergeschnappten Gelehrten‹.

Der Fürst und Hannchen Männchen haben keinen Begriff davon, wie es möglich sei, den Verstand zu verlieren. Sie lesen nie, und Wetzel wird nahe am Schlosse Hungers sterben, wenn seine alte Mutter keine Kartoffeln mehr aufbringen kann [...] [Wetzel starb 1819, 72 Jahre alt. Nachdem er neun Jahre von dem von Wien 1786 mitgebrachten Schatz von 220 Talern gelebt hatte, reichte ihm der Hof täglich fünf Groschen.]

Nicht das einzige Beispiel aber in Sondershausen von der Nichtigkeit menschlicher Größe ist der arme Wetzel. Es schmachtet, nicht ferne von ihm, in Traurigkeit der Bruder des Fürsten, Prinz August, der in einem langen Flügel des Schlosses wohnt, welcher sich von außen wie ein Gymnasium präsentiert [er wohnte im sogenannten Prinzenpalais]. Wie Wetzel zwischen Menschliebe und Menschenhaß, so schwebt er zwischen Mangel und Kreditlosigkeit. Sein ganzer Jahrgehalt besteht aus 10 000 Talern, welche an einem Orte, wo jeden Winter 20 Redouten vorfallen und zu jeder eine beliebte neue Charaktermaske angeschafft werden muß, ein gar Geringes sind. Prinz August vertreibt daher seine Zeit, die er dieser hochfürstlichen Freude nicht widmet, in Meditationen auf allerlei Suppliken [Bittgesuchen], wodurch er seinen regierenden Bruder zur Erhöhung seiner Apanage-Gelder zu bewegen hofft. Der Fürst ist schon gewohnt, seinen Bruder immer aufs neue supplizieren zu sehen, und dessen Vorstellungen machen keinen Eindruck auf ihn. Der höchste Coup fin [durchtriebene Streich], den August zu machen wußte, besteht darin, daß er sich eine Prinzessin von Bernburg anvermählen ließ, die ihm 100 000 Taler bar Geld mitbrachte, worin er einige Stunden wühlte und gewaltig erschrak, als seine Gläubiger sie ihm bis auf den letzten Groschen abrechneten. In diesem Zustande vertrauert Prinz August sein hoffnungsloses Leben [...]

Man sieht aus dem Benehmen des Fürsten gegen seinen Bruder und man sieht es anderweit aus der Einschränkung, worin er seinen verschwenderischen Erbprinzen gern halten möchte, daß er nichts weniger als freigebig ist. Seine Einkünfte belaufen sich nach einem Mittelanschlage auf 200 000 Taler, wovon er in und um Sondershausen 50 000 zirkulieren läßt. Seine Vorfahren in der Regierung hatten, nach Art kleiner Fürsten, viele Schulden gehäuft, die nun durch ihn getilgt sind. Sein Militär besteht aus 150 Mann Infanterie und 28 Gardereitern, schönen, wohlgekleideten Leuten. Diese scheinen nicht übel mit ihrem Fürsten zufrieden, der Bürger aber und Bauer sind lau im Preise ihres Landesherrn [...]

Salomo sagt, ein guter König müsse früh aufstehen. Das tut der Fürst von Sondershausen. Sein erstes Morgengeschäft ist, nach seinen Pferden zu sehen. Dann spaziert er im Garten oder auf dem Felde, schaut den Bauten zu, windet seine Uhren auf, hält Mittagstafel und flugs – an die Regierungsgeschäfte. Diese zu besorgen, hilft ihm ein Kanzler [...] Kanzler bei ihm ist der Geheime Rat von Hopfgarten, Besitzer des artigen Fleckens Schlotheim, zweiundeinehalbe Meile von der Residenz. Er und der Fürst sind die einzigen reichen Leute im Lande und haben ihre Geldposten so gut und überall anzulegen gewußt, daß Privatleute, die ein paar Tälerchen übrig haben, sie fast gar nicht oder nur unter vier Prozent anbringen können. Kenner wollen wissen, daß die sondershäusischen Bergwerke, wenn sie abgebaut würden, eine gute Ausbeute gewähren dürften. Der Fürst mag nicht übel Lust dazu haben; die Bergwerke aber sind sein ausschließliches Eigentum nicht, sondern er besitzt sie mit dem Hause Rudolstadt gemeinschaftlich. Rudolstadt hat immer kein Geld in Kassa, Sondershausen will nicht allein vorschießen, und so bleiben die Bergwerke ungenutzt [...]

Die Stadt Sondershausen hat 400 Feuerstellen und etwas mehr als 2000 Menschen, den Hof und das Militär mit eingerechnet. Was nicht hierzu gehört und keinen Kram treibt, lebt von Ackerbau und Viehzucht. Ich habe hier vorzüglich schöne Schafherden bemerkt, die Tiere waren so groß und reich von Wolle, wie man sie selten in Deutschland sieht [...] Unter dem weiblichen Geschlechte habe ich viele feine, weiche Gesichter, sanfte blaue Augen, einen niedlichen Wuchs und überhaupt ein zartes Gebilde wahrgenommen. Sie kleiden sich sauber und nett und treten wie Tänzerinnen einher. Man kann sicher behaupten, daß es in Deutschland wenig Städte von der Kleinheit gibt, wo die Weiber so viele natürliche Reize als hier besitzen [...]

Sonst ist das Land ein fruchtbarer, schöner Erdstrich. Die Natur hat es mit Früchten aller Art, zahmen und wilden Tieren, Holzungen und Mineralien bis zum Überflusse gesegnet. Gliche nur der Fleiß der Bewohner dem guten Willen der für sie so reichlich sorgenden Natur, benutzte er nur die dargebotenen Gaben mit dem Betriebe und der Industrie, die die Kultur unseres Jahrhunderts so sehr erleichtert, so würde das Land im ganzen weit wohlhabender und mancher jetzt arme Einwohner begütert sein. Doch fällt dieser Mangel an Industrie weit mehr dem Hofe als den Untertanen zur Last. Die schlechte Wirtschaft der Fürsten hat die Nahrungsquellen der Bewohner bis zur Versiegung in sich getrunken, ohne für neue zu sorgen; man hat sich nicht bemüht, Manufakturen und Fabriken zu errichten, viel weniger ihnen Vorschub zu tun und sie aufzumuntern. Man ging vorwärts mit seinem Jahrhundert in Aufwand, Modesucht und Verschwendung; zurück aber blieb man in der Kultur, Aufklärung, Vervollkommnung nützlicher Künste und Erfindungen. Doch trifft dieser Vorwurf nicht so wohl Sondershausen als Rudolstadt und liegt noch schwer auf diesem letzteren Hofe [...]

Fürst Günther von Sondershausen ist nicht als Stammhalter der schwarzburgisch-sondershäusischen Linie geboren, sondern nur apanagiert und das Haupt der ebelebenschen Linie, als er seinem Onkel, dem damals regierenden Fürsten, sukzedierte. Dieser haßte seine Vettern von Ebeleben dermaßen, daß, da er ihnen die Erbfolge nicht entziehen konnte, er ihnen doch seinen baren Nachlaß nicht zukommen lassen wollte. Er bot solchen bei verschiedenen mit seinem Hause verwandten Fürsten herum, deren keiner ihn aus Ehrgefühl annehmen wollte. Endlich fand er den Herzog von Coburg, der so gutwillig war, ihm das Vermögen als Erbe abzunehmen. Diese Habsucht gereichte dem Herzoge nicht zum Segen [...]

Der Fürst von Sondershausen liebt seinen alten Erbort Ebeleben mehr als seine Residenz und bringt den größten Teil seines Sommers daselbst zu, obgleich weder die Lage, Gegend, das Schloß noch der Garten mit Sondershausen zu vergleichen sind. Ebeleben liegt anderthalb Meilen von der Residenz und ist ein Flecken kleiner wie Schlotheim. Das merkwürdigste hier ist der Garten. Proben eines abscheulicheren Geschmacks habe ich in meinem Leben nicht gesehen, fürchte auch, nie dergleichen wieder zu erblicken. Der ganze Garten ist mit Figuren oder vielmehr mit hölzernen Klötzen aus allen Tierreichen überworfen. Um dem Holze den Anschein von Stein zu geben, sind alle diese Blöcke mit weißgrauer Ölfarbe überschmiert. Alles ist platte, grobe, erzgemeine Natur, ohne die geringste Veredlung, ohne daß der Geist des Künstlers sich nur in dem kleinsten Zuge bewiesen hätte. Gleich am Eingange des Gartens wird der Ankommende von einem Mitgefühl zwischen Grauen und Lachen befallen, indem er zwei steinhölzerne Soldaten an beiden Seiten erblickt, die das Gewehr zu präsentieren scheinen. Es sind ein Paar Flügelmänner von den allerärgsten, mit Zopf, steifen Locken, Hut und Kokarde, ganz militärisch. Da diese Halbriesen noch dazu auf hohen Fußgestellen stehen, so fallen sie desto ungeheurer ins Auge. Toller als diese sind noch zwei mit glatten Steinen ausgelegte Becken, die nie von anderm als Regenwasser feucht geworden sind. Stattdessen sind diese Becken mit langleibigen Gäulen in rennender Stellung ausgefüllt, auf welchen Postillons mit kleinen Hüten, großen Kokarden, dicken, stumpfen Zöpfen, kurzen, fliegenden Jacken, Kurierstiefeln und französischen Wachslocken ein großes, gewundenes Waldhorn blasen. Neben ihnen laufen zwei kleine, zu blaffen scheinende Hunde; und dabei steht ein gekappter, weiß bemalter Baum, mit Resten von wirklich grün angestrichenen Blättern.«

Merkwürdig mit dieser Schilderung angestrichener neuer »preußischer und französischer Kunstnatur« kontrastiert die Schilderung der echten, alten Kernnatur in den unübertrefflich schönen thüringischen Wäldern, der herrlichsten und frischesten Eichen und Buchen: »Ein Teil des Wegs von Sondershausen nach Ebeleben ist ungemein reizend.

Eine kleine Strecke von jener Stadt fängt ein eingehegter Wald von Hagebuchen an, dessen südlicher Rand mit babylonischen Weiden umkränzt ist. Durch diesen Wald führt keine gemachte Heerstraße, die Natur hat den Weg gebahnt, so eben, fest und sanft ist der Boden. Die geraden, säulengleichen Baumstämme sind so glatt und unbemoost, als würden sie unaufhörlich von der Kunst gesäubert. Man sieht keine toten Reiser herumliegen, kein Ästchen krankt. Die dichten Bäume legen ihre weiten, blätterreichen Zweige freundschaftlich übereinander und wachsen zu einem undurchdringlichen Laubdache zusammen. Kaum stehlen sich spärliche Sonnenstrahlen durch die verschlungenen Arme der Bäume.«

FÜRST GÜNTHER FRIEDRICH KARL I.
1794 BIS 1835

Dem Fürsten Günther, der mitten in der Französischen Revolution 1794 starb, 58 Jahre alt, folgte sein gleichnamiger Sohn, geboren 1760, der achte Regierende des Hauses und der fünfte Fürst, ein merkwürdiger Herr seiner Gattung, der auch noch ganz im Stile der guten alten Zeit seine Tage verlebte, ein passionierter Jäger, Vogelsteller, Raucher und so weiter. Herr von Heß hatte von ihm im Jahre 1789 folgendes zu berichten: »Der Erbprinz wohnt eine Stunde von der Stadt im Walde und hat nach dem Beispiele seines Vaters gleichfalls eine Dame, die die Tochter eines Fleischers ist. Sie ist das Gegenteil von Hannchen Männchen, nicht schön, hat aber Witz. Der junge Erbe läßt wacker aufgehen und macht Schulden. Sein sparsamer Vater gesteht ihm acht Pferde zu, und er hält über 30. Er ist zwar lange über die Kinderjahre hin, aber so mutwillig, daß seine größte Freude darin besteht, bei Donner und Blitz parforce zu jagen.« Junghans setzt zu diesen Personalien, getreu seiner stereotypen Lobefreudigkeit, hinzu, daß dieser Herr in Schersen sich mit vielem Erfolg der Erlernung mehrerer musikalischer Instrumente gewidmet habe. »Freudig schlugen dem jungen, liebenswürdigen Regenten die Herzen aller seiner Untertanen entgegen, als man gleich in der ersten Zeit seiner Regierung sah, wie genau er in dem Geiste seines allverehrten Vaters fortzuhandeln strebte. Stets die Vergnügungen seiner treuen Untertanen durch seine erfreuliche Gegenwart erhöhend, fand er immer sein höchstes Glück darin, ihnen neue Freuden zu schaffen, teils durch reizende Anlagen wie das Loh, zu welchem sich noch jetzt allwöchentlich während den Frühlings- und Sommermonaten die Bewohner Sondershausens und der umliegenden Gegend in ungezwungener Geselligkeit an den musikalischen Harmonien des rühmlichst bekannten fürstlichen Hautboisten [Oboisten]-Korps ergötzen, teils durch festliche Veranstaltungen, an denen er jederzeit mit der ihm angebornen Lebhaftigkeit teilnahm.«

Dieser lebhafte, für seine Untertanen und seine eigenen Vergnügungen stets bedachte schwarzburgische Nimrod vermählte sich fünf Jahre nach seinem Regierungsantritt, bereits 39jährig, mit seiner Cousine, der 25jährigen Prinzessin Caroline von Rudolstadt, derselben Prinzessin, von der Schiller 1790 einmal, als sie 16 Jahre alt war, in einem vertraulichen Briefe an Körner geschrieben hatte, sie sei »ein gutes Geschöpf« und werde »gewiß einen Mann glücklich machen, einen Prinzen gewiß«, und er möchte sie gern verkuppeln, und die auch in den Briefen Wilhelm von Humboldts an seine Freundin vorkommt. Die Ehe mit dem Vetter Nimrod war keine glückliche. Nach der Geburt einer Tochter Emilie 1800, welche 1820 die regierende Fürstin von Lippe-Detmold wurde und nach dem Tode ihres Gemahls bis 1853 Vormünderin ihres Sohnes war, und des Erbprinzen 1801 zog sich die Fürstin an den elterlichen und verwandten Hof in Rudolstadt zurück. Sie nahm später in Arnstadt ihren Aufenthalt, wo ihre Hofhaltung viel zur Annehmlichkeit des Badelebens beitrug. Sie verkehrte aufs freundlichste mit den Badegästen aller Stände, nur konnte sie an keinen Partien teilnehmen, weil bei ihr das Kuriosum vorkam, daß sie infolge eines mit einem Wagen gehabten Unglücks eine unüberwindliche Abneigung gegen das Fahren hatte. Wenn sie früher einmal an einer Partie nach dem alten, romantischen Stammschlosse Schwarzburg teilnahm, wurde dieselbe zu Fuß gemacht, und dabei kamen in dem kleinen Ländchen, das ein munterer Hirsch sehr bald durchspringt, drei Nachtlager vor. Die Fürstin überlebte ihren Gemahl noch über 16 Jahre, sie hatte sogar noch das Unglück, ihre ihr ganz ergebene Hofdame von Witzleben zu verlieren. Zuletzt ganz taub und erblindet, starb die Fürstin, beinahe 80 Jahre alt, erst 1854.

Fürst Günther durchlebte die ganze napoleonische Zeit. Nach der Unglücksschlacht bei Jena kam König Friedrich Wilhelm III. von Preußen auf seiner Flucht von Sömmerda in Person nach Sondershausen; dann kam Soult, der sein Hauptquartier in Sondershausen nahm. Er ließ dem Fürsten seinen schönen Marstall von 80 Pferden ausräumen, auf dem Schlosse und in der Stadt ward vieles ruiniert und sehr willkürlich geschaltet. Schwere Kontributionen drückten das Land seit 1806, dennoch wurden in Schwarzburg keine Staatsschulden gemacht. Der Fürst trat zum Rheinbunde und stellte mit Rudolstadt 600 Mann Kontingent, die mit in Spanien gefochten haben. Er trat dann zum Deutschen Bunde. Er erlebte noch die Julirevolution, eine landständische Verfassung führte er nicht ein.

Er lebte in dem Ländchen mit 60 000 Einwohnern wie ein kleiner Kaiser. Hof- und Staatsbeamte, viele von ihnen freilich nur mit bescheidensten Gehältern begnügt, waren in so reichlicher Anzahl, daß ein besonderer, ziemlich dicker »Schwarzburg-Sondershäusischer Staatskalender« herausgegeben werden konnte. Dem Ämterschacher, dem des Fürsten Vater zugesehen hatte, ward Einhalt getan. Hauptstellen erhielten jetzt des Fürsten zahlreiche natürliche Kinder, mit den schmucken Töchtern des daran gesegneten Ländchens adliger und bürgerlicher Abkunft erzeugt. Als ein solcher natürlicher Sohn galt zum Beispiel der im fürstlichen Geheimen Consilio mit Sitz und Stimme etablierte Oberlandjägermeister Günther Ludwig mit dem bezeichnenden Adelsnamen »von Faßheber«, gesessen auf Rottleben bei Frankenhausen. Sämtliche Hof- und Staatsbeamte, bürgerliche wie adlige, selbst die obersten Hofchargen wurden von dem Fürsten auf altpatriarchalische Weise noch mit »Du« angeredet, dies wiederfuhr selbst dem ersten Vasallen des Landes, dem Oberstallmeister Theodor von Wurmb, dem Sohn des sächsischen Ministers und Freundes des Theurgen [Geistersehers] Schröpfer. Diese Familie Wurmb besaß das Hauptgut des Landes, Großfurra. Ein zweites Hauptgut, die kleine Herrschaft Bendeleben, die erst 1815 sondershäusisch wurde, früher sächsisch war, hatte

20. Schloss Schwarzburg

der Minister Wurmb an die Familie Uckermann verkauft, deren Chef der im Lieferungsgeschäft für die englischen Truppen im Siebenjährigen Kriege zu großem Reichtum emporgekommene erste Baron dieses Namens war und der auf geheimnisvolle Weise aus Bendeleben verschwand, indem er von einem hannoverischen Soldatenkommando nächtlich abgeholt ward. Sein Sohn war der Baron Johann Jacob, der 1836 als sächsischer Gardemajor a.D. starb. Seine Erben verkauften neuerlich das schöne Gut Bendeleben an einen reichen Bankier in Braunschweig, der sich sofort mit einem großen Holzschlag in den herrlichen Buchen- und Eichenwäldern bezahlt machte und es dann anderweit – und zwar noch vorteilhafter – wieder verkauft hat.

Fürst Günther blieb auch im Alter, was er früher gewesen war: ein starker Nimrod und Pferdeliebhaber. Er verbrachte fast seine meisten Tage jagend in den schönen Wäldern diesseits und jenseits des Thüringerwaldgebirges und in seinem Marstall, die Abende aber widmete er dem Theatervergnügen. Die Patriarchalität im Hoftheater ging so weit, daß er mitten unter seinen Sondershäuser Bürgern mit der Meerschaumpfeife im Munde den Vorstellungen zusah. Jedermann hatte hier freien Zutritt, und allgemeine Rauchfreiheit herrschte. Durchreisende Fremde, selbst Studenten, wurden aus dem »Gasthaus zum Adler« durch rote Heiducken ins Theater entboten, die Durchlaucht konversierte, auch sie leutseligst dutzend, mit ihnen und ließ ihnen Tonpfeifen präsentieren. Es traf sich einst, daß ein preußischer Major, der an den Fürsten in einem Geldgeschäfte verschickt worden war, bei der Aufführung des ziemlich langweiligen »Ritters Bayard« von Kotzebue, als der Fürst ihn befragte, wie die Aufführung ihm gefalle, die gar nicht im Ernst gemeinte Antwort gab: »Auf Ehre, sehr gut, ich möchte das Stück gleich noch einmal sehen.« Der Fürst ließ ruhig ausspielen, ehe der Vorhang aber fiel, rief er: »Halt, noch einmal spielen, der preußische Major will's noch mal sehen!«, und die Schauspieler mußten wirklich noch einmal spielen, und der Major mußte wirklich noch einmal sehen.

Weit und breit berühmt war die sehr zahlreiche Sondershäuser Kapelle. Hermstädt, ein anerkannt tüchtiger Musikmann, dirigierte sie, und Gerber, der bekannte Verfasser des »Tonkünstler-Lexikons«, gehörte zu ihr und war zugleich Hoforganist. Von nah und fern her besuchten der Landadel und die Domänenpächter mit ihren Frauen und schmucken Töchtern an den Sonn- und Feiertagsnachmittagen die Konzerte im Loh, jener schon erwähnten, von dem Fürsten geschaffenen Parkanlage in dem freundlichen Tale, unmittelbar unter dem stattlichen großen Bergschlosse der Schwarzburge zu Sondershausen. Hier im Loh ließ der Fürst aus der Hofküche und Hofkonditorei Erfrischungen verabreichen und verkehrte gar freundlich mit jedermann, abends war schöne Illumination, wo sich alles in großer Ungezwungenheit bewegte.

Bisweilen pflegten Serenissimus hier im Loh speziöse Leibesübungen anzustellen. Er tat sich nicht wenig darauf zugute, als der stärkste Mann in seiner Monarchie zu gelten, um solche Stärke zu erlangen er sich freilich am besten mit Speise und Trank pflegen und abwarten konnte. Die Fürsten von Sondershausen waren vortrefflichste Weinkunden und wurden als solche von alters her mit dem besten Gewächse bedient, besser als manche weit größeren Höfe.

Der alte Fürst Günther traf einst im Loh einen weidlichen Domänenpächter, welcher es wert zu sein schien, daß er mit ihm einen Ringkampf anstelle. Er forderte ihn dazu auf, es ergab sich aber bald, daß der Pächter der Stärkere war, die Durchlaucht wurden auf die Erde gelegt. Sie behauptete darauf, daß ein Kirschkern ihren Fall veranlaßt hätte, obgleich es gar nicht die Zeit der Kirschkerne war, und begehrte einen anderweiten Gang. Auch hier sprach sich das Glück oder vielmehr das Geschick bald für den Pächter aus. Der Fürst, darüber wütend, begann nun, seinen Gegner mit Püffen zu bedienen. Die im Kreise Umherstehenden riefen dem Pächter ängstlich zu, sich doch werfen zu lassen, dieser aber hörte entweder nicht oder wollte nicht hören, er vergalt die starken Püffe mit noch stärkeren Gegenpüffen, als auf einmal die Durchlaucht mit einer Donnerstimme rief: »Halt! 14 Tage ins Loch!« Und damit endete dieser durchlauchtig-patriarchalische Faustkampf. –

Der Erbprinz Günther, geboren 1801, hatte im Jahre 1833 nach sechsjähriger Ehe seine erste Gemahlin verloren, eine Cousine, Marie von Rudolstadt, die ihm zwei Prinzen, den Nachfolger Günther und Leopold, und eine Prinzessin Elisabeth gab, eine nicht schöne, aber angenehme, anspruchslose und gescheite Dame. Erbprinz Günther vermählte sich darauf im Frühjahr 1835 mit der damals 21jährigen, am Stuttgarter Hofe sehr wohlerzogenen Prinzessin Mathilde von Hohenlohe-Oehringen in zweiter Ehe.

Kurze Zeit nach der Vermählung erfolgte die kleine Revolution, die den alten Herren von Schwarzburg beseitigte und das neuvermählte Paar zur Regierung brachte. Auf der Seite der jungen Herrschaft, die zu Ebeleben Hof hielt, stand der Geheime Rat von Ziegeler, der letzte unvermählte Sproß eines Erfurter Patriziergeschlechts, ein feiner, gewandter Hofmann, in dieser Beziehung das gerade Widerspiel des Faktotums des alten Herren, des Geheimen Rates, Kammerpräsidenten, Hofmarschalls und Oberstallmeisters in einer Person, von Weise. Die kleine Revolution, eine Palastrevolution à la Petersburg, nur in kleinerem Stil, ward durch Herrn von Ziegeler aufs glücklichste improvisiert. Der Köder, um die Stimmung in dem kleinen Ländchen auf die Seite der jungen Herrschaft zu bringen, war eine Konstitution. Im ersten Schrecken ließ sich der 75jährige Fürst am 19. August 1835 zur Entsagung bewegen, sein Faktotum, der alte von Weise, der nicht das ruhigste Gewissen hatte und für seine Person fürchtete, nahm, ohne sich zur Wehr zu setzen, seinen Sturz hin. Die schriftliche Bestätigung der Entsagung erfolgte seitens des Fürsten unterm 3. September. Man wies nun dem alten, aber noch rüstigen Herren als einem passionierten Liebhaber des Weidwerks das Jagdhaus »Zum Possen« zum Aufenthalte an, mit dem hohen hölzernen Turme daneben, der die Fernsicht über die schönen Wälder gewährte. Der alte Herr fand bald, daß er sich in einem Gefängnisse befinde. Er machte darauf einen Fluchtversuch, um sich nach Berlin zu retten und sich bei dem ihm wohlgewogenen König Friedrich Wilhelm III., der ihm den Roten und Schwarzen Adlerorden verliehen hatte, zu beklagen. Dieser Versuch ward entdeckt, und man ließ ihn nun eng bewachen. Der alte Herr, der sich sein Leben lang in Wald und Busch herumgetrieben hatte, mußte sich in der engen Umgebung des »Possens« mit seinem Marstalle und einer Kegelbahn begnügen. Er starb schon anderthalb Jahre nach dem ihm gespielten Possen, am 22. April 1837, 77 Jahre alt.

Fürst Günther Friedrich Karl II.
seit 1835

Der jetzt regierende Fürst Günther von Sondershausen, geboren 1801, der neunte Regierende und der sechste Fürst des Hauses, dessen Erziehung von seinem nur für Jagd- und Liebeswerke Sinn habenden Vater freilich sehr vernachlässigt worden war, konnte allerdings für diesen Vater keine starke Zärtlichkeit empfinden. Daß er einer solchen Zärtlichkeit wohl fähig war, bewies sein Verhältnis zu der in Arnstadt lebenden Mutter, der er bis zu ihrem Tode ein ehrfurchtsvoller, aufmerksamer Sohn war. Wäre die Erziehung nur etwas besser gewesen, so würde die Ehe mit der am württembergischen Hofe sehr wohlerzogenen, feingebildeten hohenlohschen Prinzessin besser ausgefallen sein. Die Fürstin Mathilde ist von ihrem Gemahl, dem sie einen Prinzen Hugo und eine Prinzessin Marie gab, nachdem sie ihn bereits schon einmal verlassen hatte, im Sturmjahre 1848 aber, wo es lebhafte Aufregung gab und sie lebhaft zurückgewünscht wurde, zu ihm zurückgekehrt war, im Jahre 1852 schließlich und förmlich geschieden worden. Sie wurde durch diese Scheidung von einer allerdings in mancher Beziehung nicht sehr angenehmen Gesellschaft, namentlich von gewissen stereotypen, platten Witzen erlöst. Die Fürstin Mathilde lebte bei der ersten Trennung, als sie nach einem vorausgegangenen Arrangement mit dem Fürsten, der ihr 24 000 Taler jährlich gab, außerhalb des Landes ging, längere Zeit in der Schweiz, wo sie sich in dem romantischen Grindelwald ein reizendes, großes hölzernes Schweizerhaus mit einer Veranda gerade im Angesicht des unteren Gletschers bauen ließ. Sie hat hier sogar einmal einen Winter zugebracht. Früher suchte sich die Fürstin Mathilde in Sondershausen durch die Auslegung des schönen Parks beim Schlosse und durch das Theater zu vergnügen, wobei sie freilich viel Geld aufgehen ließ. Doch hatte der Fürst dessen genug, man rechnete sein Privateinkommen, ganz abgesehen von dem Einkommen der Kammer, auf jährlich nicht weniger als 120 000 Taler.

Das Sondershäuser Theater war nächst dem Oldenburger eines der besten unter den kleinen deutschen Theatern, und die Fürstin zeichnete auch mehrere einzelne Schauspieler persönlich durch ihre Gunst aus. Einer davon, Heckscher, sah sich mit einer guten Pension vor. Ihr Gemahl dagegen amüsierte sich gar nicht, woran die Hauptschuld trug, daß er von seinem nimrodischen, noch ganz altdeutsch-patriarchalisch nur auf der Jagd und der Bärenhaut liegenden Vater so eine schlechte oder vielmehr fast gar keine Erziehung erhalten hatte.

Dieser kleine Fürst, der eines der schönsten Ländchen Deutschlands besitzt, ein wahres Kleinod nicht bloß an Fruchtbarkeit, sondern auch an deutscher Naturschönheit, an Berg- und Waldesfrische, und der dazu ein so reiches Privateinkommen genießt, führte ein trauriges Leben, denn das allerunerträglichste Übel, wovor gerade die Krone am wenigsten schützt, die Langeweile, plagte ihn schwer. Er mochte zwar Theater und Bälle, aber er mochte weder eigene Lektüre noch Vorlesen. Wenn die Fürstin das einmal versuchen wollte, ließ er es auf keine Weise dazu kommen oder lief fort. Er mochte nicht einmal ein gewöhnliches Spiel in der Karte, wie Whist, das er nicht zu spielen verstand. Er war außer den fünf täglichen, nach thüringischer alter Sitte sehr kopiösen [reichlichen] und zweimal mit Champagner unterstützten Imbissen und Mahlzeiten ungemein schwer zu unterhalten.

Die Regierungsgeschäfte machten ihm viel Not, er klagte über deren Last wenigstens wiederholt gegen Damen, mit denen er zusammentraf. Die Geschäfte bestanden nur im Unterschreiben seines Namens, wie den Wissenden sehr wohl bekannt war. Eine Passion hatte Serenissimus schon, als seine zweite Gemahlin noch bei ihm war: die Soldatenpassion. Ohnerachtet er bei weitem nicht so viel bundesverfassungsmäßig zu halten brauchte, hielt er deren ein ganzes Bataillon, und bei der Einfahrt in das kleine Residenzstädtchen von Sachsen her gewahrte man zuerst Kanonen.

Der Fürst hatte zwar seinem Ländchen die Konstitution, die er bei seiner Thronbesteigung in Aussicht stellen ließ, gegeben, aber die autokratischen Anwandlungen waren bei ihm nicht selten und wurden durch die ganz große Servilität gehörig unterstützt, mit der man in dem ganz kleinen Ländchen von alters her vertraut ist. Als einst vor 1848 ein fremder Offizier mit dem Fürsten aus seinem kleinen Palais am Markte von Sondershausen, wo derselbe früher mit seiner Gemahlin wohnte, über diesen Markt fuhr, die Leute demütigst ihre Hüte zogen und bis zur Erde sich verneigten und der Offizier die sarkastische Bemerkung machte, das Seine Durchlaucht doch eine ungemein große Verehrung hier genösse, erwiderte er: »Das muß noch ganz anders, wie in Petersburg, werden!« Mit Petersburg hatte der Fürst ein eigenes Rekontre [Zusammenstoß] in Berlin. Die Uniform, die er trug, zog die Aufmerksamkeit des gerade zu Besuch anwesenden Kaisers Nicolaus auf sich. Er näherte sich einmal bei einer Vorstellung bei Hofe dem Fürsten, und dieser ließ in der Unterredung, die sich darauf entspann, sehr artig die historische Reminiszenz einfließen, daß einer seiner Vorfahren schon vor Jahrhunderten Kaiser gewesen sei, lange vorher, ehe der Zar Peter den Kaisertitel angenommen. Man kann denken, daß der große Kaiser den kleinen Kaiserabkömmling alsbald stehenließ, auch wurden seitdem Seine Durchlaucht die längste Zeit nicht wieder in Berlin gesehen.

Nach dem Weggang der angenehmen Fürstin ist der sonst so belebte und kurzweilige Hof von Sondershausen sehr still und langweilig geworden. Serenissimus, der die sehr fatale Bemerkung hatte machen müssen, daß sogar seine Kinder erster Ehe der Stiefmutter anhingen, war sehr unwirsch geworden, er langweilte sich immer mehr, langweilte aber auch seine Umgebungen immer mehr. Seine eigenen Leute gingen ihm, wenn sich das nur irgend tun ließ, sobald sie ihn nur von weitem kommen sahen, aus dem Wege.

Mit dieser durchlauchtigen Stimmung stand der öftere Kabinettswechsel in genauem Zusammenhange. Seine Durchlaucht waren auch hierin schwer zu befriedigen, sie wollten gut bedient sein und sich doch auch durch keine persönliche Überlegenheit gedrückt fühlen. Nach dem Abgange des feinen und gewandten Hofmannes, Geheimen Rats von Ziegeler, der die Palastrevolution, welche den Thron verschaffte, so glücklich geleitet hatte, ward zu Anfang der vierziger Jahre ein preußischer Bürokrat herbeigezogen, der Geheime Rat Pietzker, ein Zögling des ersten Kollegiums der preußischen Monarchie, des Kammergerichts in Berlin. Derselbe hatte sich jedoch auf den vorausgesehenen möglichen Fall, daß in dem kleinen Sondershäuser Olympe die oberste Herrscherlaune zu schwer zu ertragen sein könnte, klüglich seinen preußischen Dienst vorbehalten und zog diesen auch wirklich aller Herrlichkeit bei dem kleinen Sondershäuser Möchtegern-Zaren wieder vor. Das Sturmjahr 1848 sah wieder einen Landeseingeborenen, einen Bürgerlichen aus der zahlreichen Familie der würdigen, Sere- nissimo devotest ergebenen Chope, als Wirklichen Geheimen Rat an der Spitze des fürstlichen »Geheimen Ratskollegiums«, und neben ihm fungierte noch ein anderer Chop. An die Stelle dieser Chope traten bei dem Umschlag der Dinge in Deutschland dann wieder preußische Bürokraten, vorerst ad interim [einstweilen] der Geheime Regierungs- rat Schönemann als Chef und Dirigent des fürstlichen Ministeriums. Endlich hat man sich 1855 definitiv und ganz in den größeren Staaten- horizont hineinbewegt. Als Wirklicher dirigierender Staatsminister und sogar mit dem Amtsprädikat »Exzellenz« ward der zeither im preußi- schen Ministerium des Innern beschäftigte Landrat und Kammerherr von Elsner, ein schlesischer Edelmann, angestellt, und seine Kollegen, die zeitherigen Regierungsräte im fürstlichen Ministerium, wurden »Staatsräte« betitelt. Damit ist denn der durchlauchtigste Wunsch end- lich glücklich erreicht worden: die Gleichstellung Sondershausens mit den übrigen deutschen und europäischen Großstaaten, die Gleichstel- lung sogar mit dem Petersburger Hofe des erst vor 150 Jahren zum Kai- sertum emporgegipfelten Rußland. -

Der Erbprinz Günther, von der ersten Gemahlin 1830 geboren, hat eine sorgfältige Erziehung erhalten, die einsichtsvolle Stiefmutter er- wählte das Blochmannsche Institut in Dresden. Den Erbprinzen be- gleiteten dahin sein zwei Jahre jüngerer Bruder Leopold und nur ein bürgerlicher Erzieher, ihr zeitheriger Instruktor, ein junger Konsisto- rialrat Ludlow. Aber als der einen Kaiser unter seinen Vorfahren zählende Fürst von Sondershausen erfuhr, daß die das Institut ebenfalls besuchenden Söhne des nur Postmeister in der Ahnentafel aufzuweisen habenden, aber sehr reichen Fürsten von Taxis Equipage und Pferde hielten, wurden diese nachbeschafft und, um den kleinen Hofstaat zu komplettieren, auch noch eine adlige Militärperson beigegeben. Der Erbprinz diente bis zum Jahre 1855 in der preußischen Armee, wo er Berlin als Rittmeister à la suite [im Gefolge] im Gardekürassierregiment verließ, um nach Sondershausen zurückzugehen und die Regierungs- geschäfte mit zu übernehmen. Er gilt für einen soliden und korrekten

Herren. Der jüngere Bruder, Prinz Leopold, dagegen, der noch als Secondeleutnant im preußischen Gardekürassierregiment fortdient, ist als ein Lebemann bekannt, der Vergnügungen liebt, denen denn auch der Vater, nachdem ihn seine hohenlohsche Gemahlin aufgegeben, und zwar ganz im Stile seiner Vorfahren, sich zugewendet hat, um sich damit die Langeweile zu vertreiben. Um dieselbe Wirkung zu erzielen, soll, sicherem Vernehmen nach, auch der Fürst sich bei seinem neuen Staatsminister, der einen vortrefflichen Koch hat, in die Kost verdungen haben.

Schwarzburg-Sondershausen umfaßt gegen 16 Quadratmeilen mit gegen 60 000 Einwohnern. Das Budget dieses kleinen Fürstentums war 1852/55 auf eine Jahreseinnahme von ungefähr 500 000 Talern festgestellt. Die Landesschuld betrug 1854 über 450 000 Taler (dabei aber die Aktiva der Dienst- und Pachtkautionen), die Schuld der fürstlichen Kammer über 850 000 Taler, Summa über 1 300 000 Taler.

SCHWARZBURG-RUDOLSTADT

Graf Albert, der jüngste Sohn Graf Günthers XL. mit dem fetten Maule, ist der Stifter des Hauses Rudolstadt. Er war 1537 geboren und erlebte, ähnlich wie die sächsischen Prinzen im 15. Jahrhundert einen Prinzenraub erlebten, im Jahre 1550 in der Nacht des 20. August mit einem jungen Grafen Mansfeld einen Grafenraub durch Jost Hacke, der ihn vom Schlosse zu Sondershausen wegraubte. Da es hauptsächlich auf den jungen Grafen von Mansfeld abgesehen war, kam Graf Albert bald wieder frei. Er diente mit seinem ältesten Bruder, »dem Streitbaren«, und dem Stifter der Linie Sondershausen 1563 dem König von Dänemark im Dreikronenkriege und nahm seitdem in Rudolstadt seine Residenz. Durch einen großen Brand ging hier 1573 das alte Schloß, die Heidecksburg, in Flammen auf, die er wieder aufgebaut hat. Beim Leichenbegängnis Kurfürst Augusts von Sachsen zu Freiberg 1586 trug er die zehnte Fahne wegen der Pfalz Thüringen. Er war zweimal vermählt, zuerst mit Juliane, der Schwester des großen Wilhelm von Oranien wie auch der Gemahlin seines ältesten, unbeerbt gestorbenen Bruders, des »streitbaren« Grafen Günther, und dann mit einer Gräfin von Leiningen-Westerburg. Er starb im Jahre 1605, 78 Jahre alt. Es folgten seine beiden Söhne, zuerst Graf Carl Günther, der Erstgeborene von der ersten Gemahlin, der Oranierin, vermählt mit Anna Sophia von Anhalt-Köthen, die ihren Lehrer, den berühmten Schulmann Wolfgang Ratich, nach der 1611 gestifteten Schule zu Rudolstadt brachte, wo er 1635 gestorben ist. Carl Günther erlebte den Anfang der Drangsale des Dreißigjährigen Krieges und starb 1630, 54 Jahre alt, ohne Kinder.

Ihm folgte sein Bruder Graf Ludwig Günther. Er war vermählt mit einer Gräfin von Delmenhorst, einer Nichte der Gemahlin Johann

Günthers, des Stifters der Linie Sondershausen. Er hatte das für Schwarzburg furchtbarste Jahr des drangsalreichen Dreißigjährigen Krieges 1640 zu überstehen, wo die Heere Piccolominis und Banérs sich viele Wochen lang bei Saalfeld – wie dermaleinst Gustav Adolf und Wallenstein bei Nürnberg – gegenüberstanden und so harte Hungerpein litten, daß die Gegend noch heute das »Hungerloch« genannt wird. Graf Ludwig Günther hielt sich damals zu Blankenburg im Harze auf. Er starb kurz darauf noch vor dem Frieden, 1646, 65 Jahre alt, und hinterließ außer dem Nachfolger nur vier Töchter, von denen drei unvermählt, sämtlich im Alter zwischen 30 und 40 Jahren, in einem Jahre, 1672, starben, die vierte, auch unvermählt, 42jährig 1686. Eine dieser Gräfinnen von Rudolstadt, Ludämilia Elisabeth, gestorben noch nicht 32jährig 1672 als Braut, war Dichterin. Das evangelische Gesangbuch hat mehrere ihrer Kernlieder aufgenommen. Sie erschienen 1687 unter dem Titel »Die Stimme einer Freundin«.

Es folgte Ludwig Günthers einziger Sohn Graf Albert Anton, geboren 1641, der zuerst unter Vormundschaft seiner Mutter, dann allein von 1662 bis 1710, also fast ein halbes Jahrhundert, regierte. Er war der Schüler eines berühmten, frommen und gelehrten Mannes, des als höchst fruchtbarer juristischer und theologischer Schriftsteller berühmten Ahasverus Fritsch, eines geborenen Thüringers aus der Gegend von Freiburg, der seit 1687 Kanzler und vornehmster Ratgeber seines Herren war und auch dem Konsistorium vorstand. Dieser fromme Mann, ein Zeitgenosse des berühmten Ludwig von Seckendorff, starb, 72 Jahre alt, 1701 als hochfürstlich schwarzburgischer Geheimer Rat und Erbherr auf Mellingen. Graf Albert Anton war mit einer sächsischen Gräfin Aemilia Elisabeth von Barby vermählt, die ebenfalls wie ihre Schwägerin Ludämilia Elisabeth Dichterin war. Das evangelische Gesangbuch hat auch von ihr mehrere Kernlieder aufgenommen. Sie starb 1706 im 69. Jahre, und vier Jahre nach ihr starb ihr Gemahl, 1710, fast 70 Jahre alt, nachdem ihn der Kaiser in seinem Todesjahre noch in den Fürstenstand erhoben hatte. Sein Tod verhinderte die Publizierung dieser Standeserhebung.

Der Nachfolger war sein Sohn, der 1710 publizierte erste Fürst von Schwarzburg-Rudolstadt, Ludwig Friedrich, geboren 1667. Er war seit

21. Schloss Rudolstadt

1691 mit einer Prinzessin von Gotha vermählt, die ihm 12 Kinder gab, vier Söhne und acht Töchter. Er nahm im Hausvertrag mit Sondershausen vom 7. September 1713 das Primogeniturrecht an und starb 1718, 51 Jahre alt.

Die Frömmigkeit der beiden Kirchenliederdichterinnen, der Mutter und der Tante, konnte nicht verhindern, daß die allgemeine Seuche der damaligen Höfe auch an diesem kleinen Hofe eindrang. Dieser erste Fürst von Rudolstadt hatte den Anfang des sogenannten »Landstreites« zu bestehen, welchen die Unzufriedenheit über die durch den vergrößerten Hofstaat auch vergrößerten Hofausgaben verursachten. Dieser lange Streit ward bis 1731 vor dem Reichskammergericht und dem Reichshofrat geführt, an der Spitze der Kläger stand ein Mann, der den barbarischen Namen Bullysius führte und gegen den der zweite Fürst von Rudolstadt das Buch ausgehen ließ mit dem noch barbarischeren Titel: »Prodromus [Vorläufer] der Bullysischen Grundsuppe oder palpable [fühlbare] Demonstration, auf was vor eine gewissenlose Art der bekannte Bullysius bei Vereidung verschiedener Schwarzburg-Rudolstädter erbgehuldigten Landesuntertanen bishero gehandelt, mit zwei offenbaren Perjuriis [Meineiden] an das Licht gestellet und mit seiner Anrede, wie er die Leute zu schwören ermahnet, bestärket«.

Der Bekanntmacher dieser Schrift, der Sohn des ersten Fürsten von Rudolstadt, war der 1692 geborene Friedrich Anton; er hat 1719 den Hauptrezeß mit Sachsen abgeschlossen und das Ende des Landstreits erlebt. Er war zweimal vermählt, mit einer Prinzessin von Sachsen-Saalfeld und einer Prinzessin von Ostfriesland und starb nach 26jähriger Regierung 1744, 52 Jahre alt.

Ihm folgte wieder sein Sohn Johann Friedrich, geboren 1721, der gereist war und, als besonders in der Physik erfahren, eine Menge Verbesserungspläne im Kopfe hatte, an deren Verwirklichung er durch den Siebenjährigen Krieg und einen frühen Tode gehindert wurde. Es glückte ihm nur ein Plan: Er erhielt im Jahre 1754 Sitz und Stimme im Reichsfürstenkollegium. Der Siebenjährige Krieg, wo namentlich nach der Roßbacher Schlacht die geschlagene Reichsarmee von den Preußen durch das kleine Ländchen hindurch verfolgt wurde, ruinierte die ohnedem zerrütteten Finanzen vollends. Da Johann Friedrich 1767, erst 46jährig, starb, und zwar ohne Erben von seiner Gemahlin Bernhardine Prinzessin von Weimar, der Stifterin des adligen Bernhardinenstifts in Rudolstadt, zu hinterlassen, sukzedierte als achter Regierender und als vierter Fürst des Hauses sein Oheim Ludwig Günther.

FÜRST LUDWIG GÜNTHER
1767 BIS 1790

Fürst Ludwig Günther war Friedrich Antons jüngster Bruder. Von den zwei mittleren Brüdern hatte Wilhelm Ludwig, der Obrist in der kursächsischen Armee war, sich unstandesgemäß mit Heinrike Gebauer, einer Stallmeisterstochter in Leipzig, vermählt, die 1726 zur Frau von Brockenburg geadelt wurde und ihm mehrere Söhne und Töchter, die den Namen der Mutter führten, gab. Da nun auch der zweite, der mittlere Bruder Albert Anton, erst 22jährig und unvermählt, 1720 in österreichischen Diensten im Kriege in Sizilien vor Palermo gefallen war, so mußte der jüngste Bruder erben. Dieser sukzedierende Kadett Ludwig Günther war aber ein schon recht alter Herr. Er war 1708 geboren, seit 1733 mit einer Gräfin von Reuß-Greiz vermählt und, als er die Regierung antrat, schon 59 Jahre alt. Er hatte zeither 25 Jahre lang in der von ihm an der Stelle des abgetragenen Schönfeldschen Hofes in den Jahren 1735 bis 1742 erbauten und nach ihm benannten »Ludwigsburg« gelebt, ohne Aussicht zur Regierung und in Beschäftigung mit den schönen Künsten. Er hatte vorzüglich Malerei getrieben. In welcher Weise das geschah, bezeugen die 246 Pferde des Rudolstädter Marstalls, in Öl gemalt, die noch in einem Zimmer des Schlosses Schwarzburg gezeigt werden. Dieser schon 59jährige fürstliche Pferdemaler regierte noch 23 Jahre, erlebte noch den Anfang der Französischen Revolution und starb, 82jährig, im Jahre 1790.

Ein ungenannter Tourist, ein reisender Gelehrter, beschreibt einen Empfang am Rudolstädter Hofe, wie er ihm unter diesem Fürsten am 20. Juni 1782 zuteil wurde: »Um zwölf Uhr wurde zur Tafel geblasen, und wir speisten auf dem Garten, der mit einem niedlichen Lusthause nach der Ostseite vor dem Schlosse auf einem hohen Felsen liegt. Hier ist die herrlichste Aussicht. Der regierende Fürst ist ein Herr von einigen 70 Jahren. Das Gehör verläßt ihn etwas. Doch unterhielt er sich mit mir vor und nach der Tafel sehr leutselig von allerlei historischen Sachen. Neben ihm saß seine alte Schwester, die verwitwete Herzogin von Sachsen-Saalfeld. Neben dieser der Erbprinz [Friedrich Carl, der 1790 sukzedierte], und auf der anderen Seite die Erbprinzeß [eine Prinzessin von Gotha] und die junge Herrschaft mit ihrem geschickten Instruktor, Herrn Scheibe. Es war auch ein Geistlicher der Gegend mit zur Tafel, der dem Erbprinzen gute ökonomische Pläne vorlegte, außerdem der Hofmarschall von Wurmb, der Stallmeister von Kettelhodt, der Hofrat von Holleben. Vor und nach der Tafel betete ein Page neben dem Hofmarschall, eher setzten sich die Herrschaften nicht. Während der Tafel machte die Kapelle über uns auf der Galerie eine schöne Musik, wobei sich eine gute Sängerin hören ließ. Es währte aber kaum drei viertel Stunden. Nachher wurde gesprochen [...] Nach der Tafel war Cour, und es wurde gespielt. Wir gingen indessen mit der jungen Herrschaft nach dem prächtigen Marstalle [...], besahen uns in dem ganzen fürstlichen Schlosse und machten in das nach Westen zu liegende Vorhölzchen eine Promenade [...] Um sieben Uhr war wieder Tafel im Gartenhause. Der alte Fürst und seine Schwester waren nicht dabei, und statt des Hofmarschalls machte Hofrat von Holleben die Honneurs. Um acht Uhr wurde die Tafel aufgehoben, und ich beurlaubte mich, der Hoffourier aber begleitete mich in den Gasthof und forderte die Rechnung ab.«

Im Sommer 1788 machte Schiller einen Sommeraufenthalt in Volkstedt bei Rudolstadt. Es war das der Aufenthalt, welcher seine Heirat mit Charlotte von Lengefeld, Tochter des Oberlandjägermeisters und der Oberhofmeisterin von Lengefeld, einer geborenen von Wurmb, vorbereitete. Diese Dame erhielt das Amt einer Oberhofmeisterin nach dem Tode ihres Mannes, der ein tüchtiger Forstherr war, aber, seit dem zwanzigsten Jahre an der ganzen linken Seite gelähmt, nur am Stocke gehen und die Inspektionen in den Wäldern nur zu Wagen machen konnte. Friedrich der Große wollte ihn in seine Dienste ziehen und ließ ihn gegen Ende des Siebenjährigen Krieges deshalb nach Leipzig kommen, wegen seiner Kränklichkeit aber schlug es Lengefeld aus und blieb in Rudolstadt.

Schiller schrieb über die Schwarzburger Fürstlichkeiten unterm 5. Juli 1788 an Körner nach Dresden: »Hier habe ich Bekanntschaft gemacht, aber nichts Interessantes, doch drückt mich die hiesige Menschenart nicht. Die Prinzen [Ludwig Friedrich und Carl Günther] sehe ich oft bei Lengefelds. Der Erbprinz, der 20 Jahr ist, hat viel Gutes und ist sehr bescheiden. Er ist nämlich der Erbprinz des Erbprinzen. Der Fürst ist 80 Jahre und der Erbprinz bald 50. Der letztere regiert. – Der junge Erbprinz hatte eine Zeichnung aus dem ›Geisterseher‹ gemacht, die nicht übel geraten ist. Er zeichnet für einen Prinzen ganz gut. Seinen Vater soll ich auch kennenlernen; dies aber ist ein Pedant, ein beschränkter Mensch, und ich glaube, auch ein Kopfhänger. Er wird sich also so wenig an mir erbauen als ich mich an ihm. Das hiesige Land ist so ziemlich gut bestellt, ist fruchtbar und von ziemlichem Umfange. Es wird Weimar wenig nachgeben.«

Der eigentliche Regierer des Landes war ein Fremder, Carl Gerd von Kettelhodt, aus einer eingewanderten alten mecklenburgischen Familie. Schon der Vater, Christian Ulrich von Kettelhodt, welcher noch das alte Stammgut Cambs im Amte Werdenhagen in Mecklenburg besaß, war Geheimer Rat, Kanzler und Konsistorialpräsident in Rudolstadt gewesen. Er hatte die Tochter des Geheimen Rates, Kanzlers und Konsistorialpräsidenten Georg Ulrich von Beulwitz geheiratet und war 1777, 76jährig, gestorben, worauf acht Jahre lang der Geheime Rat, Kanzler, Kammerpräsident und Steuerdirektor von Holleben als erster Minister die Geschäfte geführt hatte. Ihm folgte bei seinem Tode 1785 in allen seinen Stellen Carl Gerd von Kettelhodt, 1738 zu Rudolstadt geboren. Über das adlige Faktotum, den Mecklenburger Kettelhodt, schrieb Schiller seinem Freunde Körner unterm 27. Juli 1788: »Ich konnt' es nicht ganz vermeiden, auch andere Menschen hier kennenzulernen, doch ist es bis jetzt noch gnädig zugegangen. Ein Original ist darunter, das sich aber weniger schildern läßt: der Herr von Kettelhodt, der Minister und eigentliche Landesregent. Eine groteske Spezies von Menschen und eine monströse Komposition von Geschäftsmann, Gelehrtem, Landjunker, galant homme [feinem Mann] und Antike. Als

Geschäftsmann soll er vortrefflich sein und dabei tragen wie ein Esel. Sein größter Anspruch geht aber auf gelehrte Wichtigkeit; er hat eine Bibliothek angelegt, die für einen Partikulier [Berufslosen] erstaunend groß, dabei aber zu keinem Zwecke ganz brauchbar ist. Sie enthält schöne und selbst rare Werke in allen Fächern, aber keines ist nur leidlich komplett. Da es ihm mehr um Menge, die ins Auge fällt, als um einen vernünftigen Gebrauch zu tun war, so hat er alles durcheinander gekauft. Aus der Geschichte habe ich treffliche Werke da gefunden, und im Fache der alten Romane aus dem Mittelalter mag wohl das meiste zu finden sein. Die Anlage von außen fällt gut ins Auge, der Saal und der Eintritt ist fürstlich. Die Bibliothek würde ich übrigens, wärs auch nur, um in dem alten Schutt der Romane und Memories ein Goldkörnchen auszuwählen, fleißig besuchen, wenn der Wirt zu vermeiden wäre. Aber zum Unglück ist er äußerst eitel, besonders auf gelehrte oder gar berühmte Bekanntschaften, und man wird ihn nicht los. Nachdem er in Erfahrung gebracht, daß ich seine Bibliothek gelobt habe, mußte ich ein Souper bei ihm aushalten, und er ließ meinen Burschen auf der Gasse auffangen, mich nach Volkstedt mit Wein zu regalieren [bewirten].«

Ich will hier noch aus einem Briefe Schillers vom 8. Dezember 1787 ein Genrebild anreihen, das er über die Schwarzburger Landadelsfamilien gibt: »Ich habe in der Gegend einige interessante Familien gefunden. Z.B. da ist auf einem Dorfe Hochheim eine edelmännische Familie von fünf Fräulein und zusammen von zehn Personen, die die alten Patriarchen- oder Ritterzeiten wieder aufleben läßt. Niemand in der Familie trägt etwas, was nicht da gemacht ist. Schuhe, Tuch, Seide, alle Möbel, alle Bedürfnisse des Lebens und fast alle des Luxus werden auf dem Gute erzeugt und fabriziert, vieles von den Händen des Frauenzimmers, wie die Prinzessinnen in der Bibel und in den Zeiten der Chevalerie [Rittertums] zu tun pflegten. Die äußerste Reinlichkeit, Ordnung (selbst nicht ohne Glanz und Schönheit) gefällt dem Auge; von den Fräulein sind einige schön, und alle sind einfach und wahr wie die Natur, in der sie leben. Der Vater ist ein wackerer, braver Landjunker, ein vortrefflicher Jäger und ein gutherziger Wirt, auch ein burschikoser Tabakskompagnon. Zwei Stunden von da sieht man auf einem anderen Dorfe just das Gegenteil. Hier wohnt der Kammerherr von S., den Ihr in

Dresden gesehen habt, mit einer Frau und neun Kindern auf einem hochtrabenden fürstlichen Fuß. Hier ist statt eines Hauses ein Schloß, Hof statt Gesellschaft, Tafel statt Mittagessen. Die Frau ein [...], falsches, intrigantes Geschöpf, dabei aber häßlich wie die Falschheit und übrigens voll guten französischen Tons. Ein Fräulein ist recht hübsch, aber der Teufel regierte die Mutter, daß sie sie nicht mit uns reisen lassen wollte. Herr von S. ist ein imposanter Mensch von sehr viel guten und glänzenden Eigenschaften, voll Unterhaltung und Anstand, dabei ein Libertin [Wüstling] in hohem Grade. Er ist der Onkel Charlottens [von Kalb, geborene von Ostheim, die berühmte Freundin Schillers und Jean Pauls] und schätzt sie sehr hoch.«

Die Korrespondenz Schillers mit Körner läßt einen interessanten Blick in die Verlegenheiten tun, die die kleinen deutschen Fürsten mit Verheiratung ihrer Prinzessinnen hatten. Merkwürdig genug: Der große deutsche Dichter ward Eheprokurator für die kleinen Prinzessinnen von Schwarzburg. »Seitdem ich eine Frau habe«, schreibt er aus Rudolstadt am 15. April 1790, »kupple ich gern. Beide hiesige Prinzessinnen [Caroline, geboren 1774, und Luise, geboren 1775] sind gute Geschöpfe und werden gewiß einen Mann glücklich machen, einen Prinzen gewiß. Die jüngste, 16 Jahre alt, ist sehr schön, gewiß eins der schönsten Mädchen, die ich gesehen habe; und vielleicht würde sie der Kronprinz von Dänemark wählen, der sich erklärt haben soll, daß er sich eine Frau nach Geschmack aussuchen wolle. Schade nur, daß man sie ihm nicht zeigen kann. Indessen wird man auch mit einem geringeren Freier wohl gern vorliebnehmen, selbst wenn er ein wohlhabender Reichsgraf ist, nur Protestant müßte er sein. Ich habe auf den Fürsten von Lippe-Detmold gedacht.« Die Prinzessin Caroline ward, und zwar erst 1799, 25jährig, von ihrem Cousin Nimrod, dem Fürsten Günther von Sondershausen, heimgeführt, demselben, der 1837 auf dem »Possen« starb. Sie lebte noch bis 1854 in Arnstadt. Die schöne Prinzessin Luise kam nicht zu den ihr von Schiller zugedachten Heiraten. Der Kronprinz von Dänemark vermählte sich noch im Laufe des Jahres 1790 mit der Tochter des Landgrafen Carl von Hessen-Kassel, und der Fürst von Lippe-Detmold, der übrigens eine Zeit als geistesschwach unter Kuratel seines Oheims stand, mit der Prinzessin Pauline von Anhalt-Bernburg.

Fürst Friedrich Carl
1790 bis 1793

Dem Fürsten Ludwig Günther folgte 1790 sein bereits 54jähriger Sohn Friedrich Carl, der fünfte Fürst von Rudolstadt, der von Schiller als Pedant, beschränkter Mensch und »ich glaube auch Kopfhänger« bezeichnete Herr. Er war – seit 1757 durch einen Sturz vom Pferde genötigt gewesen, lange Zeit das Zimmer zu hüten – ein großer Liebhaber und Sammler von Naturalien geworden, außerdem trieb er Musik und Poesie. Die Stadt Rudolstadt verdankt ihm das Naturalienkabinett und auch ein Schauspielhaus, das 1792 auf dem Anger erbaut wurde. Er starb bereits nach drei Regierungsjahren 1793.

Fürst Ludwig Friedrich
1793 bis 1807

Ihm sukzedierte wieder sein Sohn Ludwig Friedrich, geboren 1767, derjenige, der Schillern die Zeichnung aus dem »Geisterseher« im Lengefeldschen Hause vorlegte und dem dieser nachrühmte, daß er »viel Gutes« habe und »sehr bescheiden« sei. Der erste Gemahl der eigentlichen Herzensflamme Schillers, Caroline – der Schwester seiner Frau, nachherigen Frau von Wolzogen – der Hofrat, spätere Geheime Rat von Beulwitz, und der Sohn des Ministers von Kettelhodt, der seinem Vater im Ministerposten folgte, hatten den jungen Fürsten im Revolutionsjahre 1789 auf einer Reise durch Deutschland und die Schweiz begleitet.

Auch dieser kleine Herr von Rudolstadt war wie sein Vetter, der kleine Herr von Sondershausen, mitten in der Französischen Revolution, die so viele Größen kleiner machte, in dem ruhigen, friedlichen Winkel Thüringens, wo er herrschte, ein Kaiser im kleinen, obgleich sein gesamter Hof-, Zivil- und Militäretat, Minister, Hofräte, Marschälle, Offiziere zu Roß und zu Fuß in einem mäßigen Saale recht wohl untergebracht werden konnten. Im übrigen blieb er das, was Schiller schon in Ludwig Friedrichs Jugend, als er noch Erbprinz des Erbprinzen war, empfunden hatte: ein guter freundlicher Herr, der es lustig nach seiner Art trieb und auch andere nach ihrer Art es lustig treiben ließ. Er gab sehr häufig Hoffeste und dabei den einsprechenden Fremden, auch Künstlern und Gelehrten, die gastfreundlichste Aufnahme. Im Jahre 1793, mitten in dem französischen Revolutionskriege, veranstaltete er sogar am 21. August zu Rudolstadt ein ganz mittelalterliches Hofvergnügen – ein Turnier. Mit Schiller sprach damals wiederholt an dem kleinen, sehr animierten Hofe von Rudolstadt der als Obermedizinalrat in Berlin gestorbene eifrige Kantianer Erhard ein, damals Arzt in Nürnberg, welcher ganz vortrefflich Klavier spielte. Er spielte denn auch wiederholt in Rudolstadt und einmal auch deutsche Tänze, wonach der Hof und die Prinzessinnen tanzten. Reinhold machte dabei die charakteristische Bemerkung, daß das wohl auch das erstemal sein werde, daß ein deutscher Hof nach der Musik eines deutschen Philosophen tanze.

Als der preußische Prinz Louis Ferdinand drei Tage vor seinem tragischen Tode bei Saalfeld in Rudolstadt übernachtete, ging es wiederum bei Hofe hoch her. Dabei stieg dem Fürsten der Wein dergestalt zu Kopf, daß seine Gemahlin Caroline – Prinzessin von Hessen-Homburg, auch eine Schwester der Prinzessin Wilhelmine von Preußen, eine anstandsvolle, verständige Dame, die erst 1854, fast 83jährig, 47 Jahre nach ihrem Gemahl gestorben ist – das wilde Männchen dem öffentlichen Skandal entziehen mußte, indem sie sich mit der ganzen fürstlichen Familie in die inneren Gemächer zurückzog. Auf dem Pianoforte der Fürstin spielte Prinz Louis Ferdinand seine letzten Phantasien. »Man kann sich«, versicherte die Fürstin-Mutter Caroline von Sondershausen, die Schwester des Fürsten von Rudolstadt, welche diese Phantasien mit angehört hatte, »kein schöneres, wehmütigeres und erhebenderes Spiel denken. Aber am letzten Abende vor der Schlacht hat er nicht gespielt, das war drei Tage vorher. Er hatte uns so entzückt, daß wir ihn alle am nächsten Abend baten, sich wieder ans Klavier zu setzen. Aber er wollte durchaus nicht, er schlug es entschieden ab, denn er erklärte, er habe nun an ganz andere Dinge zu denken. Er war sehr ernst geworden.«

Der dem Genieleben am größten thüringischen Hofe, dem Carl Augusts von Weimar, nacheifernde Rudolstädter Fürst Ludwig Friedrich war leider von weit schwächerer Gesundheit als Carl August, die großen Ereignisse der Zeit brachten ihn um. Der schreckvolle Ausgang des Gefechts bei Saalfeld, wo Prinz Louis Ferdinand am 16. Oktober 1806 fiel, der noch schreckvollere Ausgang der Schlacht bei Jena und die steigenden Besorgnisse um sein Haus und Land warfen ihn in eine lebensgefährliche Krankheit. Er erlebte zwar noch den Rheinbund, der den Fortbestand von Rudolstadt sicherte und zu welchem er 1807 am 18. April beitrat, aber zehn Tage darauf starb er, erst 40 Jahre alt.

FÜRST FRIEDRICH GÜNTHER
SEIT 1807

Der gegenwärtig regierende Fürst von Schwarzburg-Rudolstadt, der elfte in der Reihenfolge des Hauses, ist der Sohn dieses sensiblen, so lebensfreudigen und aus Furcht und Schrecken so früh dahingerafften Herrn, Fürst Friedrich Günther, geboren 1793. Bis 1814 stand er unter Vormundschaft seiner Mutter, der Prinzessin Caroline von Homburg, und seines Oheims Carl. Er nahm an den Befreiungskriegen teil, 1815 trat er zum Deutschen Bunde, und 1816 gab er dem Lande eine Verfassung mit beratender Stimme der Stände. Fürst Günther ist ein schlichter, wirtschaftlicher, in seinem kleinen Ländchen auch ziemlich beliebter Herr. Er hat den Übelstand, dessen der Tourist Heß bei Besprechung der Ursachen, weshalb die schwarzburgischen Bergwerke nicht abgebaut würden, noch 1789 gedenkt – »weil Rudolstadt immer kein Geld in Kassa« habe –, entschieden gebessert. Die Abtretung der Ämter Heringen und Kelbra in der Goldenen Aue an Preußen brachte 1819 eine ansehnliche Summe ein. Das Sturmjahr 1848 ging verhältnismäßig ruhig über Rudolstadt hin, wie in Sondershausen ward 1853 auch ein preußischer Bürokrat, Herr von Bertrab, als Wirklicher Geheimer Rat und Minister berufen.

Kuriose altväterische Rang- und Etiketten-Gewohnheiten bestehen noch in diesem kleinen Winkel Thüringens. Der Horizont der Rudolstädter gehört zu den kleinsten in Deutschland. Von glaubwürdigen Leuten, die längere Zeit einen Sommeraufenthalt in dem durch Naturschönheiten ausgezeichneten Ländchen gemacht haben, ist mir versichert worden, daß bei Konzerten, die in Rudolstadt für Geld gegeben werden, noch im Jahre 1853 Kaufleute und Handwerker und andere dergleichen ehrliche Bürgersleute nicht als konzertfähig zugelassen wurden. Wer das fürstliche Schloß, die Heidecksburg, sehen will, das auf hohem Berge, mit einem von Fürst Ludwig Friedrich seit den Jahren 1793 und 1794 herrührenden schönen englischen Park umgeben, sehr stattlich liegt und wo sich ein berühmter Rokokosaal befindet, muß sich von einem Soldaten mit Seitengewehr heraufbegleiten lassen, und dieser Soldat mit Seitengewehr geht dem Touristen nicht von der Seite. Der Grund dieser befremdlichen Maßregel soll gewesen sein, daß ein paar jenaische Studenten mit den Pfeifen im Munde im Rokokosaal herumspaziert waren. Dieser burschikosen Aufführung von ein paar jungen Menschen wegen fand man für nötig, sich mittels der Soldatenbegleitung gegen die ganze Welt in Verfassung zu setzen. Da aber das Schloß über ein Dutzend Aufgänge hat, passiert jeder Tourist frei, der einen rechten Weg, wo die Hauptwache sich befindet und der Soldat zu erlangen ist, verfehlt hat, höchstens fragen ihn oben im Schloßhofe die erstaunten Leute, wo denn sein Soldat sei. Jener eine und rechte Weg und Aufgang zum Rudolstädter Schlosse ward von einem dienstbeflissenen Bürgermeister mit einem Tore versehen. 1848, in der Sturmzeit, befragt, weshalb er diesen Torweg habe bauen lassen, erwiderte der des Servilismus für schuldig Befundene, das habe er getan, weil es da so stark ziehe.

An dem kleinen Rudolstädter Hofe wird kein Buch gelesen. Die eine, erst seit dem Jahre 1807 angelegte Hofbuchhandlung ist so erbärmlich, daß sie keine Zusendungen von den Buchhändlern mehr erhält. Man hat mir versichert, daß sie nur aus Mangel an Absatz so erbärmlich ist. Die mit der Buchhandlung in Rudolstadt verbundene Leihbibliothek zeichnet sich aus, daß sie keinen deutschen Klassiker besitzt, wohl aber den Fürsten der Thüringer Spießbürgerromantik Cramer und dergleichen Autoren.

Ein Kuriosum ist, daß Rudolstadt gerade die Vaterstadt eines der

22. Markt zu Rudolstadt

berühmtesten Buchhändler der neueren Zeit ward, des Hamburger Buchhändlers Christian Friedrich Perthes. Er ward 1770 unter Ludwig Günther in Rudolstadt geboren, 1796 eröffnete er seine Buchhandlung in Hamburg, zeichnete sich zur Zeit der Franzosenherrschaft und in den Befreiungskämpfen als mutiger und uneigennütziger Patriot aus, übersiedelte nach dem Tode seiner ersten Frau 1821 nach Gotha und starb hier 1843.

Noch ein Exempel der Rudolstädter Kleinstaaterei berichteten die Zeitungen im Dezember 1853: »Sondershausen war lange schon in Unterhandlung mit Rudolstadt wegen einer Chaussee, die von Arnstadt nach Rudolstadt (statt wie bisher mittels eines Umweges über die rudolstädtische Stadt Ilm) [Stadtilm] geführt werden sollte, kam aber, da dieses den Rudolstädter Interessen entgegen war, zu keinem Resultate. Des weiteren Verhandelns müde, wird nun die Chaussee bis zu dem Grenzorte Kottendorf von der sondershausenschen Regierung fertig gebaut und sollte nun befahren werden. Allein was tut die Rudolstädter Regierung? Sie läßt die Grenze durch Militär besetzen, das die ankommenden Fuhrleute nötigt, den alten Umweg durch die rudolstädtische Stadt Ilm einzuschlagen.«

Fürst Günther von Rudolstadt war seit 1815 vermählt mit der 1854 verstorbenen Prinzessin Auguste, Tochter des als Erbprinz verstorbenen Prinzen Friedrich, des Sohns des Herzogs Franz von Dessau, des Schöpfers des Parks von Wörlitz. Auch Fürst Günthers beide Erbprinzen starben als Erbprinzen, der eine erst dreijährig 1821, der zweite, im Todesjahre seines Bruders geboren, 24jährig plötzlich in einem Hofkonzert im Jahre 1845. Im August 1855 vermählte sich der fast 62jährige Fürst noch einmal mit Helena, Gräfin von Reina, der 20jährigen Tochter des Prinzen Georg von Dessau und dessen morganatischer [standesungleichen] Gemahlin Therese von Erdmannsdorf, die von ihrem Oheim, Prinz Wilhelm, adoptiert und zur Prinzessin von Anhalt mit dem Titel »Durchlaucht« erhoben worden war.

Der Präsumtiverbe [mutmaßliche Erbe] war der jüngere Bruder des regierenden Fürsten, Albert, geboren 1798, vermählt mit Auguste von Solms-Braunfels, der einen Sohn Georg hat und eine Tochter Elisabeth, die schöne regierende Fürstin von Lippe-Detmold. Eine Schwester des regierenden Fürsten, die Prinzessin Thekla, ward 1817 mit dem regierenden Fürsten von Schönburg-Waldenburg vermählt.

Schwarzburg-Rudolstadt umfaßt 16 Quadratmeilen mit gegen 70 000 Einwohnern. Das Budget für 1855/57 betrug über 400 000 Taler, inklusive gegen 40 000 Taler für Schuldenwesen, wofür früher nur gegen 30 000 Taler angesetzt waren.

DIE HÖFE
DES HAUSES REUSS

Das Haus Reuß ist ein vorzugsweise friedliches und frommes, sogar bis auf die neueste Zeit noch theologisches Geschlecht. Schon im Mittelalter wurden mehrere Reuße Deutschordensritter. Ein Heinrich Reuß war Groß-Komtur des Ordens, der um 1330 das Odernsheer begeisterte. Ein zweiter Heinrich Reuß, ein Bruder des Stifters der 1572 ausgestorbenen Burggrafen von Meißen, ward nach der großen Niederlage bei Tannenberg gegen den Polenkönig 1410 Hochmeister bis zum Jahre 1413 und rettete den Orden vom Untergang. Ein dritter Heinrich Reuß starb 1470 als Hochmeister. Mehrere Reuße, namentlich aber mehrere Reußinnen, gingen ins Kloster. Und noch im vorigen Jahrhundert waren die Herren und Frauen dieses Hauses die stärksten Förderer der Pietisten und Herrnhuter. Eine Gräfin Reuß aus dem Hause Ebersdorf ward 1722 Zinzendorfs Gemahlin.

Die Herren Reuße herrschten über ein kleines, berg- und waldreiches, aber gut bebautes Ländchen, das jetzt über 100 000 Einwohner zählt und ehemals unter böhmischer und kursächsischer und seit dem Unglück der Ernestiner von 1547 bis 1806 allein unter böhmischer Lehenshoheit stand. Die Herren Reuße sind Vogtländer. Sie stammen von den alten, im 12. Jahrhundert schon über das Vogtland gesetzten Reichsvogten. Der entfernteste Stammvater, den man mit Sicherheit kennt, ist Heinrich von Weida, der unter Friedrich Barbarossa Advocatus regni war und fast das ganze Vogtland bis Hof herab, welche Stadt erst 1373 an die Burggrafen von Nürnberg verkauft ward, beisammen besaß. Seine Söhne, die drei Vögte von Plauen, Weida und Gera, stifteten die drei Linien von Plauen, Weida und Gera, von denen letztere zwei erloschen. Weida ward 1427 an Sachsen verkauft. Das Geschlecht hatte die Gewohnheit angenommen, alle männlichen Glieder des Hauses ausschließlich Heinrich zu benennen.

Gegen Ende des 13. Jahrhunderts lebten zwei Vögte von Plauen des Namens Heinrich: einer zubenannt »der Böhme«, welcher Stammvater der älteren Linie wurde, die 1426 das Burggrafentum Meißen erhielt, 1569 aber Plauen an Kurfürst August von Sachsen verkaufte und 1572 abging; der andere Heinrich war zubenannt nach seiner mütterlichen Großmutter, der Tochter eines russischen Herzogs, »der Reuße« (Ruzze, Russe), weil er Rußland besucht hatte. Dessen Nachkommenschaft nahm den Namen Reuß an. Gewöhnlich gibt man das Jahr 1289 an, wo der Name »Ruze« zuerst in den Urkunden vorkommen soll.

Das Geschlecht bekannte sich seit dem Jahre 1534 zur Reformation und teilte sich mit den Söhnen des allgemeinen Stammvaters aller noch lebenden Reuße, Heinrich, »der Stille« zubenannt, der 1554 starb, seit dem Jahre 1564 in die ältere Linie Greiz und die jüngere Linie Gera und beide wieder in eine Menge Unterlinien. Seit dem Beschlusse des Familienkonvents zu Gera im Jahre 1664 geschieht die nähere Bezeichnung der Heinriche – wie im Hause Schwarzburg mit den Günthern – durch Ziffern, so daß jede der zwei Hauptlinien mit Einschluß ihrer Nebenlinien für sich zählt. Mit dem Jahre 1701 wurde in beiden Linien wieder von I. zu zählen angefangen. Mit 1801 sollte es hinwiederum geschehen, aber nur die jüngere Linie tat es.

1763 wurden die Herren Reuße als »Grafen und Herren von Plauen« in den Reichsgrafenstand erhoben, mit Sitz und Stimme im Wetterauischen Grafenkollegium. Seitdem von den Branchen der älteren Linie Greiz 1768 alles wieder in einem Hause vereinigt ist und seitdem von den Branchen der jüngeren Linie die zu Gera 1802, die zu Lobenstein 1824 ausgestorben ist und 1848 die zu Lobenstein-Ebersdorf [die Lobenstein beerbt hatte] das Regiment abgetreten hat, bestehen noch die beiden Linien Greiz, die 1778 gefürstet wurde und die ältere Linie ist, und Schleiz, die jüngere Linie, mit der Nebenlinie Köstritz, die den Fürstentitel erst seit den Zeiten des Rheinbundes führt.

DIE ÄLTERE LINIE REUSS-GREIZ

Der Stammvater ist Heinrich der Ältere, älterer Sohn des allgemeinen Stammvaters Heinrichs des Stillen von seiner ersten Gemahlin Anna von Colditz, geboren 1506, ein eifriger Protestant, Geheimer Rat des großmütigen Kurfürsten Johann Friedrich von Sachsen und mit ihm im Schmalkaldischen Kriege geächtet. Sein Land, welches seinem Vetter, dem Burggrafen von Meißen von der älteren Linie, die 1572 abging, zugesprochen worden war, kam erst 1562 wieder an ihn zurück. Er erhielt in der Teilung 1564 Greiz, war zweimal vermählt, erst mit einer böhmischen Dame, einer verwitweten von Lobkowitz, geborenen von Mniszeck, dann mit einer Thüringerin, einer Gräfin Beichlingen, und starb 1572, 66 Jahre alt.

Es folgte Heinrich V., geboren 1549 während der Acht seines Vaters, gestorben 1604. Dessen zwei Söhne von einem Fräulein von Schönburg-Hartenstein, Heinrich VI., geboren 1597, 1624 mit einer Rheingräfin aus dem damals noch protestantischen Hause Salm-Neufville vermählt und gestorben im Dreißigjährigen Kriege 1629, und Heinrich V., geboren 1602 und gestorben 1667, haben die ältere und jüngere Linie Greiz – Ober- und Niedergreiz – gestiftet. Jene blüht, diese ist 1768 erloschen.

Heinrichs IV., des Stifters der älteren Linie Obergreiz einziger Sohn, Heinrich senior zubenannt, geboren 1627, starb 1681 als Vater von 19 Kindern von zwei Frauen, einer Gräfin von Kirchberg, die ihm im Friedensjahr 1648 vermählt ward, und einer Gräfin von Schwarzburg-Sondershausen-Arnstadt, die er 1668 nach dem Tode der ersten nahm. Er war kaiserlicher Geheimer Rat, Generalwachtmeister und Johanniterritter.

Es folgte sein Sohn Heinrich VI., kursächsischer Feldmarschall und Kammerherr, geboren 1649 und gestorben 1697 infolge der in der Türkenschlacht bei Zentha erhaltenen Wunden, erst 48 Jahre alt. Über ihn, der nicht in glänzenden Umständen gewesen zu sein scheint, schreibt der englische Gesandte in Dresden, Stepney, an den Gesandten Englands in Wien, Lord Lexington, aus Dresden 1695, als man in die Türkenkampagne zog: »Der Kurfürst [August der Starke] hat auf der Messe ein Menge Geschenke erhandelt, für die, die in diesen heiligen Krieg folgen. Der großmächtige Graf Reuß ist einer von denen, denen der Kurfürst 1500 oder 2000 Taler gab, um seine Equipage anzuschaffen.« Graf Heinrich VI. war wie sein Vater zweimal vermählt, zuerst 1674 mit einer Cousine Reuß, Witwe eines Barons Biberstein von dem 1667 erloschenen, reich in der Lausitz, Schlesien und Böhmen possessionierten [besitzenden] Geschlechte, gestorben 1688. Die zweite Gemahlin ward 1691 eine von den angenehmen acht oder neun Töchtern des einflußreichen Geheimen Ratsdirektors Friesen in Dresden, eine Dame, welche eines der ersten Häuser in Dresden machte, die bekannte Freundin des Statthalters Fürst von Fürstenberg war und zuletzt sich heimlich mit dem Grafen Lützelburg, ihrem Cousin, General und Kabinettsminister Augusts des Starken, vermählte.

Es folgten ihre beiden Söhne, zuerst Heinrich I., geboren 1693, der 1714 unvermählt – erst 21jährig – starb, und darauf dessen Bruder Heinrich II., geboren 1696. Dieser Reuß war einer der frommsten Fürsten seiner Zeit, ein Hauptgönner der Pietisten. Er war seit 1715 mit der einzigen Tochter des ersten reichen Grafen Bothmer, welcher nach Bernstorff hannoverischer Premierminister in London wurde, vermählt und starb ebenfalls ganz jung, erst 26 Jahre alt, schon 1722.

Nun folgte ein Herr in der Wiege, Heinrich XI., geboren 1722, acht Monate vor dem frühzeitigen Tode seines Vaters. Er beerbte 1768 die jüngere Linie Untergreiz und vereinigte so das greizische Besitztum wieder. 1778 ward er vom Kaiser Joseph II. zum Reichsfürsten erhoben, erlebte die Revolution und starb als kaiserlicher Geheimer Rat, 78 Jahre alt, 1800. Wie sein Großvater und Urgroßvater war er wieder zweimal vermählt, zuerst 1743, 21jährig, mit einer Cousine des frommen Hauses Reuß-Köstritz, dann seit 1770 mit einer Gräfin Leiningen-Heidesheim.

Es sukzedierte diesem ersten Fürsten von Reuß-Greiz sein Sohn Heinrich XIII., geboren 1747. Er trat in österreichische Dienste, zuerst in der Armee, wo er bis zum Feldzeugmeister stieg, und dann in den achtziger Jahren, den letzten des großen Königs von Preußen, fungierte er als österreichischer Gesandter in Berlin, und als der Reichskrieg ausbrach, ward er Reichs-Werbungsdirektor. Er war schon 39 Jahre alt, als er noch bei Lebzeiten des Vaters, während seines Gesandtschaftspostens in Berlin, sich 1786 mit einer Prinzessin von Nassau-Weilburg vermählte, einer Tante des ersten Fürsten von Nassau-Weilburg, die ihren Gemahl noch geraume Zeit überlebt hat.

Der 1847 als Geheimer Hofrat am Statistischen Amt in Berlin verstorbene Carl Müller, ein geborener Sachse und unter den bedeutenden Männern des Befreiungskrieges ausgezeichnet, sah Greiz im Jahre 1803, als er im benachbarten Netzschkau im sächsischen Vogtland lebte, einem Gute des sächsischen Oberkammerherrn Graf Bose, bei dessen Sohn, der in Leipzig studierte, er Erzieher war. Er schreibt unterm 27. April 1803 aus Netzschkau:

»Greiz liegt in einem allerliebsten Felsengrunde, den vier aneinanderstehende Bergrücken in Form eines Kreuzes hier gebildet haben. Das Zentrum nebst dem östlichen und nördlichen Radius füllen die Gebäude der Stadt; den südlichen und westlichen hat sich größtenteils die Elster vorbehalten, mit der die Gölzsch nun schon vereinigt ist. Die äußerste Spitze des Felsenriffs zwischen dem westlichen und nördlichen Tale trägt das uralte Regierungsschloß, das von außen sehr imponierend aussieht, inwendig sich aber nur durch einige wirklich fürstliche Salons auszeichnet. Viel schöner aber von innen und außen ist das neue Schloß im westlichen Tale an der Elster, welches allein jetzt noch von dem Fürsten, wenn er hier ist – er ist Reichs-Werbungsdirektor – bewohnt wird, während jenes die Regierungskollegien und die Ratten bezogen haben [Bis 1768, als die jüngere Linie Untergreiz ausstarb, bewohnte diese Linie das untere Schloß, die ältere Linie Obergreiz das obere; jede Linie hatte ihr besonderes Amt, nur Kirchen und Schulen waren gemeinschaftlich.] Das ganze Tal neben dem neuen Schlosse wird jetzt zu einem englischen Garten umgearbeitet und wird ein himmlisches Plätzchen werden, wenn die Details so gut ausfallen, als der Plan angelegt zu sein scheint. Vorderhand sind die Bürger über diese Anlagen sehr ungehalten, weil ihnen der französische Garten, der sonst hier war und den der Fürst hat umhauen lassen, lieber war. Überhaupt gibt es nicht leicht einen Regenten, über den die Urteile der Untertanen so geradehin nachteilig wären als diesen; inwiefern sie recht oder unrecht haben, wage ich nicht zu bestimmen [...]

Greiz nimmt sich, von den Anhöhen herab betrachtet, jetzt ungemein gut aus. Es ist ganz neu und nicht ohne Geschmack, wiewohl etwas leicht gebaut. Aber es ist zu bewundern, daß es überhaupt gebaut ist; denn noch sind es nicht anderthalb Jahre, daß es fast durchaus abbrannte. [Vor diesem Brand von Greiz 1802 war auch Gera im Jahre 1780 bis auf wenige Häuser in den Vorstädten abgebrannt. Ein Jahrhundert vorher, 1689, war der größte Teil von Schleiz in Asche gelegt worden, und 1837 brannte Schleiz erneut ab. Auch die vierte Residenz der Reuße – Lobenstein – brannte zweimal ab, 1732 und 1741. Das

Reußenland war berüchtigt wegen der Feuersbrünste.] [...] Die Regierungsgeschäfte besorgen hier übrigens ausschließlich und zur Zufriedenheit des Bürgers der Präsident von Grün, die Regierungsräte Zopf und Fickenwerth nebst dem Regierunssekretär Gehler.«

Dieser von seinen Untertanen so nachteilig beurteilte Reichs-Werbungsdirektor erlebte das Aufhören des Reiches und ward durch den Rheinbund souveräner Fürst. Er trat dann zum Deutschen Bunde und starb 1817, 70 Jahre alt. Von seinen jüngeren Brüdern folgte ihm Heinrich IV. in dem österreichischen Gesandtschaftsposten in Berlin, und Heinrich XV. stand ebenfalls in österreichischen Diensten und starb als Feldmarschall 1825, 74 Jahre alt.

Es sukzedierten dem zweiten Fürsten von Reuß-Greiz seine beiden Söhne, zuerst Heinrich XIX., geboren 1790, der dritte Fürst von Reuß-Greiz. Er hatte als Erbprinz in Begleitung des Gesandten von Wiese dem Wiener Kongresse beigewohnt und hier seine nachherige Gemahlin kennengelernt. Er war 32 Jahre alt, als er sich, fünf Jahre nach seines Vaters Tode, 1822 mit dieser Dame, einer Katholikin aus einem der vornehmsten, ältesten Geschlechter Frankreichs, Gasparine, Tochter des Fürsten Rohan-Rochefort, vermählte, einer schönen und geistvollen Frau. Von dieser Heirat her datiert die katholische Hofkapelle im fürstlichen Parke zu Greiz. Es ward aber auch 1825 eine Bibelgesellschaft gegründet, ein Missionsverein, ein Gustav-Adolf-Verein und dazu ein Frauenverein unter dem Patronat der Fürstin Gasparine. Ihr Gemahl, der dritte Fürst von Reuß-Greiz, starb schon 1836, erst 46 Jahre alt. Er hinterließ nur zwei Töchter, von denen die ältere, Luise, sich in erster Ehe mit dem Prinzen Eduard von Altenburg vermählt hat, in zweiter seit 1854 mit ihrem Cousin Fürst Heinrich IV. von Reuß-Klipphausen. Die zweite Prinzessin Elisabeth verheiratete sich mit dem jetzt regierenden Fürsten von Fürstenberg.

Es sukzedierte nun ein jüngerer Bruder, Heinrich XX., der vierte Fürst von Reuß-Greiz und der 11. Regierende in dem Hause Greiz seit der in die Zeiten der Reformation fallenden Stiftung desselben. Er ist 1794 in Offenbach, wo der Vater damals in Reichs-Werbungsangelegenheiten stand, geboren, österreichischer Major außer Dienst und war zweimal vermählt, seit 1834 wieder mit einer katholischen, aber deutschen Dame, einer Prinzessin von Löwenstein-Wertheim-Rochefort, die 1838 zu Prag starb, und seit 1839 mit einer Protestantin, Caroline, Tochter des Landgrafen Gustav von Hessen-Homburg, der 1846 bis 1848 regierte. Von letzterer ist 1846 der Erbprinz Heinrich XXII., noch ein Prinz Heinrich XXIII. und eine Tochter Hermine geboren worden.

Der Fürst residiert in Greiz, zieht sich aber öfters in die Waldeinsamkeit des im romantischen Saaletale gelegenen Bergschlosses Burgk zurück, auf dem ehemals eine Nebenlinie residierte, wo sich noch viele möblierte Zimmer und Säle befinden und in dessen Nähe der Burghammer ist, das größte Eisenhüttenwerk des Landes.

Die jüngere Linie Reuss-Gera, jetzt Schleiz

In der jüngeren Linie des Hauses Reuß, dem Hause Gera, ist der Stifter Heinrich der Jüngere, jüngerer Sohn des allgemeinen Stammvaters Heinrichs des Stillen von seiner zweiten Gemahlin Amalie von Mansfeld, geboren 1530. Auch er ward wie sein älterer Bruder, der Stifter der Linie Greiz, durch die von Kaiser Carl V. über die ganze jüngere Linie der Reuße als eifrige Anhänger der Reformation verhangene Acht nach der Schlacht bei Mühlberg in das Unglück mit hineingezogen, infolgedessen das ganze Land der jüngeren Linie der Reußen der älteren Linie der Burggrafen von Meißen, die 1572 ausstarb, überwiesen wurde. Er erhielt nach der Restitution 1562 in der Teilung von 1564 Schleiz und starb in einem Jahre mit seinem älteren Bruder, dem Stifter der Linie Greiz, 1572, gerade bei einer Zusammenkunft sämtlicher Herren Reuße zu Schleiz, erst 42 Jahre alt, zweimal vermählt wie sein Vater, zuerst mit einer Gräfin Schwarzburg, dann mit einer Gräfin Solms-Laubach.

Es folgte sein Sohn Heinrich Postumus, zwei Monate nach des Vaters Tode auf dem Schlosse Osterstein bei Gera geboren. Dieser Nachgeborene, auf den Universitäten zu Jena und Straßburg gebildet, ist der berühmteste Herr, den das Haus Reuß gestellt hat. Er war einer der arbeitsamsten, selbsttätigsten und dadurch würdigsten kleinen deutschen Grafen. Er hat drei Kaisern – Rudolf II., Matthias und Ferdinand II. – als Geheimer Rat gedient und ist als Senior seines Hauses mitten im Dreißigjährigen Kriege 1635 gestorben, 63 Jahre alt, wie sein Vater und Großvater zweimal vermählt, erst mit einer protestantischen Gräfin Magdalene von Hohenlohe-Langenburg, dann mit Magdalene, Gräfin von Schwarzburg, die ihm den reichen Ehesegen von 17 Kindern gaben, zehn Söhnen und sieben Töchtern. Durch seine gute Wirtschaft wurden die Besitzungen der jüngeren Linie Reuß ansehnlich vermehrt.

Von diesem Heinrich Postumus stammen fast alle Anstalten des Landes, namentlich die Kollegien desselben, die Kanzlei, die spätere Landesregierung, gestiftet durch die Kanzleiamts- und Gerichtsordnung von 1604, zusammengesetzt aus dem Kanzler und zwei Hofräten, und das Konsistorium, dessen Geschäftsordnung im Todesjahre des Postumus 1635 erschien, zusammengesetzt aus dem Kanzler als Präsidenten, den beiden Hofräten, den Superintendenten und noch einem Prediger zu Gera. Ferner ward im Jahre 1608 von dem Postumus das reichdotierte Gymnasium zu Gera, das sogenannte Gymnasium illustre [vornehme Gymnasium] gestiftet. Hier erhielten seine eigenen Söhne Unterricht und wohnten sogar darin. Die fürstlichen Kammergüter und Forsten wurden durch eine Kammerkommission verwaltet, deren Direktor gewöhnlich ein Adliger war, noch bis 1848 der Oberjägermeister von Strauch.

Drei von den Söhnen des Postumus haben die Speziallinien Gera, Greiz und Lobenstein gestiftet, von denen Gera 1802 und Lobenstein 1824 ausstarb. Die 1678 gestiftete lobensteinsche Nebenlinie Lobenstein-Ebersdorf erbte 1824 Lobenstein, der Letzte der Linie, der allbekannte wunderliche Herr, »der Prinzipreiter«, resignierte [gab zurück] die Regierung aber im Sturmjahre 1848 an Schleiz.

Nächster Stammvater der Linie Reuß-Schleiz war Heinrich III., geboren 1603, der mit seinen Brüdern auf dem Schlosse Osterstein gemeinschaftliche Regierung führte und sich 1637 mit der Witwe seines Vetters Heinrich IV., des Stifters der Linie von Obergreiz, einer geborenen Rheingräfin aus dem damals noch protestantischen Hause Salm-Neufville, vermählte. Er starb noch im Laufe des Dreißigjährigen Krieges 1640, erst 37 Jahre alt.

Es folgte sein einziger Sohn Heinrich I., erst ein Jahr alt, geboren 1639. Er erhielt in der Teilung mit seinen Oheimen 1647 Schleiz, wurde fürstlich bayreuthischer Landeshauptmann zu Hof, führte 1679 das Primogeniturrecht ein und ist 1692, 53 Jahre alt, nach einer langjährigen Regierung gestorben. Er war dreimal vermählt, zuerst 1662, 23jährig, mit Esther, Gräfin Hardegg, welches österreichische Geschlecht damals noch protestantisch war, dann nach deren Tode 1676, das Jahr darauf, mit Maximiliane, auch einer Gräfin Hardegg, welche schon im ersten Kindbette 1678 starb. Die dritte Gemahlin war ebenfalls eine österreichische protestantische Gräfin, Anna Elisabeth, Tochter des protestantischen Reichshofrats Graf Rudolf von Zinzendorf, welche 1677 nach ihres Vaters Tode ihrer Mutter entrissen, in ein Kloster gesteckt und – wie der hamburgische Prediger Raupach in seinem »Evangelischen Österreich« erzählt – auf alle Weise zum Abfall verleitet worden war. Sie blieb aber standhaft, die Heirat mit dem Grafen Reuß erfolgte 1680, 1681 gebar sie den Stifter der Nebenlinie Schleiz-Köstritz, die eine besonders fromme Linie geworden ist. Diese Märtyrerin ihres Glaubens starb, wahrscheinlich infolge der erlittenen Bedrängnis, frühzeitig im Kindbett mit einer zweiten Tochter, die sie nach dem Stifter der Linie Köstritz gebar, nach nur dreijähriger Ehe 1683, erst 24 Jahre alt.

Unter diesem Herren, dem Stifter der Speziallinie Schleiz, brannte 1689 das Schloß Schleiz mit dem größten Teile der Stadt ab, weshalb die Residenz zeitweilig nach Köstritz, ehemals einem Wolframsdorfschen Gute, verlegt wurde, das Heinrich I. gekauft hatte und wo er auch gestorben ist. 1682 war unter ihm in Schleiz Böttger geboren worden, der Erfinder des Meißner Porzellans.

Es sukzedierte nun kraft des Primogeniturrechts der älteste Sohn von Graf Heinrichs I. erster Gemahlin, der Gräfin Hardegg, Heinrich XI., geboren 1669, welcher von 1692 bis 1725 regierte und Schloß und Stadt Schleiz wieder aufgebaut hat. Er war auch zweimal vermählt, zuerst mit einer Gräfin Tattenbach aus einer bayerischen, damals ebenfalls noch protestantischen Familie und dann mit einer protestantischen Gräfin von Hohenlohe-Langenburg. Unter ihm ward der berüchtigte Räuberhauptmann Nickel List in dem »Gasthofe zur neuen Schenke«

unweit der großen Schieferbrüche von Neugernsdorf bei Schleiz gefangengenommen und 1700 in Dresden gehängt.

Es folgten zwei Söhne von beiden Gemahlinnen: Heinrich I., geboren 1695, gestorben 1744, seit 1721 vermählt mit einer protestantischen Gräfin Löwenstein; darauf sein Bruder Heinrich XII., geboren 1716, gestorben 1784, seit 1742 vermählt mit einer protestantischen Gräfin Erbach und dann in zweiter Ehe mit einer ebenfalls protestantischen Gräfin Isenburg-Philippseich. Dieser wieder eifrig protestantische Herr diente am dänischen Hofe, wo damals auch die frommen Köstritzer Vettern und die Grafen Stolberg dienten, als Kammerherr und Obristleutnant. Von ihm rühren fast alle neugebauten Schulhäuser und die neuen, freundlichen Dorfkirchen im Fürstentum Schleiz her.

Es folgte ein Sohn von der ersten Gemahlin Heinrichs XLII., geboren 1752. Er vermählte sich 1779 mit einer protestantischen Gräfin Hohenlohe-Kirchberg und erbte 1802, wo die Linie Gera ausstarb, die Hälfte des von derselben besessenen Ländchens, des fruchtbarsten, einträglichsten und bevölkertsten unter allen reußischen Besitzungen, mit der gewerbefleißigen Stadt Gera, dem sogenannten »Klein-Leipzig«, dem Sitze der gemeinschaftlichen, von dem Postumus gestifteten Regierung; es ist die größte Stadt des ganzen Landes, die außer dem alten Schlosse Osterstein, das durch eine Lindenallee mit ihr verbunden ist, noch ein schönes Palais und mehrere andere stattliche Gebäude, auch ein Theater, aufzuweisen hat, was weder Schleiz noch Greiz haben. Die andere Hälfte des Fürstentums Gera erbte damals die Linie Lobenstein.

Vor dem unglücklichen preußisch-französischen Feldzuge in zwei Wintern von 1805 und 1806 hatte Graf Heinrich XLII. von Schleiz in dem neuerworbenen Gera das Hauptquartier der preußischen Armee, und in den Tagen unmittelbar vor der Schlacht bei Jena, 11. bis 14. Oktober, plünderten die Franzosen die Stadt. Man berechnete den Schaden dieser vier Tage auf über 400 000 Taler. Am 11. Oktober 1806, nachmittags fünf Uhr, kam Napoleon selbst mit seinen Garden nach Gera, verließ es aber schon nach einer Stunde wieder, um vom Galgenberge die Gegend zu rekognoszieren [erkunden].

23. SCHLEIZ

Vor der Jenaer Schlacht schon war Heinrich XLII. mit seinen Vettern in Lobenstein durch Kaiser Franz I. in den Reichsfürstenstand erhoben worden, souveräner Fürst ward er 1807 durch den Rheinbund. Er erlebte den Fall Napoleons, trat dann zum Deutschen Bunde und starb 1818, 66 Jahre alt.

Ihm folgte als zweiter Fürst sein Sohn Heinrich LXII., geboren 1785. Er studierte auf den Universitäten Würzburg und Erlangen, als Erzieher begleitete ihn dahin der als historischer Forscher, namentlich im Gebiete der nordischen und indischen Mythologie, bekanntgewordene reußische Rat, später Legationsrat Friedrich Majer, geboren 1782 zu Koskau im Reußischen. Noch als Erbprinz besuchte er wie der Erbprinz von Reuß-Greiz den Wiener Kongreß, wohin ihn der Legationsrat Majer ebenfalls begleitete. Dieser starb 1818 als Mitglied der Akademie der Wissenschaften in München. In demselben Jahre trat der Erbprinz die Regierung an. Er trat zum preußischen Zollverein und erlebte den zweiten Brand von Schleiz 1837, der wiederum das Schloß und fast die ganze Stadt in Asche legte. Der Hof zog während des Wiederaufbaus des Schlosses von Schleiz nach dem freundlichen Schlosse auf dem fürstlichen Kammergute Oschitz.

Unter diesem Herrn fiel endlich im Sturmjahre 1848 durch Resignation des letzten, wunderlichen Fürsten von Lobenstein-Ebersdorf, des »Prinzipreiters«, welcher 1824 die ausgestorbene Linie Lobenstein beerbt hatte, dessen Fürstentum an das Haus Schleiz zurück, wodurch auch die bisher von beiden Häusern Lobenstein und Lobenstein-Ebersdorf besessene andere Hälfte des Fürstentums Gera wieder an das Haus Schleiz kam, welches solchergestalt nun wieder alle Besitzungen der jüngeren Hauptlinie zu einem stattlichen Fürstentum vereinigt hat. Dieser zweite regierende Fürst von Schleiz wurde als ein wirtschaftlicher, leutseliger, wohltätiger Herr gerühmt. Er hat wieder dem Lande mehrere freundliche, neugebaute Kirchen und Schulen gegeben, wie sein Großvater Heinrich XII. Die fürstlichen Kammergüter sind gegenwärtig sämtlich im guten Stande, mit massiven und schönen Wirtschaftsgebäuden versehen. Ökonomie, Schäfereien, Brauereien und Brennereien blühen und sind zum Teil sehr ansehnlich. Die zeitherige Hof- und Kammerkommission, die die Kammergüter und Forsten verwaltet hatte, wurde aufgehoben. Die Geschäfte besorgt seitdem das neuorganisierte Oberste Beratungs- und Verwaltungskollegium für Schleiz, Gera und Ebersdorf unter dem seit 1840 als Kanzler und seit 1849 als Minister fungierenden Dr. Robert von Bretschneider, der aber 1855 dem Geheimen Rat von Geldern das Portefeuille und die Leitung des Regierungsdepartements abgetreten hat. Er ist wieder als Präsident der Obersten Justizbehörde, des Appellationsgerichts und des Konsistoriums eingetreten, einem Vorbehalte gemäß, welchen er sich im Sturmjahre 1848 gemacht hatte. Auch das zeitherige fürstliche Kabinett ist infolge der neuesten Bewegungen verschlungen worden. Am 5. März 1852 faßte der Landtag zu Gera den wichtigen Beschluß zu einer Eisenbahn durch das Land, die die thüringische Eisenbahn über Zeitz, Gera, Schleiz nach Hof mit der bayerischen verbinden soll.

In der letzten Zeit, in welche diese Bewegungen fielen, war dieser Fürst lange kränklich, so daß schon von ihm darauf Bedacht genommen wurde, seinen Bruder zum Mitregenten anzunehmen. Er starb darüber 1854, 69 Jahre alt, unvermählt. Es folgte nun dieser zur Mitregentschaft bestimmte Bruder, dem sein Schwager, der letzte Fürst von Ebersdorf, schon 1848 die Regierung von Ebersdorf abgetreten hatte.

Heinrich LXVII. war im Revolutionsjahre 1789 geboren und preußischer Generalmajor à la suite. Er ward schon vor seinem Regierungsantritt in Schleiz für einen Mann von vielseitiger Begabung angesehen, nicht nur in den Regierungsgeschäften, sondern auch in Kunst und Wissenschaft erfahren. Er ist ein in seinem kleinen, wohlhäbigen Ländchen sehr beliebter Herr, viel beliebter als seine 1820 geheiratete Cousine Adelheid, eine Schwester des letzten Fürsten von Ebersdorf, der man Standeshochmut und Geiz, wenigstens eine übertrieben große Ökonomie vorwirft.

Der Erbprinz ist, nachdem zwei ältere Söhne jung gestorben sind, des Fürsten dritter und einziger Sohn Heinrich XIV., 1832 geboren. Er steht als Leutnant bei der preußischen Garde zu Fuß. Auch dieses Haus steht jetzt auf nur vier Augen. Es leben außerdem noch eine Tochter des jetzt regierenden Fürsten, Anna, die eine Art von Mesalliance gemacht hat. Sie heiratete, obwohl jung und schön, einen ganz kleinen, bereits fast

40jährigen Prinzen, mit dem sie auch in sehr kleinen Verhältnissen leben muß, den Prinzen Adolf, Bruder des regierenden Fürsten von Bentheim-Tecklenburg-Rheda. Die guten Schleizer erzählen mit Schmerz, wie sich ihre gute Prinzessin mit ihren sechs Kindern, selbst Hände anlegend, wie eine gemeine Bürgersfrau durchplagen müsse.

DIE PARAGIERTE NEBENLINIE
SCHLEIZ-KÖSTRITZ

Diese Nebenlinie wurde durch ihren Stifter eine besonders fromme, hat später aber auch – wie die Hauptlinie Schleiz – industrielle Tendenzen verfolgt. Das weit und breit ausgeführte und namentlich von den Musensöhnen zu Jena so eifrig begehrte Köstritzer Lagerbier stammt aus der Brauerei dieses frommen Hauses.

Der Stifter war Graf Heinrich XXIV., der jüngere Bruder des Grafen Heinrich XI. von Reuß-Schleiz und ein Sohn von Graf Heinrich I. und seiner dritten Gemahlin, der von Kaiser Leopold I. gewaltsam zur Bekehrung zum Katholizismus verleiteten Gräfin Zinzendorf. Dieser Umstand hat auf die religiöse Haltung dieser Linie unverkennbaren Einfluß gehabt. Der Sohn dieser evangelischen Märtyrerin, die schon nach dreijähriger Ehe starb, war einer der ausgezeichnetsten Herren des reußischen Hauses, auf dem wieder der Geist seines großen Urgroßvaters Heinrich Postumus ruhte. Er war 1681 geboren, erlebte als achtjähriger Knabe den großen Brand von Schleiz, kam dann auf das Gymnasium illustre zu Gera, bezog die Ritterakademie zu Wolfenbüttel und trat darauf in Begleitung des nachmaligen weimarischen Oberhofmarschalls und Geheimen Ratspräsidenten von Reinbaben und des nachmaligen hessen-kasselschen Generalmajors, dann kaiserlichen Generalfeldzeugmeisters von Wuttgenau die europäische Tour an. Er sah seit 1699 mit 18 Jahren Paris, dann Rom, Venedig, Florenz, 1701 besuchte er den Hof zu Berlin und in Begleitung des sächsischen Statthalters Fürst Egon von Fürstenberg den Hof Augusts des Starken in

Warschau. Seine Absicht war, in kaiserliche Kriegsdienste zu treten, er machte als Volontär einen Feldzug am Rhein und einen in Ungarn mit, entschied sich aber dann, im Lager vor Landau durch eine zufällige Bekanntschaft veranlaßt, mit August Hermann Francke in Verbindung zu treten und kehrte in seine Besitzungen, in das »liebe Köstritz« zurück.

Er vermählte sich 1704 mit der frommen Eleonore Gräfin Promnitz, von der das Sommerlusthaus Eleonorental stammt, das mit dem Schlosse Köstritz durch eine Allee verbunden ist. Dieses Schloß wurde fortan der Mittelpunkt einer in ihrer Art großartigen Tätigkeit, indem sich von hier aus die keineswegs bloß beschauliche, sondern werktätige Liebe des mit Francke bis auf dessen Tod in innigster Verbindung bleibenden Grafen Heinrich XXIV. in alle Richtungen ausbreitete. Der Dritte im Bunde war der fromme schlesische Graf Henckel von Donnersmarck, der Autor der »Letzten Stunden der Wiedergeborenen«. Durch Heinrichs XXIV. Besuch im Lager Carls XII. bei Altranstädt trug er vieles dazu bei, daß in Schlesien der Protestantismus erhalten wurde. Er begleitete damals Carl XII. auf seinem Zuge nach Polen, um die Güter seiner Gemahlin in Schlesien zu besuchen, und erwirkte von hier aus »nicht ohne große Gefahr von seiten der päpstlichen Geistlichkeit« die schlesischen sogenannten »Gnadenkirchen«.

An dem Hofe dieses frommen Stifters des Hauses Köstritz fungierte längere Zeit der durch seine merkwürdigen Schicksale in Darmstadt, wo er eine Zeitlang Minister war, bekannte jüngere Moser, der in seinem patriotischen Archive fast 40 Jahre nach dem Ableben Heinrichs XXIV. dem Reußenhause eines der herrlichsten Zeugnisse mit Beziehung auf solche Fürsten, wie sein »teuerster Herr« einer war, gab: »Vielleicht ist kein gräfliches Haus in Deutschland, das so viele gute, weise, vortreffliche Regenten in langen Reihen von Jahren aufzuweisen hätte als der Reußen-Stamm, vielleicht kein Haus, dessen innere Verfassung auf so festen, überdachten, zusammenhaltenden, dauerhaften Gründen beruhet als dieses; wenige Häuser, die sich durch eine solche Menge von Söhnen auszeichneten, welche sich durch Staats- und Kriegsdienste in und außer Deutschlands berühmt und verdient gemacht; wenige deutsche Lande dieses Umfangs, die unter ihrer Dienerschaft so tapfere und gelehrte Männer, so berühmte und dem Vaterlande teuer gewordene Namen aufzuweisen haben, endlich wenige, die einen solchen Schatz von weisen und herrlichen Landesanstalten und Verordnungen und deren Untertanen nach dem Verhältnis ungleich größerer Staaten eine so canaansmäßige Glückseligkeit und Wohlstand besitzen, wenigsten bisher noch besessen haben.«

Heinrich XXIV. starb 1748, 67 Jahre alt, mit dem unsterblichen Ruhme, daß durch ihn der kleine Hof zu Köstritz eine wahre Musterschule frommer deutscher Grafen geworden war. Seine Gemahlin, die als die »alte Gräfin« noch im Munde des Volkes wie ihr Gemahl und der Postumus lebt, lebte noch 28 Jahre nach ihm. Sie starb erst 1776, 89 Jahre alt, zu Köstritz. Von diesem frommen Elternpaare stammen die folgenden drei Zweige ab:

DER ÄLTERE, FÜRSTLICHE ZWEIG ZU KÖSTRITZ

Stifter desselben war Graf Heinrich VI., der älteste Sohn, geboren 1707. Er ging, während die »alte Gräfin« die Regierung zu Köstritz führte, in dänische Dienste, wo er Geheimer Rat, Kammerherr und Amtmann zu Sonderburg war. Vermählt war er seit 1746 mit einer Gräfin von Güldenstein, Tochter des Marquis von Monteleone, und starb 1783.

Es folgte sein Sohn aus dieser Ehe: Heinrich XLIII., geboren 1752 zu Kopenhagen, der dänischer Kammerherr und kaiserlicher Wirklicher Geheimer Rat war, sich 1781 mit einer Cousine, einer Gräfin von Reuß-Ebersdorf, vermählt hatte, in Köstritz residierte, 1806 in den Fürstenstand erhoben wurde und 1814 zu Mannheim starb. Es folgte wieder sein Sohn Fürst Heinrich LXIV., geboren 1787, der in österreichische Militärdienste trat und noch in Wien lebt.

Der mittlere, fürstliche Zweig, jetzt Klipphausen bei Dresden

Stifter desselben war Graf Heinrich IX., geboren 1711. Er trat in preußische Dienste, wo er Oberhofmarschall und Staatsminister ward, vermählte sich 1742 mit einer Gräfin Flodrop-Wartensleben und starb 1780. Er besaß Primkenau bei Sprottau in Schlesien, eine Herrschaft, die 1803 auf ungefähr 270 000 Taler taxiert ward.

Es folgten ihm seine beiden Söhne Graf Heinrich XXXVIII., geboren 1748, Herr auf der Herrschaft Stonsdorf bei Hirschberg in Schlesien, die er mit seiner ersten Gemahlin, einer preußischen Gräfin Schmettau, erwarb, und auf Jänkendorf in der Lausitz, das die zweite Gemahlin, eine verwitwete sächsische Frau von Schönberg, geborene Fletscher, ihm zubrachte. Er starb, ohne Kinder von beiden Gemahlinnen zu hinterlassen.

Es folgte sein jüngerer Bruder, geboren 1753, preußischer Kammerherr. Dieser nahm mit Genehmigung König Friedrich Wilhelms III. 1817 die fürstliche Würde an, war Herr auf der Herrschaft Trebschen bei Züllichau, Regierungsbezirk Frankfurt, und zweimal vermählt, erst mit einer Freiin von Geuder, genannt Rabensteiner, aus einem fränkischen Geschlechte, dann mit einer Freiin von Riedesel-Eisenbach, Tochter des braunschweigischen Generalleutnants, der die von ihrer Mutter herausgegebene »Berufsreise« mit den an die Engländer verkauften Braunschweigern nach Amerika machte, und Schwester der auf dieser Berufsreise geborenen America Riedesel, vermählten Gräfin Bernstorf-Gartow. Dieser erste Fürst Reuß mittleren Zweiges starb 1832. Es folgten seine beiden Söhne aus der ersten Ehe: Fürst Heinrich LX., geboren 1784, Herr auf Klemzig bei Züllichau, gestorben 1833 ohne Söhne; dann sein jüngerer Bruder, Fürst Heinrich LXIII., geboren 1786, Herr auf Klipphausen bei Dresden, gestorben 1841. Er war zweimal mit zwei Gräfinnen Stolberg-Wernigerode vermählt, die ihm zehn Kinder – sechs Söhne und vier Töchter – gaben.

Es folgte aus der ersten Ehe Fürst Heinrich IV., geboren 1821, Herr auf Stonsdorf bei Hirschberg, der bei der preußischen Garde steht und seit 1854 mit seiner Cousine Luise von Greiz, Witwe des Prinzen Eduard von Altenburg, vermählt ist.

Eine seiner Schwestern, Auguste, machte eine große Heirat: Sie wurde 1849 die regierende Großherzogin von Mecklenburg-Schwerin. Die andere Schwester, Johanna, ist mit Prinz Ferdinand, Neffe des regierenden Fürsten Carolath, vermählt. Noch lebt aus der zweiten Ehe des Fürsten Heinrich XLIV. mit Freiin von Riedesel ein Prinz Heinrich LXXIV., der erst mit einer schlesischen Gräfin Reichenbach-Goschütz vermählt war und 1855, schon 56jährig, die 20jährige Gräfin Eleonore von Stolberg-Wernigerode, Schwester des regierenden Grafen, heiratete. Er ist Herr auf Neuhof bei Hirschberg in Schlesien und auf Jänkendorf in der Lausitz. Der König von Preußen ernannte ihn 1855 »aus besonderem Vertrauen« zum lebenslänglichen Mitglied der Ersten Kammer. Er hat einen Sohn von der ersten Frau. Seine Schwester wurde die Gemahlin des letzten Herzogs von Anhalt-Köthen, mit dem 1847 das Haus ausstarb.

DER JÜNGERE, GRÄFLICHE ZWEIG

Stifter desselben war Heinrich XXIII., geboren 1722, vermählt mit einer sächsischen Gräfin Schönburg-Wechselburg und in zweiter Ehe mit einem Fräulein von Brandenstein, gestorben 1787 zu Köstritz. Ihm folgten aus der ersten Ehe drei Söhne, alle drei unvermählt: Graf Heinrich XLVII., geboren 1756, war Regierungspräsident in Breslau; Graf Heinrich XLIX., geboren 1759, wohnte zu Ichtershausen bei Gotha; Graf Heinrich LII., geboren 1763, war bayerischer Feldzeugmeister in München.

Unter den frommen Grafen Reuß sind besonders auszuzeichnen:

1. Der vortreffliche Heinrich Postumus, der zweite der Linie Gera, der 1635 starb. Sein Wahlspruch war: »Ich bau' auf Gott.« Dabei unterließ dieser lebhafte Herr aber nicht, sich höchst selbsttätig in die umfassendste Arbeitsamkeit auszubreiten. Er hatte seine Augen und Hände in allen Geschäften.

2. Heinrich II. von Obergreiz, Gemahl der Gräfin Bothmer, der sehr jung 1722 starb.

3. Heinrich XXIV., Stifter der Schleizer Nebenlinie Köstritz, ein Urenkel des Postumus, der 1748 starb. Durch ihn ward der kleine Hof zu Köstritz eine wahre Musterschule frommer deutscher Grafen. Noch ein Enkel dieses Reuß XXIV., Heinrich LV., geboren 1768, der zugleich durch seine Gemahlin – eine Freiin von Watteville – ein Enkel Zinzendorfs war, wurde Prediger in Wales und ist 1846 in der Londoner Brüdergemeine gestorben.

4. Heinrich XXIX. von Reuß-Lobenstein-Ebersdorf, der 1747 starb und an dessen Hofe der jüngere Moser lebte, der von ihm so schreibt: »Es war ein schöner Anblick, eine Familie von 13 Gott geweihten Kindern, ein Hof von vier adligen und 16, auch mehr anderen Bedienten, alle ein Herz und eine Seele vor Gott, überall Treue, Ordnung und eine mit der genauesten Untertänigkeit und innigsten Ehrfurcht tingierten [gefärbten] Liebe gegen diesen glückseligsten Regenten und ausgewählten Knecht Gottes und bei den nicht reichen Einkünften den alles ersetzenden göttlichen Segen in den allerdeutlichsten Spuren zu finden.«

Die berühmteste unter den frommen Gräfinnen Reuß war die Schwester dieses Heinrichs XXIX. von Ebersdorf, welche 1722 die Gemahlin des Bischofs Zinzendorf wurde.

Es gab aber auch unter den Reußen große Widersacher der Pietisten. Ein solcher war Heinrich XIII. von Unter-Greiz, der 1733 starb. Er hat sich zugleich auch als Genealoge in der Geschichte seines Hauses einen Namen gemacht.

Mehrere aus dem frommen protestantischen Grafengeschlechte Reuß dienten auch dem katholischen Reichsoberhaupte. Ich nenne unter diesen Dienern:

Heinrich XIII. und Heinrich XIV. von Reuß-Greiz, zwei Brüder, geboren 1747 und 1749, beide hintereinander österreichische Gesandte am Hofe des großen Friedrich in Berlin in den letzten Regierungsjahren desselben. Heinrich XIII. wurde später regierender Fürst, Heinrich XIV. war österreichischer General und starb 1799 unter Friedrich Wilhelm III. als österreichischer Gesandter in Berlin. Er war ein guter, wackerer

Mann, aber häßlich wie die Nacht. Der Fürstenglanz bewirkte, daß er der stille Gemahl der schönen und geistvollen Jüdin Marianne Meyer wurde. Die Ehe mit dieser Tochter eines damals angesehenen Bankierhauses in Berlin blieb geheim, beide Gatten wohnten in besonderen Wohnungen. Sie war eine Patronin von Gentz, der durch sie in den großen Wiener Dienst parvenierte [emporkam]. Als ihr Gemahl starb, stand sie, obwohl sie zur katholischen Religion übergetreten und förmlich getraut worden war, noch immer als Mademoiselle Meyer in der Gesellschaft. Sie begab sich daher nach Wien, tat einen Fußfall vor Kaiser Franz II., und dieser erhob sie als Frau von Eybenberg in den Adel Österreichs. Sie starb 1814, im Jahre des Kongresses zu Wien, wo sie gewöhnlich die »Prinzessin von Eybenberg« betitelt wurde.

Ein anderweiter Diener Österreichs war der bereits genannte geistvolle Fürst Heinrich LXIV. aus der Nebenlinie Schleiz-Köstritz, geboren 1787, österreichischer Feldmarschall-Leutnant, früher Kommandierender in Mähren. Er war ein Spezial [enger Freund] von Gentz. Von ihm ist der interessante Brief vom Jahre 1813, wie man Österreich zum französischen Kriege bestimmen könne, der Brief, der über den Charakter des guten Kaisers Franz II. Aufschluß gibt und unter anderen die Stelle enthält: »Er hat im Grunde seiner Seele immer Lust zum Krieg. Dies erklärt sich schon daraus, daß er bei diesem großen Hazardspiele hoffen kann, ohne übermäßige persönliche Anstrengung durch irgendein glückliches Begegnis wieder in einen Zustand von Macht und Unabhängigkeit zu kommen, auf den er so eifersüchtig wie irgendein Monarch ist. Er gibt sich immer alle Mühe, diese Kriegslust, die er für strafbar hält, zu verheimlichen. Bange vor der Verantwortung vor Gott, bange vor dem Meister Urian, möchte er immer gerne überredet sein, daß der Krieg unausweichlich und daß der Entschluß dazu ihm entrissen sei.« Fürst Reuß hatte diesen Brief aus Spanien geschrieben, wohin er damals, den österreichischen Dienst als Flügeladjutant des Erzherzogs Johann verlassend, gegangen war, um gegen Napoleon zu fechten. Auf dem Wiener Kongresse traf ihn der russische General von Nostitz, und er fand ihn, obgleich er anerkennt, daß er zu den Klügsten gehöre, »viel Tiefe und praktische Brauchbarkeit« besitze, doch als einen über alles Maß enragierten [leidenschaftlich begeisterten] Champion der

Kleinfürstenwirtschaft. »Er protestierte«, schreibt Nostitz, »gleich gegen den Westfälischen Frieden und wollte kaum die Goldene Bulle statuieren. Es waren alles Eingriffe in der Fürsten Rechte. So sprechen die Klügsten, und was soll man mit den Menschen anfangen?«

Der »nobelste Reuß« neuester Zeit, welcher die Glorie der Kleinfürstenwirtschaft in ihr wahres Licht gestellt hat, war der ganz aus der Art geschlagene Heinrich LXXII., Fürst von Ebersdorf, ein Urenkel des Schwagers Zinzendorfs, geboren 1797 und unvermählt 1853 zu Dresden verstorben. Er war ein Original des daran so armen 19. Jahrhunderts. Wir alle haben mit Vergnügen seine manu propria [eigenhändig] erlassenen Verordnungen gelesen, worin er seit seinem Regierungsantritt 1822 – im treuherzigsten Landesvaterstile selbst Zeugnis von seiner bis zur »Nachtwächterfunktion« sich herunter erstreckenden landesväterlichen Sorgfalt ablegend – als »Prinzipreiter« auftrat. Er hat sich aber auch sonst als kühner, ja verwegener Reiter und Kutscher ausgezeichnet. Er war bis 1848 unbedingter Autokrat und das dergestalt, daß er in seinem Herrscherzorne eine Deputation petitionierender Bauern durch seine Gardisten mit scharfen Säbeln von sich austreiben ließ und sogar einen Postillon, der ihm nicht zu Willen fuhr, vom Bocke herunter eigenhändig ins Schattenreich schoß. Sein Leibarzt Dr. Gempp, den sein Herrscherzorn vertrieb, wanderte nach Amerika aus, wo ich mit ihm ein Jahr lang befreundet gewesen bin. Mit dem Leibarzt wanderte auch der Kammerdiener der kleinen Durchlaucht, Schomberg, aus, der verwundersame Dinge von der argen Wirtschaft, die dieser rand- und bandlose kleine Souverän trieb, zu erzählen wußte.

Welcher kriechende Servilismus dabei noch 1845 in diesem kleinen deutschen Fürstentum herrschte, davon kann eine Stelle des »Amts- und Regierungsblattes für das Fürstentum Reuß-Lobenstein-Ebersdorf 1845« Zeugnis geben: »Serenissimus hat die hohe Gnade zu haben geruht, die Wehrmänner zu Hirschberg, sechs an der Zahl, welche zu dem in Tonna ausgebrochenen Feuer geeilt und mit der aufopferndsten Bereitwilligkeit Dienste geleistet hatten, öffentlich vor der Front Allerhöchst gnädigst zu beloben und dem Ältesten derselben (nachdem er sich durch den Taufschein als solcher ausgewiesen) zum Zeichen Allerhöchster Zufriedenheit und Anerkennung Höchsteigenhändigst

24. Lobenstein

die Hand zu reichen.« Hoffmann von Fallersleben dichtete auf diese »Allerhöchst gnädigste Belobung und Höchsteigenhändigste Handreichung« eines seiner komischen Lieder, das mit den Worten schloß:

> »O Nation der Nationen,
> Wo man doch noch weiß zu belohnen!
> O wär' ich doch auch so einer,
> Ein Greiz-Schleiz-Lobensteiner!«

Seit der Revolution von 1848 trat der Fürst gegen eine Jahresrente von 25 000 Talern die Regierung an seinen Schwager Heinrich LXVIII. von Schleiz ab und privatisierte zuerst zu Riesa, einer Hauptstation, gerade in der Mitte der Dresden-Leipzig-Berliner Eisenbahn, wo er durch die menus plaisirs, die er sich von der Venus vulgivaga [Straßenunzucht] verschaffte, gehörigen Skandal erregte. Darauf lebte er teils in Guteborn in der preußischen Oberlausitz, einem Gute, das die Mutter, eine Gräfin Hoym, eingebracht hatte, teils zu Dresden, wo man ihn im Garten des Hotels »Zur Stadt Paris« in der Neustadt in den Nächten die paradiesischen Adam-Wandlungen, wie sie der Fürst Wilhelm von Lippe-Bückeburg auch machte, will haben machen sehen. In Tharandt, wo er im Bade zum Sommerplaisir wohnte, soll er desgleichen, nur regelmäßig in der Nacht von zehn Uhr an, seine abenteuerlichen Waldspazierfahrten beliebt haben.

Von dem Herrscherthrone trat dieser ausgezeichnete kleine Souverän mit nachstehendem treuherzigen Manu-propria-Erlaß ab, welcher im nervösen Stile etwas an den Dichterkönig Ludwig erinnert:

»Erlaß. Meinen zahlreichen auswärtigen Freunden und Bekannten die Anzeige, daß ich die Regierung niedergelegt habe. Aus meiner Entsagungsurkunde das nähere: für diejenigen, die mich kennen, ein deutlich Bild. Ich füge hinzu: Nicht das Auferstehen Teutschlands – ich glaube nicht, daß ein Deutscher mehr demselben huldigt und jedes Opfer für Deutschlands Größe zu bringen bereit –, sondern die Masse von Erbärmlichkeit, die in der Flachsenfingerei eines kleinen Staates mit dem März auftagte und an die Stelle wahrhaft glücklicher Zustände trat, hat mich vertrieben. Im Anfang gänzliche Unkunde und Schwäche der Zivilbehörden, durch die die Wühlerei recht ordentlich großgezogen ward, welche, von zwei Städten ausgehend, nach und nach natürlich weiterfraß und alles ansteckte. Mein im kleinen ausgebildetes Wehrsystem, das das ganze Land mit Linie, Landwehr und Landsturm schützend umfaßte – unbenutzt. Dazu der unmoralischste und irreligiöseste Undank und Hohn, nachdem man mich so viele Jahre und noch bei meinem 25jährigen Regierungsjubiläum im vorigen Jahre auf den Händen getragen und – wohl nicht ganz unverdient! Denn mein Wirken strebte in der Zeit, wo es gefährlich, freisinnig zu sein, unverwandt und entschlossen Fortschritt und Bildung an. Von einer Unzahl Schritte abgesehen, die teils seinerzeit öffentlich, teils noch in Aktenstaub vergraben, bloß das: Ich habe im Jahre 1831, ohne Erfolg in unserer starren Gemeinschaft, eine freisinnige Verfassung verlangt; die Steuern waren die geringsten in Deutschland; Beamtenwillkür von mir rücksichtslos verfolgt. Ein paar Beispiele jenes Undanks. An einem schönen Märztage beendigte ich eine Konferenz mit meinem Oberforstmeister mit den Worten: ›Nun, Herr Oberforstmeister, wir haben heute das Weidwerk begraben.‹ (Das heißt, auf dem ruhigen und den Gesetzen der Natur folgenden Wege.) Statt dessen raubt man mir's mit Gewalt in acht Tagen! Ich berufe im April wiederholt die Beurlaubten der dem Bunde gehörigen Linie und die von mir geschaffene Landwehr ein, um gegen einen der vielen damaligen, kurz nach dem Schloßbrand von Waldenburg eintretenden Stürme Front machen zu können. Die Gemeinden halten auf Befehl der Wühler die bis dahin unbescholtene Mannschaft mit Gewalt zurück! Und das alles nach meinem schweren Krankenlager, und zum Schluß möchte ich sagen [erinnern] der Genesungsfeste. Da ist mein Dableiben unmöglich, weil ich nichts halb sein will und überhaupt der Überzeugung, daß Teutschland eine Einheit sein soll und die kleinen Herrscher eine Unmöglichkeit. Ich spreche den unwiderruflichen Entschluß, die Regierung niederzulegen, im April am rechten Orte aus. Dieser Entschluß wird um so eiserner, als die bekannte infame Sturmpetition bei G… unser ältestes Schloß entwürdigt. Dort dieselbe Traurigkeit der Behörden, die Bürgerwehr, 1200 Mann stark, läßt mich im Stich! Mögen Sie nun, meine zahlreichen Freunde und Bekannten im Auslande, fortwährend die Freundschaft und Teilnahme mir schenken, die ich oft erprobte und welche mir Vorliegendes diktiert! Guteborn in der Lausitz, Reg.-Bezirk Liegnitz, 1. Oktober 1848. Heinrich, der 72. Fürst Reuß.«

Keine kleine Kuriosität ist, daß die kleinen Souveräne von Reuß, seitdem sie die Souveränität erlangt haben, ebenso wie die großen und größten Souveräne adeln und sogar baronisieren. Noch neuerlich ist ein Herr Pohland, Sohn eines Dresdner Bürgermeisters, früher Rechtskonsulent, der später zufällig in der Irrenanstalt auf Wackerbartsruhe bei Dresden mit einer Prinzessin vom Hause Reuß zusammen Krankenpflege genoß und sich noch später, 1841, um das Zustandekommen der in Freiberg geschlossenen Heirat des Prinzen Wilhelm von Dessau mit Fräulein Emilie Clausnitzer Verdienste erwarb, nicht sowohl durch jene Prinzessin, als hauptsächlich durch diesen Prinzen nicht des Heiligen Römischen Reichs, sondern des Heiligen Reußischen Reichs Baron geworden. Sic venit gloria mundi [So entsteht der Ruhm der Welt]!

Die Einkünfte der älteren Linie Reuß-Greiz, welche die Herrschaft Greiz mit 35 000 Einwohnern und die Herrschaft Radeburg im Königreich Sachsen besitzt, werden auf 125 000 Taler taxiert; die der jüngeren Linie Schleiz, welche die Herrschaften Schleiz, Lobenstein und Ebersdorf und Gera mit 80 000 Einwohnern und das Rittergut Thallwitz bei Wurzen im Königreich Sachsen besitzt, betragen das Doppelte, gegen 250 000 Taler. Die Kammereinkünfte von Schleiz sollen sich allein auf 50 000, die von Gera auf 60 000 Taler belaufen.

Die paragierte Nebenlinie Köstritz besitzt außer dem Paragium [Abfindung nachgeborener Prinzen mit Land und Leuten] Köstritz und der Pflege Reichenfels unter reußischer Hoheit noch im Königreich Sachsen die Rittergüter Klipphausen, Hohnstein und Langen-Burkersdorf bei Dresden, in Preußen die Herrschaften Stonsdorf und Neuhof bei Hirschberg in Schlesien und das Rittergut Jänkendorf in der Lausitz, dazu die Herrschaft Trebschen und die Rittergüter Alt- und Neu-Klemzig bei Züllichau, Regierungsbezirk Frankfurt; endlich in Schleswig die Herrschaft Quarnbeck. Wenn Reuß ausstirbt, erbt nach einer Exspektanz [Anwartschaft] vom Jahre 1586 das Königreich Sachsen.

PERSONENREGISTER

Das Personenregister enthält die im Text namentlich erwähnten Einzelpersonen ausschließlich der nach ihnen benannten Einrichtungen, Örtlichkeiten und Denkmäler; Personen gleichen Namens und Ranges sind zusammengefaßt. Die historische Schreibweise wurde weitgehend beibehalten.

Günther Friedrich Karl II., Fürst von Schwarzburg-Sondershausen 182–184

Gustav, Landgraf von Hessen-Homburg 215

Gustav II. Adolf, König von Schweden 12, 190

Hacke, Jost 189

Hanstein, Hans Ludwig von 26

Hardegg, Esther von 217

Hardegg, Maximiliane von 217

Heckscher 185

Heidelmann 29

Heim 119

Heinrich, der Böhme 209

Heinrich, der Reuße 209

Heinrich, der Stille, Reuß 210, 215

Heinrich Reuß von Meißen 209

Heinrich von Weida, eigtl. Erkenbert 209

Heinrich d. J. von Reuß-Gera 215

Heinrich d. Ä. von Reuß-Greiz 210

Heinrich Postumus von Reuß-Gera j. L. 215, 216, 218, 223, 227, 228

Heinrich, Prinz von Preußen 30

Heinrich I. von Reuß-Greiz 212

Heinrich I. von Reuß-Schleiz 217, 218, 223

Heinrich II. von Reuß-Greiz 212, 228

Heinrich III. von Reuß-Schleiz 216

Heinrich IV., Fürst von Reuß-Klipphausen 214, 226

Heinrich IV., Kaiser 163

Heinrich IV., Prinz von Reuß-Greiz ä. L. 214

Heinrich IV., Senior, von Reuß-Greiz 211, 214, 216

Heinrich V. von Reuß-Greiz ä. L. 211

Heinrich V. von Reuß-Greiz-Untergreiz j. L. 211

Heinrich VI. von Reuß-Greiz-Obergreiz ä. L. 211

Heinrich VI. von Reuß-Schleiz-Köstritz 225

Heinrich IX. von Reuß-Schleiz-Klipphausen 226

Heinrich XI., Fürst von Reuß-Greiz ä. L. 212

Kohary, Joseph Fürst von 72
Könitz 119
Koppenfels, von 144
Körner, Christian Gottfried 115, 177, 196, 198
Koß, von 60
Koß, Christiane Friederike von 60
Kotzebue, August von 181
Kretschmann, von 68, 71, 72, 74
Krusemark, Friedrich Wilhelm Ludwig von 51

Laban 144
Lafontaine, August 114
Langenau, von 128
Leibniz, Gottfried Wilhelm von 20, 25
Leiningen, von s. Victoria, Prinzessin von Sachsen-Coburg-Saalfeld
Leiningen, von 81, 89
Leiningen-Heidesheim, von 212
Leiningen-Westerburg, von 189
Lengefeld, von s. Wolzogen, Caroline von
Lengefeld, von 195, 196
Lengefeld, Charlotte von s. Schiller, Charlotte
Leopold, Großherzog von Baden 103
Leopold, Prinz von Sachsen-Coburg-Saalfeld s. Leopold I., König von
    Belgien
Leopold, Prinz von Schwarzburg-Sondershausen 182, 187, 188
Leopold I., Kaiser 26, 223
Leopold I., König von Belgien 72, 80, 103
Leopold III. Friedrich Franz, Fürst von Dessau 205
Leucht, Christian Theodor, gen. Antonius Fabri 164
Lexington 211
Liebe, Christian Sigismund 25
Ligne, Karl Joseph Prinz von 74, 91, 92, 94
Lindenau, Bernhard von 45, 56
Lindner 60
List, Nickel 217

GENEALOGISCHE ÜBERSICHTEN

Wolfgang Schneider

Carl Eduard Vehse

und seine
›Geschichte
der deutschen Höfe
seit der
Reformation‹

Kiepenheuer

BEILAGE ZU CARL EDUARD VEHSE
›DIE HÖFE ZU THÜRINGEN‹

© GUSTAV KIEPENHEUER VERLAG GMBH,
LEIPZIG, 1994

Die Bildvorlage für das Frontispiz
stellte freundlicherweise
das Sächsische Hauptstaatsarchiv Dresden zur Verfügung.
Die Reproduktion wurde von Karl-Heinz Gebbert
nach einem Plattennegativ angefertigt.

Carl Eduard Vehse

›ICH HABE DIE . . . BÄNDE VON VEHSE
MIT DER GRÖSSTEN GIER DURCHGELESEN . . .
DIES BUCH IST FÜR MICH WAHRER KAVIAR.
JETZT FANGE ICH AN ZU GLAUBEN,
DASS WIR DEUTSCHEN
EINMAL EINE ORDENTLICHE NATIONALGESCHICHTE
BEKOMMEN WERDEN.
VEHSES BUCH IST DER ANFANG.‹

Kein geringerer als Heinrich Heine war es, der dieses überschwängliche Lob am 7. Juni 1852 von Paris aus in einem Brief an seinen Hamburger Verleger Julius Campe schrieb. Er bezog sich dabei auf die ersten sechs, Preußen gewidmeten Bücher der insgesamt achtundvierzig Bände umfassenden Reihe ›Geschichte der deutschen Höfe seit der Reformation‹, die von 1851 bis 1860 im Verlag Hoffmann und Campe erschien. Ihr Autor, der Historiker, Archivar und Publizist Carl Eduard Vehse, zählt zur Legion der zu Unrecht Vergessenen, was um so unbegreiflicher erscheint, als sein genanntes Hauptwerk in Umfang wie Darstellungsweise ohne jede vergleichbare Konkurrenz geblieben ist und sich bis heute den Rang einer unentbehrlichen Sammlung ganz eigener Art bewahrt hat.

Vehse wurde am 18. Dezember 1802 in Freiberg geboren, begann dort – Sohn eines kursächsischen Bergbeamten – folgerichtig mit dem Studium an der Bergakademie, das er jedoch bereits 1820 nach dem ersten Semester abbrach, um sich in Leipzig der Jurisprudenz und Geschichte zuzuwenden. Nach einem letzten Semester in Göttingen 1824 an die Pleiße zurückgekehrt, wurde er hier Bakkalaureus und Privatdozent, ehe er im darauffolgenden Jahr nach abgeschlossener Promotion seine Tätigkeit als Sekretär beim Geheimen Archiv in Dresden aufnahm.

Mit großer Hingabe widmete sich Vehse der neuen Aufgabe, richtete nach einer späteren Selbsteinschätzung sein ›ganzes Studium auf Erweiterung meiner Kenntnisse in der Geschichte, den Staatswissenschaften, der Diplomatik, Heraldik und ähnlichen verwandten Wissenschaften und ließ mir eifrig angelegen sein, mit dem ganzen weitläufigen, unterweilen sehr schwierigen und mühsamen Archivwesen mich möglichst bekannt zu machen‹. Seine hinterlassenen archivarischen Spuren sind noch heute – mehr als eineinhalb Jahrhunderte danach – vor Ort erkennbar, insbesondere in den etwa zwölftausend Regesten, die er binnen acht Jahren zur

Erschließung der Siegelurkunden des Zeitraumes 948 bis 1810 anfertigte und die bis in die Gegenwart als unverzichtbare Findhilfsmittel dienen. Zugleich begann sich seine universale Wissensaneignung in vielbeachteten Publikationen zu artikulieren, unter denen eine Beschreibung von Leben und Zeit Kaiser Ottos I. (1829) sowie die wohl erste synchronoptische Weltgeschichte überhaupt (1834) hervorragen.

Trotz solcher Verdienste blieb es Vehse versagt, die Archivleitung in Dresden zu übernehmen; neben seinen damals relativ jungen Jahren mögen dabei auch sein ausgeprägtes und nie verhohlenes bürgerliches Demokratieverständnis sowie der Kontakt und die Freundschaft zu Vertretern der literarischen Oppositionsbewegung des Vormärz, beispielsweise zu Karl Gutzkow, eine Rolle gespielt haben.

Diese nie verwundene Enttäuschung ob der versagten dienstlichen Karriere, vor allem aber familiäre Schicksalsschläge – 1834 starb seine zweite Tochter, drei Jahre später die Ehefrau – trieben Vehse in die neuprotestantische Sekte des Bußpredigers Martin Stephan, dem er 1838 mit rund siebenhundert Anhängern nach Nordamerika folgte. Dort ließ sich dieser vormalige Pfarrer der böhmischen Gemeinde zu Dresden in den erworbenen großen Ländereien am Mississippi zum Bischof erheben, wurde jedoch schon im Jahr darauf wegen Unzucht und Veruntreuung abgesetzt. Ernüchtert kehrte Vehse 1840 nach Deutschland zurück und bemühte sich mehrfach in Dresden um die Wiedereinstellung als Archivar. Aber selbst sein im Revolutionsjahr 1848 gegebener Verweis auf das ›soeben nach zehnjähriger Arbeit fertig gewordene Hauptwerk, die Kultur- und Sittengeschichte sämtlicher deutscher Höfe in den letzten 330 Jahren‹, blieb ohne Erfolg. Höchstwahrscheinlich hat zu dieser Ablehnung Vehses offenkundige Wandlung vom Juli-Liberalen zum Vormärz-Demokraten, wie sie sich in mehreren Schriften und auch in seiner Freundschaft zu Arnold Ruge und Georg Weerth ausdrückte, den entscheidenden Ausschlag gegeben.

So blieb Vehse nach kurzzeitigem Wirken als Rechtskonsulent ausschließlich seine publizistisch-schriftstellerische Tätigkeit. Dabei war er von einer ungemeinen Produktivität, veröffentlichte neben dem geradezu gigantischen Hauptwerk etliche weitere Arbeiten, darunter eine freilich etwas skurril geratene Shakespeare-Biographie. Wegen seiner respektlosen ›Geschichte der deutschen Höfe‹ kam er mehrfach in Kollision mit den Zensoren; in zahlreichen Bundesstaaten verboten, wurde der 1853 nach Berlin übergesiedelte Vehse drei Jahre später nach Verbüßung einer Haftstrafe aus Preußen ausgewiesen. Anschließend lebte er in der Schweiz, dann von 1857 bis 1862 in Italien, wohin er nach fünfjährigem Zwischenaufenthalt in seiner Vaterstadt Freiberg erneut für zwei Jahre zurückkehrte; an einem langwierigen Augenleiden erkrankt und zuletzt völlig erblindet, starb er am 18. Juni 1870 in Neustriesen bei Dresden.

Was Vehse vor allen anderen bürgerlichen Geschichtsschreibern des 19. Jahrhunderts auszeichnet, ist der Blickwinkel seiner historischen Betrachtungsweise: Nicht aus der üblichen devoten Perspektive des in knieneder Ehrerbietung erstarrten Untertans beschreibt er das höfische Leben, sondern aus der respektlosen, zuweilen auch boshaften Draufsicht des souverän Quellenkundigen und zugleich überzeugten Republikaners. Ganz bewußt setzte er sein Werk gegen jene, so Vehse selbst, ›schönfärbenden Biographien, die, indem sie alles vermeiden, was einem Hofe oder einer vornehmen Familie zu nahe treten könnte, die Personen und die Zustände so nichtssagend und so in reinem, farblosen Lichte darstellen, als wenn Illuminationsinschriften und Epitaphien zu verfertigen und nicht Geschichte zu schreiben gewesen wäre‹.

Das von Vehse praktizierte andere Extrem mußte auf viele seiner Zeitgenossen wie Denkmalsstürmerei wirken – und sollte es wohl auch sein. ›Es war ein kleinbürgerlicher Demokrat, der die ‚Geschichte der deutschen Höfe‘ schrieb. Bescheiden erklärte er, sein Werk sei nicht für die gelehrte Welt, ja ursprünglich nicht einmal für den Druck bestimmt gewesen. Mochte er selbst auch die Tendenz nicht wahrhaben wollen, die seinem Werk innewohnte, so war sie doch vorhanden, legitim vorhanden und vom Ideengut des Vormärz geprägt. Sie brachte einen gesellschaftlichen Protest zum Ausdruck, der den Geist der antifeudalen Opposition atmete. Vehse porträtierte die höfische Gesellschaft in voller Absicht vor allem von ihrer nicht für die Öffentlichkeit bestimmten Innenseite her. Er zeigte dem deutschen Volk, wie seine Landesväter aussahen, wenn sie nicht hoch zu Roß als Denkmäler auf dem Marktplatz standen, und führte aus, wie man am Hofe lebte, welche Gefühle unter Hofleuten herrschten, was sie taten, welche Vergnügungen sie bevorzugten, wie sie sich im Alltag, bei Festen – und nach ihren Festen bewegten.‹ (Manfred Kobuch)

Vehse hat mit schier unglaublichem Fleiß Kurioses und Nachdenkliches zusammengetragen. Das Kurioseste an seinem Werk aber ist wohl der Umstand, daß die seinerzeitige Denkmalsstürmerei aus heutiger Sicht geradezu ins Gegenteil umschlägt: Eben *weil* die Nobilitäten vom Sockel gehoben werden, erscheinen sie nahbarer, menschlicher, wenn auch dadurch nicht immer liebenswerter – allemal aber erwächst aus dieser ärmelzupfenden Anfaßbarkeit eine an die Stelle verordneter Anbetung tretende echte Anteilnahme, die der geschichtlichen Leistung eine größere Achtung einbringt, als es ein noch so hoher Piedestal jemals zu bewirken vermag.

Der kritische Blick Vehses galt der historischen Persönlichkeit, nicht den gesellschaftlichen Verhältnissen. Als Enfant terrible unter den Geschichtsschreibern seines Jahrhunderts vielfachen Anfeindungen ausgesetzt, wurden ihm Kleinmalerei und Klatschsucht, auch allzu großzügiger Umgang mit Quellen und Details vorgeworfen. Für sich allein mag keinem dieser Vorhalte absolut zu widersprechen sein, in ihrer Gesamtheit aber bilden sie ein gewolltes System, sind Mittel zum Zweck, Historie durch Histörchen zu bebildern, Geschichte durch Geschichten zu beleben, zumal letztere nicht mit trockener Gelehrsamkeit, sondern literarischem Geschick erzählt werden. ›Für ihn ist Geschichte ein Turnierfeld menschlicher Schwächen. Dort, wo er um größere Zusammenhänge sich bemüht, überzeugt er am wenigsten. Vehse ist ein Meister der historischen Anekdote und des historischen Genrebilds. Im Nebensächlichen und im Intimen entlarvt sich der Charakter einer historischen Persönlichkeit zuweilen mehr als im unpersönlichen Geschäft der Politik. Vehse scheute sich nicht, auch den Klatsch in seine Hofgeschichten hineinzunehmen, was ihm die Historiker der Zunft sehr übelnahmen. Er entkleidet die Fürsten ihres aristokratischen Pomps und zeigt, daß auch sie unter dem Bann des Lächerlichen stehen. Der Klatsch hat seine soziologische Bedeutung, er ist eine Art kollektiver Schadenfreude darüber, daß auch die Mächtigen nicht vor der Torheit sicher sind oder daß keiner sich das Recht herausnehmen kann, mehr zu sein als der andere. So unwesentlich ist es gar nicht, wie das Volk über seine Herren dachte und klatschte.‹ (Herbert Heckmann)

Was Vehse vor fast eineinhalb Jahrhunderten praktizierte, ist im Grunde nichts anderes als die heute mehr und mehr der sogenannten Ereignisgeschichte entgegengestellte ›Histoire petite‹ oder, wie es die englischen Historiker nennen, ›History from below‹ (Geschichte von unten); auch bieten sich Bezüge zum Begriff der Alltagsgeschichte an – freilich eines ausschließlich auf höfische Kreise beschränkten Alltags. Aus dieser aktuellen Tendenz wächst dem Werk Vehses eine zusätzliche Bedeutung zu, die ganz der Sentenz seines Zeitgenossen Carl Julius Weber entspricht: ›Die Geschichte würde gar viel von ihrem Adel und Ernst verlieren, wenn man stets bis zu den geheimen oder kleinen Ursachen großer Wirkungen eindringen könnte, aber dafür an Wahrheit gewinnen.‹

Vehse gliederte sein heute fast vergessenes Hauptwerk, von dem in nachfolgenden Zeiten nur spärliche Auszüge erschienen, in ein halbes Dutzend Abteilungen, wobei er Preußen sechs Bände widmete, Österreich elf, Braunschweig fünf, dem Komplex Bayern, Württemberg, Baden und Hessen ebenfalls fünf, Sachsen sieben und den kleinen deutschen Höfen insgesamt vierzehn Bände. Der Gustav Kiepenheuer Verlag Leipzig und Weimar, der sich aus vorangehend genannten Gründen zu einer umfassenden Neuedition entschlossen hat, wird in jährlichen Folgen thematisch in sich abgeschlossene Darstellungen der einzelnen Höfe vorstellen, ohne jedoch die von Vehse praktizierte territoriale Reihung nachzuvollziehen. Auch sei an dieser Stelle hervorgehoben, daß Beurteilungen, Ansichten und Auslegungen des Autors nicht immer der Meinung des Herausgebers entsprechen. So wurde auch die Darstellung geschichtlicher Details und verwendeter Zitate keiner kritischen Revision unterzogen – Vehse selbst sollte als eigenständige, weil eineinhalb Jahrhunderte alte Quelle respektiert und nicht besserwisserisch korrigiert werden. Neben lesefreundlicher behutsamer stilistischer wie dudengemäßer Bearbeitung der Texte unter Wahrung des Lautstandes und damit der Patina ihrer Epoche wurden offensichtliche Unrichtigkeiten stillschweigend behoben, die eigenen Darstellungen des Autors (im Gegensatz zu den dokumentarischen Zitaten) ohne besondere Kennzeichnung der Auslassung von Weitschweifigkeiten und Wiederholungen entlastet, längere fremdsprachige Passagen übersetzt und die auf das Nötigste beschränkten Erläuterungen in eckigen Klammern nachgesetzt. Zusätzlich enthält jeder Band seltene, zum Teil erstveröffentlichte zeitgenössische Illustrationen, genealogische Tafeln (teilweise überarbeitet und ergänzt nach: Stammtafeln zur Geschichte der europäischen Staaten, herausgegeben von Wilhelm von Isenburg, Berlin 1936) sowie ein Personenregister. Eine jeder Edition vorangestellte Vorbemerkung faßt zum besseren Verständnis die wichtigsten historischen Entwicklungen aus der Vor- und Nachgeschichte des von Vehse behandelten Zeitraums zusammen und verfolgt dabei den Bestand der jeweiligen Dynastie bis zum Tode des letzten amtierenden Regenten.

Das eingangs zitierte Heine-Wort zu Carl Eduard Vehses Hauptwerk setzt sich fort mit der Feststellung: ›Sein Verdienst ist ungeheuer, und des Verlegers Gewinn wird es ebenfalls sein.‹ – Ersteres wäre zu bejahen, letzteres zu erhoffen!

Wolfgang Schneider

Weitere Titel:

Der Hof zu Weimar (bereits erschienen)
Die Höfe zu Hessen (bereits erschienen)
Die Höfe zu Baden (bereits erschienen)
Die Höfe zu Württemberg (bereits erschienen)
Die Höfe zu Preußen. 1535 bis 1740 (bereits erschienen)
Die Höfe zu Preußen. 1740 bis 1786 (bereits erschienen)
Die Höfe zu Preußen. 1786 bis 1840 (bereits erschienen)
Die Höfe zu Bayern. 1503 bis 1777 (bereits erschienen)
Die Höfe zu Bayern. 1777 bis 1852 (erscheint Herbst 1994)
Der Hof zu Dresden. 1553 bis 1694 (erscheint Frühjahr 1995)
Der Hof zu Dresden. 1694 bis 1733 (erscheint Frühjahr 1995)
Der Hof zu Dresden. 1733 bis 1852 (erscheint Herbst 1995)
Die Höfe zu Braunschweig und Hannover (mehrere Bände)
Die Höfe zu Österreich (mehrere Bände)
Kleine deutsche Höfe (mehrere Bände) – z.B.
Die Höfe zu Mecklenburg
Die Höfe zu Oldenburg
Die Höfe zu Nassau
Die Höfe zu Dessau, Bernburg, Köthen und Zerbst
Die Höfe zu Detmold und Bückeburg
Die Höfe zu Hechingen und Sigmaringen
Die Höfe zu Bayreuth und Ansbach
Die Höfe zu Mainz, Aschaffenburg, Bonn,
Trier, Ehrenbreitstein und Koblenz
Die Höfe zu Salzburg
Die Höfe zu Würzburg, Bamberg und Eichstädt
Die Höfe zu Münster, Paderborn, Osnabrück und Hildesheim
Der Hof zu Lüttich
Die Höfe zu Speyer, Worms, Basel und Straßburg
Die Höfe zu Passau, Regensburg und Freisingen
Die Höfe zu Augsburg und Konstanz
Die Höfe zu Trient, Brixen und Chur
Der Hof zu Lübeck
sowie zahlreiche weitere Höfe und fürstliche Häuser
(u.a. Liechtenstein und Taxis)

DIE HERZÖGE
VON SACHSEN-ALTENBURG

Friedrich Wilhelm I., ein Sohn des H. Johann Wilhelm von Weimar, *25. 4. 1562 †7. 7. 1602, zu Altenburg 1573, Administrator von Kursachsen 1591–1601 ∞¹) 5. 5. 1583 Sofie, T. d. H. Christof von Württemberg, *20. 11. 1563 †21. 7. 1590 ∞²) 9. 9. 1591 Anna Marie, T. d. Pfgf. Philipp Ludwig von Neuburg, *18. 8. 1575 †1. 2. 1643

Kinder:
1. Dorothea Marie *8. 5. 1584 †9. 9. 1586

1. Johann Wilhelm *30. 6. 1585 †23. 1. 1587

1. Friedrich *26. 9. 1586 †19. 1. 1587

1. Dorothea Sofie *19. 12. 1587 †10. 2. 1645, Äbtissin von Quedlinburg 1618

1. Anna Maria *31. 3. 1589 †15. 12. 1626

2. Johann Philipp (s. u.)

2. Anna Sofie *3. 2. 1598 †20. 3. 1641 ∞ 24. 11. 1618 Karl Friedrich H. von Münsterberg *18. 10. 1593 †31. 5. 1647

2. Friedrich *12. 2. 1599 ✗ 25. 10. 1625

2. Johann Wilhelm *13. 4. 1600 †2. 12. 1632

2. Dorothea *26. 6. 1601 †10. 4. 1675 ∞ 24. 6. 1633 Albrecht H. von Sachsen-Eisenach *27. 7. 1599 †20. 12. 1644

Friedrich Wilhelm II. (s. S. 264)

Johann Philipp *25. 1. 1597 †1. 4. 1639, folgt 1602, mündig 1618 ∞ 25. 10. 1618 Elisabeth, T. d. H. Heinrich Julius von Braunschweig-Wolfenbüttel, *23. 6. 1593 †25. 3. 1650

Kind:
Elisabeth Sofie *10. 10. 1619 †20. 12. 1680 ∞ 24. 10. 1636 Ernst I. H. von Sachsen-Gotha *25. 12. 1601 †26. 3. 1675

Friedrich Wilhelm II. *12. 2. 1603 †22. 4. 1669, folgt 1639 ∞¹) 18. 9. 1638 Sofie Elisabeth, T. d. Mkgf. Christian Wilhelm von Brandenburg, *22. 1. 1616 †6. 3. 1650 ∞²) 11. 10. 1652 Magdalene Sibylle, T. d. Kfst. Johann Georg I. von Sachsen, *23. 12. 1617 †6. 1. 1668

Kinder:
2. Christian *27. 2. 1654 †5. 6. 1663

2. Johanna Magdalene *14. 1. 1656 †22. 1. 1686 ∞ 25. 10. 1671 Johann Adolf I. H. von Sachsen-Weißenfels *2. 11. 1649 †24. 5. 1697

2. Friedrich Wilhelm III. *12. 7. 1657 †14. 4. 1672, folgt 1669

DIE HERZÖGE
VON SACHSEN-EISENACH

Wilhelm *11. 4. 1598 †17. 5. 1662 H. zu Weimar 1605 ∞ 23. 5. 1625 Eleonore, T. d. Fst. Johann Georg von Anhalt, *6. 2. 1602 †26. 12. 1664

Kinder (u. a.):
Adolf Wilhelm (s. u.)

Johann Georg I. (s. u.)

Adolf Wilhelm *14. 5. 1632 †22. 11. 1668, zu Eisenach 1662 ∞ 18. 1. 1663 Marie Elisabeth, T. d. H. August von Braunschweig-Wolfenbüttel, *7. 1. 1638 †15. 2. 1687

Kinder:
Karl August *31. 1. 1664 †14. 2. 1665

Friedrich Wilhelm *2. 2. †3. 5. 1665

Adolf Wilhelm *26. 6. †11. 12. 1666

Ernst August *28. 8. 1667 †8. 2. 1668

Wilhelm August *30. 11. 1668 †23. 2. 1671

Johann Georg I. *12. 7. 1634 †19. 9. 1686, zu Marksuhl 1662, zu Eisenach 1668 ∞ 29. 5. 1661 Johannette, T. d. Gf. Ernst von Sayn-Wittgenstein, *27. 8. 1626 †28. 9. 1701

Kinder:

Eleonore Erdmute Luise *13.4.1662 †9.9.1696 ∞¹) 4.11.1681 Johann Friedrich Mkgf. von Brandenburg-Ansbach *8.10.1654 †22.3.1686 ∞²) 17.4.1692 Johann Georg IV. Kfst. von Sachsen *18.10.1668 †27.4.1694

Friedrich August *29.10.1663 †19.9.1684

Johann Georg II. *24.7.1665 †10.11.1698, folgt 1686 ∞ 20.9.1688 Sofie Charlotte, T. d. H. Eberhard III. von Württemberg, *22.2.1671 †11.9.1717

Johann Wilhelm (s. u.)

Maximilian Heinrich *17.10.1666 †23.7.1668

Luise *18.4.1668 †26.6.1669

Friederike Elisabeth *5.5.1669 †12.11.1730 ∞ 7.1.1698 Johann Georg H. von Sachsen-Weißenfels *13.7.1677 †16.3.1712

Ernst Gustav *28.8. †16.11.1672

Johann Wilhelm *17.10.1666 †4.1.1729, zu Jena 1690, zu Eisenach 1698 ∞¹) 28.11.1690 Amalie, T. d. Gf. Wilhelm Friedrich von Nassau-Dietz, *25.11.1655 †16.2.1695 ∞²) 27.2.1697 Christine Juliane, T. d. Mkgf. Karl Gustav von Baden-Durlach, *12.9.1678 †10.7.1707 ∞³) 28.7.1708 Magdalene Sibylle, T. d. H. Johann Adolf von Sachsen-Weißenfels, *3.9.1673 †28.11.1726 ∞⁴) 29.5.1727 Marie Christiane Felizitas, T. d. Gf. Johann Karl von Leiningen-Heidesheim, *30.12.1692 †3.6.1734

Kinder:

1. Wilhelm Heinrich *10.11.1691 †26.7.1741, folgt 1729 ∞¹) 15.2.1713 Albertine Juliane, T. d. Fst. Georg August Samuel von Nassau-Idstein, *29.3.1698 †9.10.1722 ∞²) 3.6.1723 Anna Sofie Charlotte, T. d. Mkgf. Albrecht von Brandenburg-Schwedt, *22.12.1706 †5./6.1.1751

1. Albertine Johannette *28.2.1693 †1.4.1700

2. Johannette Antonie *31.1.1698 †13.4.1726 ∞ 9.5.1721 Johann Adolf II. H. von Sachsen-Weißenfels *4.9.1685 †16.5.1746

2. Karoline Christine *15.4.1699 †25.7.1743 ∞ 24.11.1725 Karl I. Ldgf. von Hessen-Philippsthal *23.9.1682 †8.5.1770

2. Anton Gustav *12.8. †4.10.1700

2. Charlotte Wilhelmine *27.6.1703 †17.8.1774

2. Johannette Wilhelmine Juliane *10.9.1704 †3.1.1705

2. Karl Wilhelm *9.1. †24.2.1706

2. Karl August *10. 6. 1707 †21. 2. 1711

3. Johanna Magdalene Sofie *19. 8. 1710 †26. 2. 1711

3. Christiane Wilhelmine *3. 9. 1711 †27. 11. 1740 ∞ 26. 12. 1734 Karl Fst. von Nassau-Usingen *1. 1. 1712 †21. 6. 1775

3. Johann Wilhelm *28. 1. †8. 5. 1713

DIE HERZÖGE
VON SACHSEN-JENA

Bernhard, ein Sohn des H. Wilhelm von Weimar, *21. 2. 1638 †3. 5. 1678, zu Jena 1662 ∞ 10. 6. 1662 Marie von Tremouille, T. d. H. Heinrich von Thouars, *26. 1. 1632 †24. 8. 1682

Kinder:
Wilhelm *24. 7. 1664 †21. 6. 1666

Tochter totgeb. 7. 4. 1666

Bernhard *9. 10. 1667 †26. 4. 1668

Charlotte Marie *20. 12. 1669 †6. 1. 1703 ∞ 2. 11. 1683 ⚭ 1690 Wilhelm Ernst H. von Sachsen-Weimar *19. 10. 1662 †26. 8. 1728

Johann Wilhelm *28. 3. 1675 †4. 11. 1690, erbt Jena 1678

DIE HERZÖGE VON SACHSEN-GOTHA,
SACHSEN-COBURG, SACHSEN-RÖMHILD
UND SACHSEN-EISENBERG

Ernst I. der Fromme *25. 12. 1601 †26. 3. 1675, zu Gotha 1641, zu Altenburg 1672 ∞ 24. 10. 1636 Elisabeth Sofie, T. d. H. Johann Philipp von Sachsen-Altenburg, *10. 10. 1619 †20. 12. 1680

Kinder:
Johann Ernst *18. 9. †29. 11. 1638

Elisabeth Dorothea *8. 1. 1640 †24. 8. 1709 ∞ 5. 12. 1666 Ludwig VI. Ldgf. von Hessen-Darmstadt *25. 1. 1630 †24. 4. 1678

Johann Ernst *16. 5. 1641 †31. 12. 1657

Christian * und †28. 2. 1642

Sofie *21. 2. 1643 †14. 12. 1657

Johanna *14. 2. 1645 †7. 12. 1657

Friedrich I. (s. u.)

Albrecht (s. S. 268)

Bernhard *10. 9. 1649 †27. 4. 1706 (s. S. 270)

Heinrich *19. 11. 1650 †13. 5. 1710 zu Römhild 1680 ∞ 1. 3. 1676 Marie Elisabeth,
T. d. Ldgf. Ludwig VI. von Hessen-Darmstadt, *10. 3. 1656 †16. 8. 1715

Christian (s. S. 268)

Dorothea Marie *12. 2. 1654 †17. 6. 1682

Ernst *12. 7. 1655 †17. 10. 1715 (s. S. 273)

Johann Philipp *1. 3. †19. 5. 1657

Johann Ernst *22. 8. 1658 †17. 12. 1729 (s. S. 278)

Johanna Elisabeth *2. 9. †18. 12. 1660

Johann Philipp *16. 11. 1661 †13. 3. 1662

Sofie Elisabeth *19. †23. 5. 1663

Friedrich I. *15. 7. 1646 †2. 8. 1691 zu Gotha 1675 ∞[1]) 14. 11. 1669 Magdalene Sibylle,
T. d. H. August von Sachsen-Weißenfels, *2. 9. 1648 †7. 1. 1681 ∞[2]) 2. 8. 1681 Christine,
T. d. Mkgf. Friedrich VI. von Baden-Durlach, *22. 4. 1645 †21. 12. 1705

Kinder:
1. Anna Sofie *22. 12. 1670 †28. 12. 1728 ∞ 15. 10. 1691 Ludwig Friedrich I. Fst. von
Schwarzburg-Rudolstadt *15. 10. 1667 †24. 6. 1718

1. Magdalene Sibylle *30. 9. 1671 †2. 3. 1673

1. Dorothea Marie *22. 1. 1674 †18. 4. 1713 ∞ 19. 9. 1704 Ernst Ludwig I. H. von Sachsen-
Meiningen *6. 10. 1672 †24. 11. 1724

1. Friederike *24. 3. 1675 †28. 5. 1709 ∞ 25. 5. 1702 Johann August Fst. von Anhalt-Zerbst
*29. 7. 1677 †7. 11. 1742

1. Friedrich II. (s. u.)

1. Johann Wilhelm *4. 10. 1677 ✗ 15. 8. 1707, kaiserl. General

1. Elisabeth *7. 2. 1679 †22. 6. 1680

1. Johanna *1. 10. 1680 †9. 7. 1704 ∞ 20. 6. 1702 Adolf Friedrich II. H. von Mecklenburg-Strelitz *19. 10. 1658 †12. 5. 1708

Albrecht *24. 5. 1648 †6. 8. 1699 zu Coburg 1680 ∞¹) 18. 7. 1676 Marie Elisabeth, T. d. H. August von Braunschweig-Wolfenbüttel, *7. 1. 1638 †15. 2. 1687 ∞²) 24. 5. 1688 Susanne Elisabeth, T. d. Gf. Nikolaus Kempinsky, *2. 5. 1643 †2. 12. 1717

Kind:
1. Ernst August *1. 9. 1677 †17. 8. 1678

Christian *6. 1. 1653 †28. 4. 1707 zu Eisenberg 1680 ∞¹) 13. 2. 1677 Christiane, T. d. H. Christian I. von Sachsen-Merseburg, *1. 6. 1659 †13. 3. 1679 ∞²) 9. 2. 1681 Sofie Marie, T. d. Ldgf. Ludwig VI. von Hessen-Darmstadt, *7. 5. 1661 †22. 8. 1712

Kind:
1. Christiane *4. 3. 1679 †24. 5. 1722 ∞ 15. 2. 1699 Philipp Ernst H. von Holstein-Glücksburg *5. 5. 1673 †12. 11. 1729

Friedrich II. *28. 7. 1676 †23. 3. 1732 folgt 1693 ∞ 7. 6. 1696 Magdalene Auguste, T. d. Fst. Karl Wilhelm von Anhalt-Zerbst, *13. 10. 1679 †11. 10. 1740

Kinder:
Sofie *30. 5. 1697 †29. 11. 1703

Friedrich III. (s. S. 269)

Sohn totgeb. 22. 4. 1700

Wilhelm *12. 3. 1701 †31. 5. 1771 ∞ 8. 11. 1742 Anna, T. d. H. Christian August von Holstein-Gottorp, *3. 2. 1709 †1. 2. 1758

Karl Friedrich *20. 9. 1702 †21. 11. 1703

Tochter totgeb. 8. 5. 1703

Johann August *17. 2. 1704 †8. 5. 1767 ∞ 6. 1. 1752 Luise, T. d. Gf. Heinrich I. Reuß zu Schleiz, *3. 7. 1726 †28. 5. 1773

Christian *27. 2. †5. 3. 1705

Christian Wilhelm *28. 5. 1706 †19. 7. 1748 ∞ 27. 5. 1743 Luise, T. d. Gf. Heinrich I. Reuß zu Schleiz, *3. 7. 1726 †28. 5. 1773

Ludwig Ernst *28. 12. 1707 †12. 8. 1763

Emanuel *5. 4. 1709 †10. 10. 1710

Moritz *11. 5. 1711 †3. 9. 1777

Sofie *23./24. 8. †12. 11. 1712

Karl *17. 4. 1714 †10. 7. 1715

Friederike *17. 7. 1715 †12. 5. 1775 ∞ 27. 11. 1734 Johann Adolf II. H. von Sachsen-Weißenfels *4. 9. 1685 †16. 5. 1746

Sohn totgeb. 30. 11. 1716

Magdalene Sibylle *15. 8. †9. 11. 1718

Auguste *20. 11. 1719 †8. 2. 1772 ∞ 8. 5. 1736 Friedrich Ludwig Pr. von Wales *31. 1. 1707 †1. 4. 1751

Johann Adolf *18. 5. 1721 †29. 4. 1799

Friedrich III. *14. 4. 1699 †10. 3. 1772, folgt 1732 ∞ 17. 9. 1729 Luise Dorothea, T. d. H. Ernst Ludwig I. von Sachsen-Meiningen, *10. 8. 1710 †22. 10. 1767

Kinder:
Friedrich *20. 1. 1735 †9. 6. 1756

Ludwig *25. †26. 10. 1735

Friederike Luise *30. 1. 1741 †5. 2. 1776

Ernst II. (s. u.)

Sofie *9. †30. 3. 1746

August *14. 8. 1747 †29. 9. 1806

Ernst II. *30. 1. 1745 †20. 4. 1804, folgt 1772 ∞ 21. 3. 1769 Charlotte, T. d. H. Anton Ulrich von Sachsen-Meiningen, *11. 9. 1751 †25. 4. 1827

Kinder:
Ernst *27. 2. 1770 †3. 12. 1779

August (s. S. 270)

Friedrich IV. *28. 11. 1774 †11. 2. 1825, folgt 1822

Ludwig *21. †26. 10. 1777

August *23. 11. 1772 †27. 5. 1822, folgt 1804 ∞¹) 21. 10. 1797 Luise Charlotte, T. d. Grh. Friedrich Franz I. von Mecklenburg-Schwerin, *19. 11. 1779 †4. 1. 1801 ∞²) 24. 4. 1802 Karoline Amalie, T. d. Kfst. Wilhelm I. von Hessen-Kassel, *11. 7. 1771 †22. 2. 1848

Kind:
1. Luise *21. 12. 1800 †30. 8. 1831 ∞¹) 31. 7. 1817 ⚭ 1826 Ernst I. H. von Sachsen-Coburg-Gotha *3. 1. 1784 †29. 1. 1844 ∞²) 18. 10. 1826 Alexander Frh. von Hanstein, seit 1826 Gf. von Pölzig, *9. 6. 1804 †18. 4. 1884

DIE HERZÖGE
VON SACHSEN-MEININGEN

Bernhard I. *10. 9. 1649 †27. 4. 1706, zu Meiningen 1680 ∞¹) 20. 11. 1671 Marie Hedwig, T. d. Ldgf. Georg II. von Hessen-Darmstadt, *26. 11. 1647 †19. 4. 1680 ∞²) 25. 1. 1681 Elisabeth Eleonore, T. d. H. Anton Ulrich von Braunschweig-Wolfenbüttel, *30. 9. 1658 †15. 3. 1729

Kinder:
1. Ernst Ludwig I. (s. S. 271)

1. Bernhard *28. 10. 1673 †25./26. 10. 1694

1. Johann Ernst *29. 12. 1674 †8. 2. 1675

1. Marie Elisabeth *11. 8. †22. 12. 1676

1. Johann Georg *3. 10. 1677 †10. 10. 1678

1. Friedrich Wilhelm *16. 2. 1679 †10. 3. 1746

1. Georg Ernst *26. 3. 1680 †1. 1. 1699

2. Elisabeth Ernestine *3. 12. 1681 †24. 12. 1766, Äbtissin zu Gandersheim 1713

2. Eleonore Friederike *2. 3. 1683 †13. 5. 1739, Stiftsdame in Gandersheim

2. Anton August *20. 6. †7. 12. 1684

2. Wilhelmine Luise *19. 1. 1686 †5. 10. 1753 ∞ 20. 12. 1703 Karl H. von Württemberg zu Bernstadt *11. 3. 1682 †8. 2. 1745

2. Anton Ulrich (s. S. 271)

Ernst Ludwig I. *7. 10. 1672 †24. 11. 1724, folgt 1706 ∞¹) 19. 9. 1704 Dorothea Marie, T. d. H. Friedrich I. von Sachsen-Gotha, *22. 1. 1674 †18. 4. 1713 ∞²) 3. 6. 1714 Elisabeth Sofie, T. d. Kfst. Friedrich Wilhelm von Brandenburg, *26. 3. 1674 †22. 11. 1748

Kinder:
1. Josef Bernhard *27. 5. 1706 †22. 3. 1724

1. Friedrich August *4. 11. †25. 12. 1707

1. Ernst Ludwig II. *8. 8. 1709 †24. 2. 1729 H. 1724

1. Luise Dorothea *10. 8. 1710 †22. 10. 1767 ∞ 17. 9. 1729 Friedrich III. H. von Sachsen-Gotha *14. 4. 1699 †10. 3. 1772

1. Karl Friedrich *18. 7. 1712 †28. 3. 1743 H. 1729

Anton Ulrich *22. 10. 1687 †27. 1. 1763, alleiniger H. 1746 ∞¹) 21. 2. 1727 Philippine Elisabeth, T. d. David Caesar, *6. 3. 1686 †14. 8. 1744 (Die Kinder wurden 1747 für nicht nachfolgeberechtigt erklärt.) ∞²) 26. 9. 1750 Charlotte Amalie, T. d. Ldgf. Karl von Hessen-Philippsthal, *11. 8. 1730 †7. 9. 1801

Kinder:
2. Charlotte *11. 9. 1751 †25. 4. 1827 ∞ 21. 3. 1769 Ernst II. H. von Sachsen-Gotha *30. 1. 1745 †20. 4. 1804

2. Luise *6. 8. 1752 †3. 6. 1805 ∞ 18. 10. 1781 Adolf Ldgf. von Hessen-Philippsthal zu Barchfeld *29. 6. 1743 †17. 7. 1803

2. Elisabeth *11. 9. 1753 †3. 2. 1754

2. Karl *19. 11. 1754 †21. 7. 1782, folgt 1763, Mitregent 1775 ∞ 5. 6. 1780 Luise, T. d. Fst. Christian Karl zu Stolberg-Gedern, *13. 10. 1764 †24. 5. 1834

2. Ludwig *16. 3. 1756 †25. 3. 1761

2. Friedrich Wilhelm *18. 11. 1757 †13. 4. 1758

2. Georg I. (s. u.)

2. Amalie *4. 3. 1762 †28. 5. 1798 ∞ 10. 2. 1783 Heinrich Karl Erdmann Fst. von Carolath-Beuthen *3. 11. 1759 †1. 2. 1817

Georg I. *4. 2. 1761 †24. 12. 1803, folgt 1763, Mitregent 1781, alleiniger Regent 1782 ∞ 27. 11. 1782 Luise Eleonore, T. d. Fst. Christian Albrecht zu Hohenlohe-Langenburg, *11. 8. 1763 †30. 4. 1837

Kinder:
Adelheid *13. 8. 1792 †2. 12. 1849 ∞ 11. 7. 1818 Wilhelm IV. Kg. von Großbritannien
*21. 8. 1765 †20. 6. 1837

Ida *25. 6. 1794 †4. 4. 1852 ∞ 30. 5. 1816 Bernhard H. von Sachsen-Weimar *30. 5. 1792
†31. 7. 1862

Tochter totgeb. 16. 10. 1796

Bernhard II. (s. u.)

Bernhard II. *17. 12. 1800 †3. 12. 1882, folgt 1803, selbständig 1821, verzichtet 1866
∞ 23. 3. 1825 Marie, T. d. Kfst. Wilhelm II. von Hessen-Kassel, *6. 9. 1804 †4. 1. 1888

Kinder:
Georg II. (s. u.)

Auguste *6. 8. 1843 †11. 11. 1919 ∞ 15. 10. 1862 Moritz Pr. von Sachsen-Altenburg
*24. 10. 1829 †13. 5. 1907

Georg II. *2. 4. 1826 †25. 6. 1914, folgt 1866 ∞¹) 18. 5. 1850 Charlotte, T. d. Pr. Albrecht von
Preußen, *21. 6. 1831 †30. 3. 1855 ∞²) 23. 10. 1858 Feodora, T. d. Fst. Ernst zu Hohenlohe-
Langenburg, *7. 7. 1839 †10. 2. 1872 ∞³) 18. 3. 1873 Helene, T. d. Hermann Franz,
*30. 5. 1839 †24. 3. 1923 (seit 1873 Freifrau von Heldburg)

Kinder:
1. Bernhard III. (s. u.)

1. Georg *12. 4. 1852 †27. 1. 1855

1. Marie *23. 9. 1853 †22. 2. 1923

1. Sohn *29. †30. 3. 1855

2. Ernst *27. 9. 1859 †10. 12. 1941 ∞ 20. 9. 1892 Katharina, T. d. Wilhelm Jensen,
*25. 1. 1874 (seit 1892 Freifrau von Saalfeld)

2. Friedrich (s. S. 273)

2. Viktor *14. †17. 5. 1865

Bernhard III. *1. 4. 1851 †16. 1. 1928, folgt 1914, verzichtet 1918 ∞ 18. 2. 1878 Charlotte,
T. d. deutschen Ks. Friedrich III., *24. 7. 1860 †1. 10. 1919

Kind:
Feodora *12. 5. 1879 ∞ 24. 9. 1898 Heinrich XXX. Pr. Reuß j. L. *25. 11. 1864

Friedrich *12. 10. 1861 ✗ 23. 8. 1914 ∞ 25. 4. 1889 Adelheid, T. d. Gf. Ernst zur Lippe-Biesterfeld, *22. 6. 1870

Kinder:
Feodora *29. 5. 1890 ∞ 4. 1. 1910 Wilhelm Ernst Grh. von Sachsen-Weimar *10. 6. 1876 †24. 4. 1923

Adelheid *16. 8. 1891 ∞ 3. 8. 1914 Adalbert Pr. von Preußen *14. 7. 1884

Georg (s. u.)

Ernst *23. 9. 1895 ✗ 27. 8. 1914

Luise *13. 3. 1899

Bernhard (s. u.)

Georg *11. 10. 1892 ∞ 22. 2. 1919 Klara, T. d. Gf. Alfred von Korff, gen. Schmising-Kerssenbrock, *31. 5. 1895

Kinder:
Anton Ulrich *23. 12. 1919

Friedrich Alfred *5. 4. 1921

Marie Gabriele *18. 12. 1922 †31. 3. 1923

Regina *6. 1. 1925

Bernhard *30. 6. 1901 ∞ 25. 4. 1931 Margot, T. d. Friedrich Grössler, *22. 1. 1911

Kinder:
Feodora *27. 5. 1932

Friedrich *21. 1. 1935

DIE HERZÖGE
VON SACHSEN-HILDBURGHAUSEN
UND SACHSEN-ALTENBURG

Ernst, ein Sohn des H. Ernst I. von Sachsen-Gotha, *12. 7. 1655 †17. 10. 1715, zu Hildburghausen 1680 ∞ 30. 11. 1680 Sofie, T. d. Gf. Georg Friedrich von Waldeck, *3. 8. 1662 †15. 10. 1702

Kinder:
Ernst Friedrich I. (s. u.)

Sofie *23. 12. 1682 †20. 4. 1684

Sofie Charlotte *23. 3. 1685 †4. 6. 1710

Karl *25. 7. 1686 †2. 4. 1687

Josef Friedrich *5. 10. 1702 †4. 1. 1787 ∞ 17. 4. 1738 Anna Viktoria, T. d. Pr. Ludwig Thomas von Savoyen-Carignan, *11. 9. 1683 †11. 10. 1763

Ernst Friedrich I. *21. 8. 1681 †9. 3. 1724, folgt 1715 ∞ 4. 2. 1704 Sofie Albertine, T. d. Gf. Georg Ludwig von Erbach, *30. 7. 1683 †4. 9. 1742

Kinder:
Ernst Ludwig *23. †27. 11. 1704

Sofie *5. 10. 1705 †28. 2. 1708

Ernst Ludwig *6. 2. †17. 4. 1707

Ernst Friedrich II. (s. u.)

Friedrich *8. 5. 1709 †4. 3. 1710

Ludwig Friedrich *11. 9. 1710 †10. 6. 1759 ∞ 4. 5. 1749 Christiane Luise, T. d. H. Johann Friedrich von Holstein-Plön, *27. 11. 1713 †6. 4. 1778

Tochter totgeb. 2. 8. 1711

Tochter totgeb. 24. 8. 1712

Elisabeth *3. 8. 1713 †29. 6. 1761 ∞ 5. 2. 1735 Karl I. H. von Mecklenburg-Strelitz *23. 2. 1708 †5. 6. 1752

Emanuel *26. 3. 1715 †29. 6. 1718

Elisabeth *13. 9. †4. 10. 1717

Tochter totgeb. 17. 3. 1719

Georg *15. 7. 1720 †12. 4. 1721

Sohn totgeb. 15. 12. 1721

Ernst Friedrich II. *17. 12. 1707 †13. 8. 1745, folgt 1724 ∞ 19. 6. 1726 Karoline, T. d. Gf. Philipp Karl von Erbach-Fürstenau, *29. 9. 1700 †7. 5. 1758

Kinder:
Ernst Friedrich III. (s. u.)

Albrecht *8. 8. 1728 †14. 6. 1735

Eugen *8. 10. 1730 †4. 12. 1795 ∞ 13. 3. 1778 Karoline, T. d. H. Ernst Friedrich III. von Sachsen-Hildburghausen, *3. 12. 1761 †10. 1. 1790

Amalie *21. 7. 1732 †19. 6. 1799 ∞ 28. 1. 1749 Ludwig Fst. zu Hohenlohe-Oehringen *23. 5. 1723 †27. 7. 1805

Ernst Friedrich III. *10. 6. 1727 †23. 9. 1780, folgt 1745 ∞¹) 1. 10. 1749 Luise, T. d. Kg. Christian VI. von Dänemark, *16. 10. 1726 †8. 8. 1756 ∞²) 20. 1. 1757 Christiane, T. d. Mkgf. Friedrich Christian von Brandenburg-Bayreuth, *15. 10. 1733 †8. 10. 1757 ∞³) 1. 7. 1758 Ernestine, T. d. H. Ernst August I. von Sachsen-Weimar, *4. 1. 1740 †10. 6. 1786

Kinder:
1. Sofie *5. 12. 1755 †10. 1. 1756

2. Sofie *4. †17. 10. 1757

3. Sofie *22. 2. 1760 †28. 10. 1776 ∞ 6. 3. 1776 Franz H. von Sachsen-Saalfeld *15. 7. 1750 †9. 12. 1806

3. Karoline *3. 12. 1761 †10. 1. 1790 ∞ 13. 3. 1778 Eugen Pr. von Sachsen-Hildburghausen *8. 10. 1730 †4. 12. 1795

3. Friedrich (s. u.)

Friedrich *29. 4. 1763 †29. 9. 1834, folgt 1780, selbständig 1787, zu Altenburg 1826 ∞ 3. 9. 1785 Charlotte, T. d. Grh. Karl II. von Mecklenburg-Strelitz, *17. 11. 1769 †14. 5. 1818

Kinder:
Friedrich *12. 6. †30. 7. 1786

Charlotte *17. 6. 1787 †12. 12. 1847 ∞ 28. 9. 1805 Paul H. von Württemberg *19. 1. 1785 †16. 4. 1852

Auguste * und †29. 7. 1788

Josef (s. S. 276)

Friederike *18. 1. †25. 3. 1791

Therese *8. 7. 1792 †26. 10. 1854 ∞ 12. 10. 1810 Ludwig I. Kg. von Bayern *25. 8. 1786 †29. 2. 1868

Luise *28. 1. 1794 †6. 4. 1825 ∞ 24. 6. 1813 Wilhelm H. von Nassau *14. 6. 1792 †20. 8. 1839

Franz *13. 4. 1795 †30. 5. 1800

Georg (s. u.)

Friedrich *4. 10. 1801 †1. 7. 1870

Maximilian *19. 2. †29. 3. 1803

Eduard (s. u.)

Josef *27. 8. 1789 †25. 11. 1868, folgt 1834, verzichtet 1848 ∞ 24. 4. 1817 Amalie, T. d. H. Ludwig von Württemberg, *28. 6. 1799 †28. 11. 1848

Kinder:
Marie *14. 4. 1818 †9. 1. 1907 ∞ 18. 2. 1843 Georg V. Kg. von Hannover *27. 5. 1819 †12. 6. 1878

Pauline *24. 11. 1819 †11. 1. 1825

Therese *9. 10. 1823 †3. 4. 1915

Elisabeth *26. 3. 1826 †2. 2. 1896 ∞ 10. 2. 1852 Peter II. Grh. von Oldenburg *8. 7. 1827 †13. 6. 1900

Alexandra *8. 7. 1830 †6. 7. 1911 ∞ 11. 9. 1848 Konstantin Gfst. von Rußland *21. 9. 1827 †25. 1. 1892

Luise *4. 6. 1832 †29. 8. 1833

Georg *24. 7. 1796 †3. 8. 1853, folgt 1848 ∞ 7. 10. 1825 Marie, T. d. Erbgrh. Ludwig von Mecklenburg-Schwerin, *31. 3. 1803 †26. 10. 1862

Kinder:
Ernst I. (s. S. 277)

Albrecht *31. 10. 1827 †28. 5. 1835

Moritz (s. S. 277)

Eduard *3. 7. 1804 †16. 5. 1852 ∞¹) 25. 7. 1835 Amalie, T. d. Fst. Karl von Hohenzollern-Sigmaringen, *30. 4. 1815 †14. 1. 1841 ∞²) 8. 3. 1842 Luise, T. d. Fst. Heinrich XIX. Reuß zu Greiz, *3. 12. 1822 †28. 5. 1875

Kinder:
1. Therese *21. 12. 1836 †9. 11. 1914 ∞ 16. 4. 1864 August Pr. von Schweden *24. 8. 1831 †4. 3. 1873

1. Antoinette *17. 4. 1838 †13. 10. 1908 ∞ 22. 4. 1854 Friedrich H. von Anhalt-Dessau *29. 4. 1831 †24. 1. 1904

1. Ludwig *24. 9. 1839 †13. 2. 1844

1. Johann *8. 1. 1841 †25. 2. 1844

2. Albert (s. u.)

2. Marie *28. 6. 1845 †5. 7. 1930 ∞ 12. 6. 1869 Karl Günther Fst. von Schwarzburg-Sondershausen *7. 8. 1830 †28. 3. 1909

Ernst I. *16. 9. 1826 †7. 2. 1908, folgt 1853 ∞ 28. 4. 1853 Agnes, T. d. H. Leopold von Anhalt-Dessau, *24. 6. 1824 †23. 10. 1897

Kinder:
Marie *2. 8. 1854 †8. 10. 1898 ∞ 19. 4. 1873 Albrecht Pr. von Preußen *8. 5. 1837 †13. 9. 1906

Georg *1. †29. 2. 1856

Moritz *24. 10. 1829 †13. 5. 1907 ∞ 15. 10. 1862 Auguste, T. d. H. Bernhard II. von Sachsen-Meiningen, *6. 8. 1843 †11. 11. 1919

Kinder:
Marie Anna *4. 3. 1864 †3. 5. 1918 ∞ 16. 4. 1882 Georg Fst. zu Schaumburg-Lippe *10. 10. 1846 †29. 4. 1911

Elisabeth *25. 1. 1865 †24. 3. 1927 ∞ 27. 4. 1884 Konstantin Gfst. von Rußland *22. 8. 1858 †14. 6. 1915

Margarete *22. 5. 1867 †17. 6. 1882

Ernst II. (s. S. 278)

Luise *11. 8. 1873 ∞ 6. 2. 1895 ⚮ 1918 Eduard H. von Anhalt *18. 4. 1861 †13. 9. 1918

Albert *14. 4. 1843 †22. 5. 1902 ∞¹) 6. 5. 1885 Marie, T. d. Pr. Friedrich Karl von Preußen, *14. 9. 1855 †20. 6. 1888 ∞²) 13. 12. 1891 Helene, T. d. Grh. Georg von Mecklenburg-Strelitz, *16. 1. 1857

Kinder:
1. Olga Elisabeth *17.4.1886 ∞ 20.5.1913 Karl Friedrich Gf. von Pückler-Burghaus *7.10.1886

1. Maria *6.6.1888 ∞ 20.4.1911 ⚭ 1921 Heinrich XXXV. Pr. Reuß j. L. *1.8.1887

Ernst II. *31.8.1871, folgt 1908, verzichtet 1918 ∞ 17.2.1898 Adelheid, T. d. Pr. Wilhelm zu Schaumburg-Lippe, *22.9.1875

Kinder:
Charlotte Agnes *4.3.1899 ∞ 11.7.1919 Sigismund Pr. von Preußen *27.11.1896

Georg Moritz *13.5.1900

Elisabeth *6.4.1903

Friedrich Ernst *15.5.1905

DIE HERZÖGE
VON SACHSEN-COBURG-SAALFELD UND SACHSEN-COBURG-GOTHA (I)

Johann Ernst, ein Sohn des H. Ernst I. von Sachsen-Gotha, *22.8.1658 †17.12.1729, zu Saalfeld 1680 ∞¹) 18.2.1680 Sofie, T. d. H. Christian I. von Sachsen-Merseburg, *4.8.1660 †2.8.1686 ∞²) 2.12.1690 Charlotte Johanna, T. d. Fst. Josias von Waldeck, *13.12.1664 †1.2.1699

Kinder:
1. Christiane Sofie *14.6.1681 †3.6.1697

1. Tochter totgeb. 6.5.1682

1. Christian Ernst *18.8.1683 †4.9.1745, folgt 1729 mit s. Halbbruder Franz Josias ∞ 18.8.1724 Christiane von Coss *24.8.1686 †15.5.1743

1. Charlotte Wilhelmine *4.6.1685 †5.4.1767 ∞ 26.12.1705 Philipp Reinhard Gf. von Hanau-Lichtenberg *2.8.1664 †4.10.1712

2. Wilhelm Friedrich *16.8.1691 †28.7.1720

2. Karl Ernst *2.9.1692 †30.12.1720

2. Sofie Wilhelmine *9. 8. 1693 †4. 12. 1727 ∞ 8. 2. 1720 Friedrich Anton Fst. von Schwarzburg-Rudolstadt *14. 8. 1692 †1. 9. 1744

2. Henriette Albertine *8. 7. 1694 †1. 4. 1695

2. Luise Emilie *24. 8. 1695 †21. 8. 1713

2. Charlotte *30. 10. †2. 11. 1696

2. Franz Josias (s. u.)

2. Henriette Albertine *20. 11. 1698 †5. 2. 1728

Franz Josias *25. 9. 1697 †16. 9. 1764, folgt mit seinem Halbbruder Christian Ernst 1729,
alleiniger H. 1745 ∞ 2. 1. 1723 Anna Sofie, T. d. Fst. Ludwig Friedrich I. von Schwarzburg-Rudolstadt, *9. 9. 1700 †11. 12. 1780

Kinder:
Ernst Friedrich (s. u.)

Johann Wilhelm *11. 5. 1726 ✕ 4. 6. 1745

Anna Sofie *3. 9. 1727 †10. 11. 1728

Christian Franz *25. 1. 1730 †18. 9. 1797

Charlotte Sofie *24. 9. 1731 †2. 8. 1810 ∞ 13. 5. 1755 Ludwig Pr. von Mecklenburg-
Schwerin *6. 8. 1725 †12. 9. 1778

Friederike Magdalene *21. 8. 1733 †29. 3. 1734

Friederike Karoline *24. 6. 1735 †18. 2. 1791 ∞ 22. 11. 1754 Karl Alexander Mkgf. von
Brandenburg-Ansbach *24. 2. 1736 †5. 1. 1806

Friedrich Josias *26. 12. 1737 †26. 2. 1815, kaiserl. Generalfeldmarschall
∞ Therese Stroffek (Nachkommen sind die Frh. von Rohmann)

Ernst Friedrich *8. 3. 1724 †8. 9. 1800, folgt 1764 ∞ 23. 4. 1749 Sofie Antonie, T. d. H.
Ferdinand Albrecht II. von Braunschweig-Wolfenbüttel, *23. 1. 1724 †17. 5. 1802

Kinder:
Franz (s. S. 280)

Karl *21. 11. 1751 †16. 2. 1757

Juliane *14. †24. 9. 1752

Karoline *19. 10. 1753 †1. 10. 1829, Dechantin des Frauenstifts zu Gandersheim 1795

Ludwig *2. 1. 1755 †5. 7. 1806

Heinrich *12. 4. 1756 †8. 7. 1758

Friedrich *4. 3. †26. 6. 1758

Franz *15. 7. 1750 †9. 12. 1806, folgt 1800 ∞¹) 6. 3. 1776 Sofie, T. d. H. Ernst Friedrich III. von Sachsen-Hildburghausen, *22. 2. 1760 †28. 10. 1776 ∞²) 13. 6. 1777 Auguste, T. d. Gf. Heinrich XXIV. Reuß zu Ebersdorf, *9. 1. 1757 †16. 11. 1831

Kinder:
2. Sofie *19. 8. 1778 †8./9. 7. 1835 ∞ 23. 2. 1804 Emanuel Gf. von Mensdorff-Pouilly *24. 1. 1777 †28. 6. 1852

2. Antoinette *28. 8. 1779 †14. 3. 1824 ∞ 17. 11. 1798 Alexander H. von Württemberg *24. 4. 1771 †4. 7. 1833

2. Juliane *23. 9. 1781 †15. 8. 1860 ∞ 26. 2. 1796 ⚮ 1820 Konstantin Gfst. von Rußland *8. 5. 1779 †27. 6. 1831

2. Ernst I. (s. u.)

2. Ferdinand (s. u.)

2. Viktoria *17. 8. 1786 †16. 3. 1861 ∞¹) 21. 12. 1803 Karl Fst. zu Leiningen *27. 9. 1763 †4. 7. 1814 ∞²) 29. 5. 1818 Eduard H. von Kent *2. 11. 1767 †23. 1. 1820

2. Marianne *7. 8. 1788 †23. 8. 1794

2. Leopold I. *16. 12. 1790 †10. 12. 1865 Kg. der Belgier 1831 ∞¹) 2. 5. 1816 Charlotte, T. d. Kg. Georg IV. von Großbritannien, *7. 1. 1796 †5. 11. 1817 ∞²) 9. 8. 1832 Luise, T. d. Kg. Ludwig Philipp I. von Frankreich, *3. 4. 1812 †11. 10. 1850

2. Maximilian *12. 12. 1792 †3. 1. 1793

Ernst I. *2. 1. 1784 †29. 1. 1844, folgt 1806, zu Coburg-Gotha 1826 ∞¹) 31. 7. 1817 ⚮ 1826 Luise, T. d. H. August von Sachsen-Altenburg, *21. 12. 1800 †30. 8. 1831 ∞²) 23. 12. 1832 Marie, T. d. H. Alexander von Württemberg, *17. 12. 1799 †24. 9. 1860

Kinder:
1. Ernst II. *21. 6. 1818 †22. 8. 1893, folgt 1844 ∞ 3. 5. 1842 Alexandrine, T. d. Grh. Leopold von Baden, *6. 12. 1820 †20. 12. 1904

1. Albert (s. S. 281)

Ferdinand *28. 3. 1785 †27. 8. 1851, kathol. 1816 ∞ 2. 1. 1816 Antonie, T. d. Fst. Franz Josef von Kohary, *2. 7. 1797 †25. 9. 1862

Kinder:
Ferdinand *29. 10. 1816 †17. 12. 1885, Kg. von Portugal 1837 ∞ 9. 4. 1836 Maria II. Kgn. von Portugal, *4. 4. 1819 †15. 11. 1853

August (s. u.)

Viktoria *14. 2. 1822 †10. 11. 1857 ∞ 27. 4. 1840 Ludwig H. von Nemours *25. 10. 1814 †26. 6. 1896

Leopold *31. 1. 1824 †20. 5. 1884 ∞ 23. 4. 1861 Konstantine, T. d. Josef Geiger, *16. 10. 1835 †24. 8. 1890 (seit 1862 Freifrau von Ruttenstein)

Albert *26. 8. 1819 †14. 12. 1861 ∞ 10. 2. 1840 Viktoria Kgn. von Großbritannien, T. d. H. Eduard von Kent, *24. 5. 1819 †22. 1. 1901

Kinder (u. a.):
Alfred I. *6. 8. 1844 †30. 7. 1900 (s. S. 282)

Leopold *7. 4. 1853 †28. 3. 1884 (s. S. 282)

August *13. 6. 1818 †26. 7. 1881 ∞ 20. 4. 1843 Klementine, T. d. Kg. Ludwig Philipp I. von Frankreich, *3. 6. 1817 †16. 2. 1907

Kinder:
Philipp (s. u.)

August *9. 8. 1845 †14. 9. 1907 (s. S. 282)

Klotilde *8. 7. 1846 †3. 6. 1927 ∞ 12. 5. 1864 Josef Eh. von Österreich *2. 3. 1833 †13. 6. 1905

Amalie *23. 10. 1848 †6. 5. 1894 ∞ 20. 9. 1875 Maximilian H. in Bayern *7. 12. 1849 †12. 6. 1893

Ferdinand *26. 2. 1861, Fst. von Bulgarien 1887, Kg. 1908, verzichtet 1918 ∞¹) 20. 4. 1893 Marie Luise, T. d. H. Robert von Parma, *17. 1. 1870 †31. 1. 1899 ∞²) 28. 2. 1908 Eleonore, T. d. Fst. Heinrich IV. Reuß j. L., *22. 8. 1860 †12. 9. 1917

Philipp *28. 3. 1844 †4. 7. 1921 ∞ 4. 2. 1875 ⚮ 1906 Luise, T. d. Kg. Leopold II. von Belgien, *18. 2. 1858 †1. 3. 1924

Kinder:
Leopold *19. 7. 1878 †27. 4. 1916

Dorothea *30. 4. 1881 ∞ 2. 8. 1898 Ernst Günther H. zu Schleswig-Holstein *11. 8. 1863 †22. 2. 1921

DIE HERZÖGE
VON SACHSEN-COBURG-GOTHA (II)

Alfred I. *6. 8. 1844 †30. 7. 1900, zu Coburg 1893 ∞ 23. 1. 1874 Maria, T. d. Ks. Alexander II. von Rußland, *5. 10. 1853 †24. 10. 1920

Kinder:
Alfred *15. 10. 1874 †6. 2. 1899

Maria *29. 10. 1875 ∞ 10. 1. 1893 Ferdinand Kg. von Rumänien *24. 8. 1865 †20. 7. 1927

Viktoria Melita *25. 11. 1876 ∞¹) 19. 4. 1894 ⚭ 1901 Ernst Ludwig Grh. von Hessen *25. 11. 1868 ∞²) 8. 10. 1905 Kirill Gfst. von Rußland *30. 9. 1876

Alexandra *1. 9. 1878 ∞ 20. 4. 1896 Ernst Fst. zu Hohenlohe-Langenburg *13. 9. 1863

Tochter totgeb. 13. 10. 1879

Beatrice *20. 4. 1884 ∞ 15. 7. 1909 Alfons Pr. von Orléans, *12. 11. 1886

Leopold *7. 4. 1853 †28. 3. 1884 H. von Albany ∞ 27. 4. 1882 Helene, T. d. Fst. Georg von Waldeck, *17. 2. 1861 †1. 9. 1922

Kinder:
Alice *25. 2. 1883 ∞ 10. 2. 1904 Alexander Fst. von Teck *14. 4. 1874

Karl Eduard (s. u.)

Karl Eduard *19. 7. 1884, folgt 1900, selbständig 1905, verzichtet 1918 ∞ 11. 10. 1905 Viktoria Adelheid, T. d. H. Friedrich-Ferdinand zu Schleswig-Holstein-Glücksburg, *31. 12. 1885

Kinder:
Johann Leopold *2. 8. 1906 ∞ 14. 3. 1932 Feodora, T. d. Frh. Bernhard von der Horst, *7. 7. 1905 (eine Tochter)

Sibylla *18. 1. 1908 ∞ 20. 10. 1932 Gustav Adolf Pr. von Schweden *22. 4. 1906

Hubertus *24. 8. 1909

Karoline Matilde *22. 6. 1912 ∞ 14. 12. 1931 Friedrich Wolfgang Gf. zu Castell-Rüdenhausen *27. 6. 1906

Friedrich Josias *29. 11. 1918

August *9. 8. 1845 †14. 9. 1907 ∞ 15. 12. 1864 Leopoldine, T. d. Ks. Pedro II. von Brasilien, *13. 7. 1847 †7. 2. 1871

Kinder:
Peter *19. 3. 1866 †..7. 1934

August Leopold (s. u.)

Josef *21. 5. 1869 †13. 8. 1888

Ludwig (s. u.)

August Leopold *6. 12. 1867 †11. 10. 1922 ∞ 30. 5. 1894 Karoline, T. d. Eh. Karl Salvator von Österreich, *5. 9. 1869

Kinder:
August *27. 10. 1895 †22. 9. 1909

Klementine *23. 3. 1897 ∞ 10.(17.)11. 1925 Eduard von Heller

Maria *10. 1. 1899

Rainer *4. 5. 1900 ∞ 1930 Johanna Károlyi de Károly-Patty, *17. 9. 1906 (ein Sohn)

Philipp Josias *18. 8. 1901

Theresia *23. 8. 1902 ∞ 6. 10. 1930 Lamoral Frh. Taxis von Bordogna *7. 12. 1900

Leopoldine *13. 5. 1905

Ernst *25. 2. 1907

Ludwig *15. 9. 1870 ∞¹) 1. 5. 1900 Matilde, T. d. Kg. Ludwig III. von Bayern, *17. 8. 1877 †6. 8. 1906 ∞²) 30. 11. 1907 Anna, T. d. Fst. Karl von und zu Trautmannsdorff-Weinsberg, *27. 5. 1873

Kinder:
1. Antonius *17. 6. 1901

1. Maria Immakulata *10. 9. 1904

2. Josefine *20. 9. 1911

Die Grafen von Schwarzburg-Leutenberg und Schwarzburg-Wachsenburg

Günther XII. †1308 ∞ Mechtild, T. d. Gf. Günther VI. von Käfernburg, † um 1334

Kinder:
Heinrich IX. (s. u.)

Günther XVIII. (s. u.)

Heinrich IX. † nach 15. 6. 1356

Kind:
Heinrich XV. (s. u.)

Günther XVIII. †1354, zu Wachsenburg ∞ vor 1326 Richza, T. d. Gf. Konrad III. von Schlüsselburg, † nach 1348

Kinder:
Johann II. (s. S. 285)

Günther XXVI. †Ende 1362

Sighard I. †1367, Johanniter

Heinrich XIV. † nach 1363, Johanniter

Sofie † nach 11. 11. 1361 ∞ Hermann III. von Kranichfeld † um 1361

Heinrich XV. †1402, zu Leutenberg 1362 ∞ Anna, T. d. Gf. Heinrich VI. von Gleichen-Tonna, † nach 26. 10. 1412

Kinder:
Heinrich XXII. (s. S. 285)

Albrecht V. †15. 7. 1421, Deutschordensritter

Günther XXXIV. † um 1440, nimmt seit 1408 teil an der Regierung

Sighard II. †1435, Domherr zu Eichstätt 1424, nimmt seit 1408 teil an der Regierung

Agnes ∞ 1414 Bernhard I. Gf. von Reinstein †1458

Helene Nonne zu Ilm

Johann II. *1327 †5. 1407 ∞ 1358 Richza, T. d. Gf. Poppo IX. von Henneberg, † um 1379

Kinder:
Günther XXX. (s. u.)

Heinrich XIX. †1395

Johann III. ✗ 14. 5. 1377

Richza † nach 1416 ∞ um 1370 Dietrich VIII. Gf. von Hohnstein †1400

Balthasar I. †1396

Anna † vor 1412 ∞? Albrecht II. Bggf. von Kirchberg †1427

Heinrich XXII. *1375 †1438 ∞ Elisabeth † nach 1448

Kinder:
Kunigunde ∞ Mathäus Gf. Schlick von Passaun

Heinrich XXV. (s. u.)

Günther XXX. †1395 ∞ 1367 Jutta, T. d. Gf. Heinrich XII. von Schwarzburg-Blankenburg

Kinder:
Heinrich XXI. (s. u.)

Günther XXXII. (s. S. 286)

Anna †1450, Äbtissin zu Ilm

Heinrich XXV. *1412 †1463 ∞ Brigitte, T. d. Heinrich von Gera, † nach 1490

Kinder:
Elisabeth †1527, Äbtissin zu Ilm

Balthasar II. (s. S. 286)

Matilde ∞ 18. 2. 1479 Heinrich III. Bggf. von Meißen †1492

Heinrich XXI. *1376/80 †1406 ∞ 29. 10. 1398 Margarete, T. d. Konrad IV. von Hohenlohe-Brauneck, †1429

Kind:
Mechtild †1435 ∞ 29. 10. 1398 Johann II. Gf. von Wertheim †1444

Günther XXXII. † Ende 1. 1450 ∞¹) um 1413 Mechtild, T. d. Gf. Heinrich XI. (XIII.) von Henneberg-Schleusingen, †1435/44 ∞²) Katharina, T. d. Friedrich IX. von Schönburg-Lichtenstein, † nach 18. 2. 1453

Kinder:
1. Margarete ∞¹) Otto II. Bggf. von Leisnig † um 1447 ∞²) um 1452 Heinrich V. von Wildenfels † nach 1464

1. Ursula †1461 ∞¹) 1426 Gebhard V. Gf. von Mansfeld †1441 ∞²) 1442 Ludwig Gf. von Gleichen †25. 4. 1467

1. Mechtild †1446 ∞ vor 5. 5. 1439 Heinrich Reuß zu Lobenstein *14. 1. 1406 † vor 21. 8. 1482

Balthasar II. *1453 †18. 6. 1525, folgt 1463, verzichtet 1521 ∞ 1495 Anna Edle Sack zu Müldorf

Kinder:
Johann Heinrich (s. u.)

Georg Philipp †19. 1. 1499

Johann Heinrich *1496 †14. 3. 1555, folgt 1521 ∞ 1527 Margarete, T. d. Heinrich von Weida, †nach 1569

Kinder:
Heinrich XXXV. † jung

Balthasar III. †1555

Gerhard II. † jung

Albrecht VI. *um 1530 †26. 1. 1555

Sighard III. †1560

Margarete †18. 3. 1559 ∞¹) 6. 5. 1550 Heinrich Reuß zu Schleiz †7. 8. 1550 ∞²) 8. 9. 1551 Otto II. H. von Braunschweig-Harburg *25. 9. 1528 †26. 10. 1603

Katharina †1568 ∞¹) 1556 Ernst VI. Gf. von Hohnstein †22. 6. 1562 ∞²) 1568 Botho Gf. von Reinstein *7. 1. 1531 †4. 10. 1594

Philipp I. *um 1540 †8. 10. 1564, folgt 1555, selbständig 1559 ∞ 1559 Katharina, T. d. H. Philipp I. von Braunschweig-Grubenhagen, *30. 8. 1524 †24. 2. 1581

Elisabeth Brigitte †23. 6. 1564 ∞ 1556 Heinrich I. Gf. Reuß zu Plauen *29. 12. 1530 †6. 4. 1572

DIE GRAFEN
VON SCHWARZBURG-BLANKENBURG
(1488–1583)
UND SCHWARZBURG-SONDERSHAUSEN
(1583–1721)

Heinrich XXVI. *23. 10. 1418 †13. 1. 1488 ∞ 15. 7. 1434 Elisabeth, T. d. H. Heinrich Adolf von Kleve, *1. 10. 1420 †3. 1488

Kinder:
Günther XXXVI. (s. u.)

Heinrich XXVII. *13. 11. 1440 †24. 12. 1496 Eb. von Bremen 1463, B. von Münster 1466

Katharina *2. 2. 1442 †1484 ∞¹) 5. 11. 1458 Busso VII. Gf. von Mansfeld †23. 9. 1460 ∞²) 1465 Sigmund I. Gf. von Gleichen *um 1422 †8. 3. 1494

Günther XXXVII. *8. 6. 1443 †1443

Heinrich XXVIII. *19. 11. 1445 †22. 2. 1481, Domherr zu Köln und Mainz

Günther XXXVIII. (s. S. 288)

Heinrich XXIX. *10. 8. 1452 †31. 3. 1499, Dompropst zu Hildesheim, Propst von Jechaburg und Pfarrer von Rudolstadt 1481

Günther XXXIX. (s. S. 288)

Heinrich XXX. *31. 12. 1456 †4. 5. 1522, Dompropst zu Straßburg, Propst von Jechaburg 1499

Marie *16. 6. 1458 †1458

Marie *4. 11. †9. 12. 1459

Günther XXXVI. *8. 7. 1439 †3. 12. 1503, folgt 1488, verzichtet 1493 ∞ 5. 11. 1458 Margarete, T. d. Gf. Wilhelm IV. von Henneberg, *10. 10. 1444 †3. 3. 1485

Kinder:
Margarete * und †26. 1. 1462

Margarete *16. 6. 1464 †1. 7. 1539 ∞ 24. 1. 1485 Waldemar VI. Fst. von Anhalt-Zerbst *1450 †1508

Günther XXXVIII. *1450 †19. 11. 1484 ∞ 1470 Katharina, T. d. Bruno VIII. von Querfurt, †22. 2. 1521

Kinder:
Heinrich XXXI. (s. u.)

Katharina †27. 11. 1514 ∞ 1496 Reinhard IV. Gf. von Hanau-Münzenberg *14. 3. 1473 †30. 1. 1512

Margarete *1482 †1518 ∞ 1502 Johann VI. Ldgf. von Leuchtenberg †21. 5. 1531

Barbara †1523, Äbtissin zu Ilm 1522

Günther XXXIX. *30. 5. 1455 †8. 8. 1531, folgt 1493 ∞ um 25. 4. 1493 Amalie, T. d. Gf. Volrat III. von Mansfeld, †18. 7. 1517

Kinder:
Ottilie *11. 9. 1495 †1540 ∞ 7. 6. 1523 Karl Erbschenk von Limpurg *17. 3. 1498 †2. 9. 1548

Anna *23. 2. 1497 †1546 ∞ 17. 6. 1516 Johann V. Gf. von Isenburg-Birstein *1476 †18. 5. 1533

Heinrich XXXII. (s. u.)

Heinrich XXXI. *11. 1473 †4. 8. 1526, regiert seit 1491, verzichtet 1524 ∞¹) 1499 Magdalene, T. d. Gf. Ernst IV. von Hohnstein, †28. 6. 1504 ∞²) 19. 8. 1506 Anna, T. d. Gf. Adolf III. von Nassau-Wiesbaden, *um 1488 †10. 11. 1550

Kinder:
Günther XL. (s. S. 289)

1. Anna *7. 9. 1500 † um 1525, Nonne

1. Margarete *19. 5. 1502 †3. 1540, Äbtissin zu Ilm

1. Heinrich XXXIII. *5. 2. 1504 †5. 8. 1528

1. Heinrich XXXIV. *7. 8. 1507 †16. 1. 1537 ∞ um 2. 2. 1531 Margarete von Schönberg †1537

Heinrich XXXII. *23. 3. 1499 †12. 7. 1538, folgt 1531 ∞ 14. 11. 1524 Katharina, T. d. Gf. Wilhelm VII. von Henneberg-Schleusingen, *14. 1. 1509 †7. 11. 1567

Kinder:
Anastasia *31. 3. 1526 †1. 4. 1570 ∞ 6. 6. 1546 Wolrad II. Gf. von Waldeck-Eisenberg *27. 3. 1509 †15. 4. 1578

Heinrich Wilhelm * und †31.1.1527

Amalie *23.3.1528 † nach 9.5.1589 ∞ 1549 Christof Gf. von Mansfeld *11.9.1520 †20.8.1591

Wilhelm Heinrich *9.3.1529 † bald

Günther Wilhelm *4.7.1530 † bald

Anna Marie *7.12.1538 †11.8.1583 ∞ 8.10.1554 Samuel Gf. von Waldeck-Wildungen *2.5.1528 †6.1.1570

Günther XL. *31.10.1499 †10.11.1552, folgt 1525 ∞ 19.11.1528 Elisabeth, T. d. Gf. Philipp von Isenburg-Kelsterbach, †14.5.1572

Kinder:
Günther XLI. *25.9.1529 †23.5.1583, folgt 1552 ∞ 17.11.1560 Katharina, T. d. Gf. Wilhelm I. von Nassau-Dillenburg, *29.12.1543 †25.12.1624

Magdalene *6.9.1530 †7.9.1565 ∞ 29.10.1552 Johann Albrecht Gf. von Mansfeld *1522 †8.7.1586

Amalie *3.11.1531 †1542

Johann Günther I. (s.u.)

Wilhelm *4.10.1534 †30.9.1597, zu Frankenhausen 1570 ∞¹) 6.4.1567 Elisabeth, T. d. Gf. Joachim von Schlick, †23.11.1590 ∞²) 7.3.1593 Klara, T. d. H. Wilhelm von Braunschweig-Lüneburg, *16.1.1571 †18.7.1658

Philipp I. *12.4.1536 †1536

Albrecht VII. *16.1.1537 †10.4.1605, folgt 1552, erhält 1583 Rudolstadt ∞¹) 14.6.1575 Juliane, T. d. Gf. Wilhelm I. von Nassau-Dillenburg, *11.2.1546 †31.8.1588 ∞²) 2.3.1591 Elisabeth, T. d. Gf. Reinhard II. von Leiningen-Westerburg, *29.7.1568 †27.10.1617 (s. S. 295)

Otto Heinrich *15.7.1538 †1539

Anna Sibylle *25.10.1540 †3.8.1578 ∞ 24.6.1571 Ludwig III. Gf. von Isenburg-Birstein *30.5.1529 †7.2.1588

Elisabeth *13.4.1541 †26.12.1612 ∞ 29.7.1576 Johann XVI. Gf. von Oldenburg *9.9.1540 †12.11.1603

Johann Günther I: *20.12.1532 †28.10.1586, erhält 1583 Sondershausen ∞ 16.2.1566 Anna, T. d. Gf. Anton I. von Oldenburg, *3.4.1539 †25.8.1579

Kinder:
Ursula *23. 3. †18. 9. 1568

Sofie Elisabeth *23. 3. 1568 †15. 9. 1621

Klara *12. 5. 1569 †8. 5. 1639

Günther XLII. *7. 9. 1570 †7. 1. 1643

Anton Heinrich *7. 10. 1571 †10. 8. 1638

Katharina *18. 10. 1572 †25. 11. 1626

Sabine *12. 10. 1573 †14. 12. 1628

Anna *19. 10. 1574 †3. 11. 1640

Marie *27. 3. 1576 †22. 6. 1577

Johann Günther II. *3. 5. 1577 †16. 12. 1631

Christian Günther I. (s. u.)

Dorothea *23. 8. 1579 †5. 7. 1639 ∞ 26. 11. 1604 Alexander H. von Holstein-Sonderburg *20. 1. 1573 †13. 3. 1627

Christian Günther I. *11. 5. 1578 †25. 11. 1642, folgt 1586 ∞ 15. 11. 1612 Anna Sibylle, T. d. Gf. Albrecht VII. von Schwarzburg-Rudolstadt, *14. 3. 1584 †22. 8. 1623

Kinder:
Anna Juliane *20. 9. 1613 †28. 11. 1652

Johann Günther III. *10. 4. 1615 †11. 3. 1616

Christian Günther II. (s. S. 291)

Katharina Elisabeth *28. 8. 1617 †17. 1. 1701 ∞ 23. 11. 1642 Heinrich II. Gf. Reuß zu Gera *14. 8. 1602 †28. 5. 1670

Eleonore Sofie *6. 12. 1618 †1. 1. 1631

Anton Günther I. (s. S. 291)

Ludwig Günther II. (s. S. 292)

Sofie Elisabeth *16. 2. 1622 †30. 9. 1677

Klara Sabine *26. 4. 1623 †14. 1. 1654

Christian Günther II. *1. 4. 1616 †10. 4. 1666, folgt in Arnstadt 1642 ∞ 28. 2. 1645 Sofie Dorothea, T. d. Gf. Georg von Mörsburg, †11. 4. 1685

Kinder:
Sibylle Juliane *20. 7. 1646 †5. 4. 1698 ∞ 2. 4. 1668 Heinrich I. Gf. Reuß zu Obergreiz *3. 5. 1627 †8. 3. 1681

Sofie Dorothea *8. 6. 1647 †29. 4. 1708 ∞ 10. 6. 1672 Ernst Gf. von Stolberg-Ilsenburg *25. 3. 1650 †9. 11. 1710

Klara Sabine *4. 7. 1648 †18. 4. 1698

Christine Elisabeth *6. 4. 1651 †2. 1. 1670

Eleonore Katharina *4. 3. 1653 †31. 7. 1685

Johann Günther IV. *30. 6. 1654 †29. 8. 1669

Anton Günther I. *9. 1. 1620 †19. 8. 1666, folgt in Sondershausen 1642 ∞ 29. 10. 1644 Marie Magdalene, T. d. Pfgf. Georg Wilhelm von Birkenfeld, *29. 7. 1622 †27. 10. 1689

Kinder:
Anna Dorothea *18. 8. 1645 †1. 7. 1716 ∞ 20. 6. 1672 Heinrich IV. Gf. Reuß zu Gera *13. 3. 1650 †13. 3. 1686

Christian Wilhelm *6. 1. 1647 †10. 5. 1721, erhält Sondershausen 1681, erbt Arnstadt 1716, Fst. 1697 ∞¹) 22. 8. 1673 Antonie Sibylle, T. d. Gf. Albert Friedrich von Barby, *7. 4. 1641 †2. 5. 1684 ∞²) 25. 9. 1684 Wilhelmine Christiane, T. d. H. Johann Ernst von Sachsen-Weimar, *26. 11. 1658 †30. 6. 1712 (s. S. 292)

Klara Juliane *1. 5. 1648 †2. 1. 1739

Eleonore Sofie *14. 9. 1650 †26. 4. 1718

Anton Günther II. *10. 10. 1653 †20. 12. 1716, erhält Arnstadt 1681, Fst. 1697 ∞ 6. 8. 1684 Auguste Dorothea, T. d. H. Anton Ulrich von Braunschweig-Wolfenbüttel, *16. 12. 1666 †12. 7. 1751

Marie Magdalene *29. 7. 1655 †16. 5. 1727

Georg Friedrich *2. 3. 1657 †1657

Georg Ernst *27. 9. 1658 †12. 1. 1659

Ludwig Günther III. *1660 †2. 3. 1660

Johanna Elisabeth *23. 12. 1662 †16. 5. 1720

Ludwig Günther II. *2. 3. 1621 †20. 7. 1681, folgt in Ebeleben 1642 ∞ 30. 9. 1669 Konkordia, T. d. Gf. Johann von Sayn-Wittgenstein, *28. 10. 1648 †25. 1. 1683

Kinder:
Anna Auguste *16. 12. 1671 †7. 2. 1688

Konkordia *19. 12. 1672 †22. 7. 1687

Die Fürsten
von Schwarzburg-Sondershausen

Christian Wilhelm *6. 1. 1647 †10. 5. 1721, folgt 1670, erhält 1681 Sondershausen, erbt 1716 Arnstadt, Fst. 1697 ∞¹) 22. 8. 1673 Antonie Sibylle, T. d. Gf. Albert Friedrich von Barby, *7. 4. 1641 †2. 5. 1684 ∞²) 25. 9. 1684 Wilhelmine Christiane, T. d. H. Johann Ernst von Sachsen-Weimar, *26. 11. 1658 †30. 6. 1712

Kinder:
1. Anton Albrecht *25. 9. 1674 †16. 7. 1680

1. August Wilhelm *4. 4. 1676 †13. 12. 1690

1. Günther XLIII. *13. 8. 1678 †28. 11. 1740, folgt 1721 ∞ 2. 10. 1712 Elisabeth, T. d. Fst. Karl Friedrich von Anhalt-Bernburg, *31. 3. 1693 †7. 7. 1774

1. Magdalene Sofie *17. 2. 1680 †14. 6. 1751 ∞ 19. 3. 1711 Georg Albert Gf. von Schönburg-Hartenstein *25. 5. 1673 †15. 8. 1716

1. Emilie *30. 3. 1681 †1. 11. 1751 ∞ 10. 6. 1705 Adolf Friedrich II. H. von Mecklenburg-Strelitz *19. 10. 1658 †12. 5. 1708

1. Luise Albertine *29. 6. 1682 †6. 5. 1765

1. Antonie Sibylle *2. 5. 1684 †1684

2. Johanna Auguste *27. 9. 1686 †3. 3. 1703

2. Christiane Wilhelmine *19. 2. 1688 †20. 3. 1749

2. Heinrich XXXV. *8. 11. 1689 †6. 11. 1758, folgt 1740

2. August I. (s. S. 293)

2. Henriette Ernestine *20. 7. 1692 †11. 11. 1759

2. Rudolf *21. 8. 1695 †22. 12. 1749

2. Wilhelm *4. 5. 1699 †19. 3. 1762

2. Christian (s. u.)

August I. *27. 4. 1691 †27. 10. 1750 ∞ 19. 7. 1721 Charlotte, T. d. Fst. Karl Friedrich von Anhalt-Bernburg, *21. 5. 1696 †22. 7. 1762

Kinder:
Friederike *9. 7. 1723 †7. 10. 1725

Charlotte *9. 2. 1732 †11. 6. 1774 ∞ 30. 1. 1754 Heinrich II. Gf. von Reichenbach-Goschütz *26. 11. 1731 †11. 3. 1790

Christian *7. 2. 1734 †2. 11. 1737

Christian Günther III. (s. u.)

Johann Günther *13. 10. 1737 †20. 1. 1738

August II. (s. S. 294)

Christian *27. 7. 1700 †28. 9. 1749 ∞ 10. 11. 1728 Sofie, T. d. Fst. Lebrecht von Anhalt-Bernburg-Schaumburg-Hoym, *6. 2. 1709 †26. 10. 1784

Kinder:
Güntherine Albertine *12. 12. 1729 †25. 3. 1794

Elisabeth Rudolfine *9. 1. 1731 †24. 6. 1771 ∞ 30. 4. 1761 Josef Anton Gf. von Oettingen-Baldern *4. 3. 1721 †20. 4. 1778

Günther XLIV. *24. 3. 1732 †17. 1. 1733

Friedrich Günther *3. 6. 1733 †10. 2. 1734

Adolfine Wilhelmine *2. 2. 1737 †27. 7. 1788 ∞ 3. 8. 1752 Georg Albrecht III. Gf. von Erbach-Fürstenau *14. 1. 1731 †2. 5. 1778

Christian Günther III. *24. 6. 1736 †14. 10. 1794, folgt 1758 ∞ 4. 2. 1760 Wilhelmine, T. d. Fst. Viktor Friedrich von Anhalt-Bernburg, *25. 8. 1737 †26. 4. 1777

Kinder:
Günther Friedrich Karl I. (s. S. 294)

Friederike *2. 8. 1762 †31. 1. 1801 ∞ 11. 4. 1790 Friedrich Pr. von Schwarzburg-Sondershausen *14. 5. 1763 †26. 10. 1791

Albrecht *6. 9. 1767 †23. 6. 1833

Karoline *19. 2. 1769 †1. 8. 1819

Albertine *5. 4. 1771 †25. 4. 1829 ∞ 18. 3. 1795 ⚭ 1801 Ferdinand H. von Württemberg *22. 10. 1763 †20. 1. 1834

Karl (s. u.)

August II. *8. 12. 1758 †10. 2. 1806 ∞ 27. 4. 1762 Christine, T. d. Fst. Viktor Friedrich von Anhalt-Bernburg, *14. 11. 1746 †18. 5. 1823

Kinder:
Friedrich (s. u.)

Katharina *27. 6. 1764 †21. 2. 1775

Auguste *1. 2. 1768 †26. 12. 1849 ∞ 12. 9. 1784 Georg Fst. von Waldeck *6. 5. 1747 †9. 9. 1813

Wilhelm *16. 7. 1770 †19. 8. 1807

Alexius *15. 7. 1773 †29. 5. 1777

Friederike *4. 10. 1774 †26. 7. 1806 ∞ 1. 6. 1796 Friedrich Fst. von Sayn-Wittgenstein-Hohenstein *23. 2. 1766 †8. 4. 1837

Günther Friedrich Karl I. *5. 12. 1760 †22. 4. 1837, folgt 1794, verzichtet 1835 ∞ 23. 6. 1799 Karoline, T. d. Fst. Friedrich von Schwarzburg-Rudolstadt, *21. 1. 1774 †11. 1. 1854

Kinder:
Emilie *23. 4. 1800 †2. 4. 1867 ∞ 23. 4. 1820 Leopold II. Fst. zur Lippe-Detmold *6. 11. 1796 †1. 1. 1851

Günther Friedrich Karl II. (s. S. 295)

Karl *24. 6. 1772 †16. 11. 1842 ∞ 5. 7. 1811 Güntherine, T. d. Pr. Friedrich von Schwarzburg-Sondershausen, *24. 7. 1791 †30. 10. 1875

Kinder:
Karl *11. †24. 4. 1812

Luise *12. 3. 1813 †30. 5. 1848 ∞ 7. 8. 1847 Wilhelm Albrecht Frh. von Götz *26. 8. 1815 †1. 5. 1871

Karl *20. 9. 1815 †15. 3. 1816

Charlotte Amalie *7. 9. 1816 †7. 2. 1912 ∞ 26. 2. 1856 Hans Heinrich Frh. von Jud *21. 5. 1825 †13. 1. 1864

Friedrich *14. 5. 1763 †26. 10. 1791 ∞ 11. 4. 1790 Friederike, T. d. Fst. Christian Günther III. von Schwarzburg-Sondershausen, *2. 8. 1762 †31. 1. 1801

Kind:
Güntherine *24. 7. 1791 †30. 10. 1875 ∞ 5. 7. 1811 Karl Pr. von Schwarzburg-Sondershausen *24. 6. 1772 †16. 11. 1842

Günther Friedrich Karl II. *24. 9. 1801 †15. 9. 1889, folgt 1835, verzichtet 1880
∞¹) 12. 3. 1827 Marie, T. d. Pr. Karl von Schwarzburg-Rudolstadt, *6. 4. 1809 †29. 3. 1833
∞²) 29. 5. 1835 ⚮ 1852 Matilde, T. d. Fst. August von Hohenlohe-Oehringen, *3. 7. 1814
†3. 6. 1888

Kinder:
1. Günther *18. 2. 1828 †30. 10. 1833

1. Elisabeth *22. 3. 1829 †11. 5. 1893

1. Karl Günther *7. 8. 1830 †28. 3. 1909, folgt 1880 ∞ 12. 6. 1869 Marie, T. d. H. Eduard von Sachsen-Altenburg, *28. 6. 1845 †5. 7. 1930

1. Leopold *2. 7. 1832 †20. 4. 1906

2. Marie *14. 6. 1837 †21. 4. 1921

2. Hugo *13. 4. 1839 †25. 11. 1871

DIE GRAFEN UND FÜRSTEN
VON SCHWARZBURG-RUDOLSTADT

Albrecht VII. *16. 1. 1537 †10. 4. 1605, erhält 1583 Rudolstadt ∞¹) 14. 6. 1575 Juliane, T. d. Gf. Wilhelm I. von Nassau-Dillenburg, *11. 2. 1546 †31. 8. 1588 ∞²) 2. 3. 1591 Albertine Elisabeth, T. d. Gf. Reinhard II. von Leiningen-Westerburg, *29. 7. 1568 †27. 10. 1617

Kinder:
1. Karl Günther *6. 11. 1576 †24. 9. 1630, folgt 1605 ∞ 13. 6. 1613 Anna Sofie, T. d. Fst. Joachim Ernst von Anhalt, *15. 6. 1584 †9. 6. 1652

1. Elisabeth Juliane *1. 1. 1578 †28. 3. 1658

1. Sofie *1. 3. 1579 †24. 8. 1630 ∞ 30. 3. 1595 Jobst II. Gf. von Barby-Mülingen *8. 5. 1544 †9. 8. 1609

1. Magdalene *12. 4. 1580 †22. 4. 1652 ∞ 21. 5. 1597 Heinrich II. Reuß zu Gera *10. 6. 1572 †3. 12. 1635

1. Ludwig Günther I. (s. S. 296)

1. Albrecht Günther *8.8.1582 †20.1.1634

1. Anna Sibylle *14.3.1584 †22.8.1623 ∞ 15.11.1612 Christian Günther I. Gf. von Schwarzburg-Sondershausen *11.5.1578 †25.11.1642

1. Katharina Marie *13.7.1585 †19.1.1650

1. Dorothea Susanna *13.2.1587 †19.4.1662

1. Heinrich Günther *27.8.1588 †29.10.1589

Ludwig Günther I. *27.5.1581 †4.11.1646, folgt 1631 ∞ 4.2.1638 Emilie, T. d. Gf. Anton II. von Oldenburg, *15.6.1614 †4.12.1670

Kinder:
Sofie Juliane *3.3.1639 †14.2.1672

Ludomilla Elisabeth *7.4.1640 †12.3.1672

Albrecht Anton (s. u.)

Christiane Magdalene *28.11.1642 †12.3.1672

Marie Susanna *7.1.1646 †6.10.1688

Albrecht Anton *2.3.1641 †15.12.1710, folgt 1646, Fst. 1697 ∞ 7.6.1665 Emilie Juliane, T. d. Gf. Albrecht Friedrich von Barby, *19.8.1637 †3.12.1706

Kinder:
Ludwig Friedrich I. (s. u.)

Albertine Antonie *15. †17.9.1668

Ludwig Friedrich I. *19.10.1667 †24.6.1718, folgt 1710 ∞ 15.10.1691 Anna Sofie, T. d. H. Friedrich I. von Sachsen-Gotha, *22.12.1670 †28.12.1728

Kinder:
Friedrich Anton (s. S. 297)

Amalie Magdalene *15. †18.6.1693

Sofie Luise *15. †19.6.1693

Sofie Juliane *16.10.1694 †13.5.1776

Wilhelm Ludwig *15.2.1696 †26.9.1757 ∞ 4.5.1726 Henriette Karoline, T. d. Michael Gebauer, *5.6.1706 †9.3.1784 (seit 1727 Frau von Brockenburg)

Christiane Dorothea *14. 2. 1697 †20. 8. 1698

Albrecht Anton *16. 7. 1698 †24. 3. 1720

Emilie Juliane *21. 7. 1699 †31. 8. 1774

Anna Sofie *9. 9. 1700 †11. 12. 1780 ∞ 2. 1. 1723 Franz Josias Pr. von Sachsen-Saalfeld *25. 9. 1697 †16. 9. 1764

Dorothea Sofie *28. 6. 1706 †14. 11. 1737

Luise Friederike *28. 6. 1706 †11. 9. 1787

Magdalene Sibylle *5. 5. 1707 †27. 2. 1795

Ludwig Günther IV. (s. u.)

Friedrich Anton *13. 8. 1692 †1. 9. 1744, folgt 1718 ∞¹) 8. 2. 1720 Sofie Wilhelmine, T. d. H. Johann Ernst von Sachsen-Saalfeld, *9. 8. 1693 †4. 12. 1727 ∞²) 6. 1. 1729 Christine, T. d. Fst. Christian Eberhard von Ostfriesland, *16. 3. 1688 †31. 3. 1750

Kinder:
1. Johann Friedrich (s. u.)

1. Sofie Wilhelmine *4. 6. †13. 9. 1723

1. Sofie Albertine *30. 7. 1724 †5. 4. 1799

Ludwig Günther IV. *22. 10. 1708 †29. 8. 1790, folgt 1767 ∞ 22. 10. 1733 Sofie Henriette, T. d. Gf. Heinrich XIII. Reuß zu Untergreiz, *19. 9. 1711 †22. 1. 1771

Kinder:
Friederike Sofie * und †20. 8. 1734

Christine Friederike *5. 7. 1735 †17. 4. 1788

Friedrich (s. S. 298)

Christian Ernst *12. 4. †4. 7. 1739

Johann Friedrich *8. 1. 1721 †10. 7. 1767, folgt 1744 ∞ 19. 11. 1744 Bernhardine, T. d. H. Ernst August I. von Sachsen-Weimar, *5. 5. 1724 †5. 6. 1757

Kinder:
Friederike *17. 8. 1745 †26. 1. 1778 ∞ 21. 10. 1763 Friedrich Fst. von Schwarzburg-Rudolstadt *7. 6. 1736 †13. 4. 1793

Tochter totgeb. 1746

Sohn totgeb. 1747

Sofie Ernestine *5. 6. 1749 †21. 10. 1754

Wilhelmine *22. 1. 1751 †17. 7. 1780 ∞ 30. 10. 1766 Ludwig Fst. von Nassau-Saarbrücken *3. 1. 1745 †2. 3. 1794

Henriette Charlotte *29. 5. 1752 †30. 4. 1756

Friedrich *7. 6. 1736 †13. 4. 1793, folgt 1790 ∞') 21. 10. 1763 Friederike, T. d. Fst. Johann Friedrich von Schwarzburg-Rudolstadt, *17. 8. 1745 †26. 1. 1778 ∞²) 28. 11. 1780 Auguste, T. d. Pr. Johann August von Sachsen-Gotha, *30. 11. 1752 †28. 5. 1805

Kinder:
1. Friederike *12. 5. 1765 †4. 2. 1767

1. Ludwig Friedrich II. (s. u.)

1. Henriette *31. 3. 1770 †23. 5. 1783

1. Karl (s. S. 299)

1. Karoline *21. 1. 1774 †11. 1. 1854 ∞ 23. 6. 1799 Günther Friedrich Karl I. Fst. von Schwarzburg-Sondershausen *5. 12. 1760 †22. 4. 1837

1. Luise *2. 11. 1775 †25. 12. 1808 ∞ 10. 4. 1796 Ernst I. Ldgf. von Hessen-Philippsthal *8. 8. 1771 †25. 12. 1849

Ludwig Friedrich II. *9. 8. 1767 †28. 4. 1807, folgt 1793 ∞ 21. 7. 1791 Karoline, T. d. Ldgf. Friedrich V. von Hessen-Homburg, *26. 8. 1771 †20. 6. 1854

Kinder:
Cäcilie *17. 7. 1792 †4. 3. 1794

Günther (s. S. 299)

Thekla *23. 2. 1795 †4. 1. 1861 ∞ 11. 4. 1817 Otto Viktor Fst. von Schönburg-Waldenburg *1. 3. 1785 †16. 2. 1859

Karoline *7. 11. †18. 12. 1796

Albert (s. S. 299)

Bernhard *23. 6. 1801 †26. 1. 1816

Rudolf *23. 6. 1801 †21. 7. 1808

Karl *23. 8. 1771 †4. 2. 1825 ∞ 19. 6. 1793 Luise, T. d. Ldgf. Friedrich V. von Hessen-Homburg, *26. 10. 1772 †18. 9. 1854

Kinder:
Friedrich * und †6. 10. 1798

Ludwig *9. 5. †20. 7. 1800

Adolf (s. u.)

Karoline *4. 4. 1804 †14. 1. 1829 ∞ 6. 8. 1825 Georg Pr. von Anhalt-Dessau *21. 2. 1796 †16. 10. 1865

Wilhelm *31. 5. 1806 †6. 5. 1849

Marie *6. 4. 1809 †29. 3. 1833 ∞ 12. 3. 1827 Günther Friedrich Karl II. Fst. von Schwarzburg-Sondershausen *24. 9. 1801 †15. 9. 1889

Günther *6. 11. 1793 †28. 6. 1867, folgt 1807, selbständig 1814 ∞¹) 15. 4. 1816 Amalie Auguste, T. d. Erbpr. Friedrich von Anhalt-Dessau, *18. 8. 1793 †12. 6. 1854 ∞²) 7. 8. 1855 Helene Gfn. von Reina, T. d. Pr. Georg von Anhalt-Dessau, *1. 3. 1835 †6. 6. 1860 ∞³) 24. 9. 1861 Marie Schultze *22. 10. 1840 (seit 1864 Gfn. von Brockenburg)

Kinder:
1. Günther *31. 1. 1818 †16. 3. 1821

1. Günther *5. 11. 1821 †11. 11. 1845

1. Gustav *7. 1. 1828 †30. 11. 1837

2. Helene Prn. von Leutenberg *2. 6. 1860 ∞ 24. 1. 1884 Hans Pr. von Schönaich-Carolath *26. 8. 1849 †5./6. 5. 1910

2. Sizzo (s. S. 300)

Albert *30. 4. 1798 †26. 11. 1869, folgt 1867 ∞ 26. 7. 1827 Auguste, T. d. Pr. Friedrich Wilhelm von Solms-Braunfels, *26. 7. 1804 †8. 10. 1865

Kinder:
Karl *30. 4. †9. 5. 1828

Elisabeth *1. 10. 1833 †27. 11. 1896 ∞ 17. 4. 1852 Leopold III. Fst. zur Lippe-Detmold *1. 9. 1821 †8. 12. 1875

Georg *23. 11. 1838 †19. 1. 1890, folgt 1869

Adolf *27. 9. 1801 †1. 7. 1875 ∞ 27. 9. 1847 Matilde, T. d. Fst. Otto Viktor von Schönburg-Waldenburg, *18. 11. 1826 †22. 3. 1914

Kinder:

Marie *29. 1. 1850 †22. 4. 1922 ∞ 4. 7. 1868 Friedrich Franz II. Grh. von Mecklenburg-Schwerin *28. 2. 1823 †15. 4. 1883

Günther *21. 8. 1852 †16. 4. 1925, folgt 1890, verzichtet 1918 ∞ 9. 12. 1891 Anna, T. d. Pr. Georg von Schönburg-Waldenburg, *19. 2. 1871

Thekla *12. 8. 1859

Luise *5. 1. 1862 †7. 6. 1867

Sizzo *3. 6. 1860 †24. 3. 1926 ∞ 25. 1. 1897 Alexandra, T. d. H. Friedrich von Anhalt, *4. 4. 1868

Kinder:

Marie Antoinette *7. 2. 1898 ∞ 4. 1. 1925 Friedrich Magnus Gf. zu Solms-Wildenfels *1. 11. 1886

Irene *27. 5. 1899

Friedrich Günther *5. 3. 1901

Die Vögte und Herren von Plauen (1276–1535)
Ältere Linie Reuss, Haus Burgk (1564–1639)
Mittlere Linie Reuss (1564–1616)

Heinrich I. Reuss 1276–1292
†vor 12. 12. 1295 ∞ Maria, T. d. Bretislaw IV. Swihowsky

Kinder:
Heinrich II. (s. S. 301)

Heinrich ✗ 14. 2. 1314, Deutschordensritter

Heinrich, Großkomtur des Deutschen Ordens 1336–38

Heinrich II. †18. 12. 1350 ∞¹) nach 1310 Sofie (Gfn. von Schwarzburg ?) ∞²) 1313 Salome (T. d. H. Heinrich III. von Glogau?)

Kinder:
1. Heinrich 1327–1335 ∞ N. Gfn. von Orlamünde (?)

2. Tochter † vor 2. 11. 1343 ∞ Hermann V. von Schönburg-Crimmitzschau † vor 1360

2. Tochter 1324 ∞ N. Berka von Duba

2. Jutta 1344 ∞ Heinrich VI. Vogt von Gera 1344

2. Heinrich III. (s. u.)

2. Heinrich IV. † vor 1. 10. 1370, zu Ronneburg 1359

2. Heinrich V. † vor 10. 5. 1398, zu Ronneburg 1370 ∞ vor 20. 12. 1387 Dorothea, T. d. Heinrich V. Vogts von Gera, †vor 12. 2. 1411

2. Heinrich 1358 † jung

2. Magdalene ∞ um 1365 Günther XXII. Gf. von Schwarzburg †7. 1382

2. Salome † nach 9. 11. 1400 ∞ Hans H. von Teschen-Auschwitz †vor 24. 5. 1384

2. Zwei Töchter 1359 Nonnen zu Cronschwitz

Heinrich III. † vor 18. 8. 1368, zu Greiz 1359 ∞¹) Jutta, T. d. (Albrecht?) von Hackeborn ∞²) Agnes, T. d. Bggf. Otto I. von Leisnig

Kinder:
1. Heinrich VI. (s. u.)

1. Heinrich VII. (s. u.)

Heinrich VI. † nach 1398 ∞ vor 14. 2. 1375 Gaudentia, T. d. Hermann von Lobdaburg-Elsterberg, † nach 28. 11. 1395

Kinder:
Anna † nach 8. 11. 1429 ∞ um 1395 Oswald Gf. von Truhendingen 1383–1428

Heinrich VIII. † nach 20. 5. 1426

Heinrich † nach 1. 2. 1467, Großkomtur des Deutschen Ordens 1432

Heinrich VII. ✕ 16. 6. 1426 ∞¹) um 1398 Mechtild, T. d. Hermann V. von Schönburg-Crimmitzschau ∞²) Irmgard, T. d. Bggf. Albrecht III. von Kirchberg, † nach 31. 5. 1462

Kinder:
1. Heinrich IX. (s. u.)

? Tochter ∞ N. von Erlichshausen

? Ursula ∞ Heimeran I. Nothafft von Wernberg †1454

2. Agnes ∞ Rudolf Schenk von Tautenburg †1426

2. Lukardis ∞ Friedrich VI. Gf. von Orlamünde 1447–1486

2. Heinrich X. †7. 3. 1462

2. Heinrich †2. 1. 1470, Hochmeister des Deutschen Ordens 1469

Heinrich IX. † vor 28. 2. 1476, zu Greiz 1449 ∞ Magdalene, T. d. Frh. Erkinger von Schwarzenberg, † nach 14. 11. 1485

Kinder:
Heinrich XI. (s. u.)

Heinrich, Rektor der Universität Erfurt 1469

Margarete † nach 14. 2. 1506

Anna ∞¹) Hans Schenk von Tautenburg †1501 ∞²) Ludwig Symacz zu Kunstadt † nach 1522

Magdalene †8. 12. 1521 ∞ Ludwig II. Gf. von Gleichen †29. 4. 1522

Heinrich † nach 1524, Deutschordensritter

Heinrich XII. (s. S. 303)

Heinrich *1462 †18. 12. 1530, Propst in Mainz

Heinrich 1476

Heinrich XIII. (s. S. 303)

Heinrich XI. †1502, vor 7. 7 ., folgt 1476 ∞ 1496 Katharina, T. d. Heinrich XII. von Gera, † nach 23. 5. 1505

Kinder:
Katharina †1556 ∞ 25. 6. 1529 Dietrich IV. von Plesse *um 1499 †22. 5. 1571

Kunigunde 1505–1537, Nonne zu Cronschwitz

Heinrich XII. †1539, vor 29. 9., folgt zu Kranichfeld 1476–1529 ∞ um 1. 12. 1488
Katharina, T. d. Gf. Erwin VII. von Gleichen, †1528

Kinder:
Tochter 1506

Margarete †5. 11. 1522 ∞ 1518 Siegmund I. Bggf. von Kirchberg *1501 †3. 5. 1567

Heinrich XIII. *um 1464 † 8. 6. 1535, folgt 1476 gemeinsam mit Heinrich XI., seit 1502
allein ∞¹) vor 1506 Anna, T. d. Volrat von Colditz ∞²) Amalie, T. d. Gf. Ernst II. von Mans-
feld-Heldungen, † nach 5. 10. 1554

Kinder:
1. Heinrich XIV. (s. u.)

1. Magdalene †13. 2. 1571 ∞ 1533 Wilhelm Schenk von Landsberg

2. Dorothea *1523 †21. 8. 1572 ∞ 12. 2. 1551 Georg I. von Schönburg *1529 †13. 9. 1585

2. Anna *1524 †22. 4. 1552

2. Heinrich XV. (s. S. 304)

2. Margarete † vor 25. 9. 1554

2. Martha † nach 4. 8. 1550

2. Barbara *1528 ∞ 22. 11. 1556 Volrat V. Gf. von Mansfeld *11. 3. 1520 †30. 12. 1578

2. Heinrich XVI. *29. 12. 1530 † 6. 4. 1572, zu Gera 1564 (= jüngere Linie) ∞¹) 1556 Elisabeth Brigitte, T. d. Gf. Johann Heinrich von Schwarzburg-Leutenberg, *um 1534
† 23. 6. 1564 ∞²) 6. 1. 1566 Dorothea, T. d. Gf. Friedrich Magnus von Solms-Sonnenwalde,
*26. 11. 1547 † 18. 9. 1595 (s. S. 312)

Heinrich XIV. (I.) *1506 †22. 3. 1572, folgt 1535, zu Untergreiz 1564 (= ältere Linie)
∞ 1533 Barbara, T. d. Georg von Metzsch, *1507 †4. 1580

Kinder:
Agnes *1525 †18. 9. 1608

Marie *1526 †13. 1. 1619

Sabine *1532 †1597 ∞ 1. 3. 1568 Friedrich I. von Schwarzenberg *28. 4. 1540 †19. 1. 1570

Katharina *153.. †7. 6. 1590

Anna *1540 †6. 10. 1616

Heinrich *1542 †20.2.1572

Heinrich II. (s.u.)

Heinrich III. *1546 †17.11.1582, folgt 1572

Heinrich IV. *1548 †1572

Heinrich V. *4.11.1549 †9.10.1604, folgt 1572, zu Greiz ∞ 25.11.1583 Marie,
T. d. Hugo von Schönburg-Waldenburg, *29.8.1565 †9.3.1628 (s. S. 306)

Heinrich XV. *8.11.1525 †22.6.1578, zu Obergreiz 1564 (= mittlere Linie) ∞ 1560 Marie
Salome, T. d. Gf. Ludwig XV. von Oettingen, *12.1.1535 †12.1.1603

Kinder:
Heinrich XVII. *25.7.1561 †8.2.1607, folgt 1578, zu Obergreiz 1597 ∞ 1583 Jutta,
T. d. Gf. Wolrad II. von Waldeck-Eisenberg, *12.11.1560 †23.5.1621

Heinrich XVIII. *28.2.1563 †16.1.1616, folgt 1578, zu Schleiz 1597 ∞ 5.5.1593 Agnes
Marie, T. d. Gf. Georg von Erbach, *25.5.1573 †28.6.1634

Heinrich †1580

Heinrich † jung

Dorothea *28.10.1566 †26.10.1591 ∞ 11.11.1587 Georg III. Gf. von Erbach *15.7.1548
†16.2.1605

Heinrich II. *12.12.1543 †24.5.1608, folgt 1572, zu Burgk ∞¹) 21.9.1573 Judith,
T. d. Gf. Ludwig XVI. von Oettingen, *3.10.1544 †4.11.1600 ∞²) 7.11.1601 Anna,
T. d. Gf. Christof II. von Mansfeld, *1563 †21.12.1636

Kinder:
1. Heinrich I. *25.11.1574 ✗ 22.10.1596

1. Heinrich II. (s. S. 305)

1. Johanna *3.6.1577 †15.10.1656

1. Heinrich III. (s. S. 305)

1. Heinrich IV. *9.12.1580 †3.1.1636, folgt 1608, zu Dölau 1616 ∞ 1626 Genoveva Anna,
T. d. Gf. Johann von Stolberg, *3.2.1580 †18.12.1635

1. Anna Marie *27.1.1582 †3.11.1636

1. Heinrich V. *5.9. †2.11.1583

---

1. Heinrich VI. *22.5.1587 ✗ nach 1.11.1604

Heinrich II. *30.12.1575 † 6.9.1639, folgt mit seinen Brüdern 1608, allein 1616, erbt
Dölau 1636 ∞ 29.9.1609 Magdalene, T. d. Ludwig I. von Putbus, *21.2.1590 †12.1.1665

Kinder:
Heinrich I. *19.5.1613 †8.7.1635

Sofie Marie *18.6.1614 †21.5.1690 ∞ 25.9.1636 Johann Kaspar von Schönburg-Penig
*27.12.1594 †23.1.1644

Heinrich II. *5.8.1615 †8.12.1631

Heinrich III. *15.9.1616 †7.6.1640

Anna Judith *12.7.1618 †19.4.1629

Heinrich IV. *28.11.1619 †22.2.1620

Agnes Magdalene *26.4.1621 †8.9.1623

Katharina Margarete *18.7. †27.9.1623

Elisabeth Sibylle *15.9.1627 †9.1.1703 ∞ 8.1.1655 Heinrich II. Reuß zu Untergreiz
*8.1.1634 †5.10.1697

Heinrich III. *22.12.1578 erm. 24.6.1616, folgt 1608 ∞ 21.2.1602 Anna Magdalene,
T. d. Georg von Schönburg-Glauchau, *1.2.1582 †7.1.1615

Kinder:
Heinrich I. *9.1. †7.2.1611

Heinrich II. *17.5. †27.7.1612

Judith Eva *26.12.1614 †28.11.1666 ∞ 3.7.1636 Wolfgang Heinrich von Schönburg-
Penig *7.11.1605 †5.12.1657

Die Herren und Grafen Reuss
zu Obergreiz (1625–1673)
und Untergreiz (1625–1768)

Heinrich V. *4. 11. 1549 †9. 10. 1604, folgt zu Untergreiz 1572 ∞ 25. 11. 1583 Marie, T. d. Hugo von Schönburg-Waldenburg, *29. 8. 1565 †9. 3. 1628

Kinder:
Anna Barbara *22. 4. 1585 †5. 5. 1629 ∞ 16. 11. 1601 Wolfgang III. von Schönburg-Penig *8. 9. 1556 †17. 8. 1612

Marie Katharina *5. 1. 1587 †28. 8. 1640

Agnes Juliane *30. 4. †15. 12. 1588

Heinrich I. *9. †11. 6. 1589

Heinrich II. *9. †26. 1. 1591

Susanna Elisabeth *21. 2. 1592 †7. 12. 1597

Eva *31. 5. 1593 †17. 7. 1636 ∞ 20. 7. 1613 Philipp Ernst Gf. von Mansfeld *11. 5. 1560 †15. 9. 1631

Heinrich III. *12. 12. 1594 †12. 9. 1609

Heinrich IV. (s. u.)

Magdalene Dorothea *22. 7. †31. 8. 1599

Heinrich V. (s. S. 307)

Heinrich IV. *11. 3. 1597 †25. 8. 1629, folgt 1604, erbt Obergreiz 1616 mit seinem Bruder gemeinsam, erhält Obergreiz allein 1625 ∞ 5. 1624 Juliane Elisabeth, T. d. Wild- und Rheingf. Friedrich von Salm-Neufville, *1602 †14. 5. 1653

Kinder:
Marie Sibylle *4. 8. 1625 †17. 5. 1675 ∞ 24. 10. 1647 Heinrich X. Reuß zu Lobenstein *9. 11. 1621 †25. 1. 1671

Heinrich I. *3. 5. 1627 †8. 3. 1681, folgt 1629, selbständig 1643, Gf. 1673 ∞¹) 10. 8. 1648 Sibylle Magdalene, T. d. Bggf. Georg von Kirchberg, *24. 7. 1624 †24. 2. 1667 ∞²) 2. 4. 1668 Sibylle Juliane, T. d. Gf. Christian Günther II. von Schwarzburg-Arnstadt, *20. 7. 1646 †5. 4. 1698 (s. S. 309)

Heinrich II. *16. 8. †15. 9. 1628

Agnes Elisabeth *29. 9. 1629 †21. 6. 1675 ∞ 30. 11. 1645 Christian von Schönburg-Penig *17. 4. 1589 †16. 8. 1664

Heinrich V. *4. 12. 1602 †7. 3. 1667, erbt Obergreiz 1616, erhält Untergreiz 1625 ∞ 28. 11. 1630 Anna Marie, T. d. Wild- und Rheingf. Friedrich von Salm-Neufville, *10. 8. 1606 †20. 11. 1651

Kinder:
Marie Agnes *6. 10. 1631 †14. 1. 1652

Heinrich I. *7. 11. 1632 †11. 1666

Heinrich II. (s. u.)

Heinrich III. *5. 4. 1635 †3. 1. 1636

Amalie Juliane *4. 10. 1636 †25. 12. 1688 ∞¹) 13. 4. 1659 Ferdinand Frh. von Biberstein *1620 †16. 10. 1667 ∞²) 5. 6. 1674 Heinrich VI. Gf. Reuß zu Obergreiz *7. 8. 1649 †11. 10. 1697

Heinrich IV. (s. u.)

Elisabeth Christiane *5. 9. 1639 †10. 8. 1644

Heinrich V. (s. S. 308)

Heinrich II. *8. 1. 1634 †5. 10. 1697, erhält Burgk 1668, Gf. 1673 ∞ 8. 1. 1655 Elisabeth Sibylle, T. d. Heinrich II. Reuß zu Untergreiz, *15. 9. 1627 †9. 1. 1703

Kinder:
Anna Magdalene *26. 7. 1656 †1. 2. 1657

Heinrich I. * und †6. 11. 1657

Eva Emilie *23. 1. 1667 †29. 3. 1716 ∞ 24. 11. 1707 Friedrich Heinrich Frh. von Stein *25. 8. 1667 †8. 1729

Heinrich IV. *5. 8. 1638 †21. 2. 1675, erhält Untergreiz 1668, Gf. 1673 ∞ 31. 10. 1671 Anna Dorothea, T. d. Wilhelm von Ruppa, *3. 10. 1651 †17. 6. 1698

Kinder:
Heinrich XIII. (s. S. 308)

Heinrich XIV. *14. 1. 1674 † 20. 6. 1682

Heinrich V. *19. 4. 1645 †12. 2. 1698, zu Rosenthal 1668, Gf. 1673 ∞¹) 15. 2. 1678 Angelika, T. d. Alexander Desmier d'Olbreuse, *um 1637 †5. 10. 1688 ∞²) 5. 6. 1697 Christiane, T. d. Gf. Christian von Sayn-Wittgenstein-Homburg, *10. 1. 1680 †17. 9. 1724

Kind:
2. Christiane Henriette *13. 8. 1698 †31. 7. 1709

Heinrich XIII. *29. 9. 1672 †14. 4. 1733, folgt 1675 bzw. 1682, erbt Burgk 1697 und Rosenthal 1698 ∞ 14. 8. 1697 Sofie Elisabeth, T. d. Gf. Ernst von Stolberg-Wernigerode, *6. 2. 1676 †14. 11. 1729

Kinder:
Auguste Ernestine Sofie *14. 6. 1698 †27. 6. 1710

Christiane Dorothea *25. 9. 1699 †6. 9. 1752 ∞ 14. 11. 1723 Konrad Ernst Maximilian Gf. von Hochberg *19. 8. 1682 †6. 6. 1742

Heinrich III. *26. 1. 1701 †17. 3. 1768, folgt 1733

Heinrich IV. *14. 2. 1702 †11. 10. 1738

Heinrich V. *31. 1. 1704 †1. 8. 1736

Ernestine Emilie *4. 4. 1705 †26. 4. 1728 ∞ 14. 11. 1724 Heinrich August Gf. von Stolberg-Schwarza *16. 6. 1697 †14. 9. 1748

Luise Henriette *29. 11. 1706 †6. 4. 1708

Heinrich VI. *1. 6. 1708 †6. 12. 1763

Heinrich VII. * und †30. 6. 1709

Sofie Elisabeth * und †21. 5. 1710

Sofie Henriette *19. 9. 1711 †22. 1. 1771 ∞ 22. 10. 1733 Ludwig Günther IV. Fst. von Schwarzburg-Rudolstadt *22. 10. 1708 †29. 8. 1790

Tochter totgeb. 30. 9. 1712

Albertine Auguste *21. 6. 1715 †24. 8. 1717

DIE GRAFEN UND FÜRSTEN REUSS ZU GREIZ (SEIT 1673)

Heinrich I. *3. 5. 1627 †8. 3. 1681, folgt 1629, selbständig 1647, Gf. 1673 ∞¹) 10. 8. 1648
Sibylle Magdalene, T. d. Bggf. Georg von Kirchberg, *24. 7. 1624 †24. 2. 1667
∞²) 2. 4. 1668 Sibylle Juliane, T. d. Gf. Christian Günther II. von Schwarzburg-Arnstadt,
*20. 7. 1646 †5. 4. 1698

Kinder:

1. Heinrich VI. (s. S. 310)

1. Elisabeth Dorothea *15. 4. 1651 †19. 3. 1665

1. Magdalene Christine *3. 8. 1652 †18. 12. 1697 ∞ 26. 7. 1688 Philipp Ludwig II. von
Holstein-Wiesenburg *27. 10. 1620 †10. 3. 1689

1. Heinrich VII. *11. 12. 1653 †23. 6. 1676

1. Margarete Sofie *7. 1. 1655 †4. 12. 1698 ∞ 21. 8. 1698 Johann Georg von Räcknitz

1. Marie Juliane *4. 2. 1656 †18. 2. 1686

1. Heinrich VIII. *31. 1. 1657 †21. 1. 1675

1. Heinrich IX. *12. 8. 1658 †12. 1. 1678

1. Heinrich X. *7. 8. 1659 †30. 1. 1675

1. Heinrich XI. *4. 10. 1665 †6. 2. 1669

1. Henriette Charlotte *29. 11. 1666 †13. 9. 1668

2. Heinrich XII. *17. 6. 1669 †7. 10. 1678

2. Sofie Juliane *25. 12. 1670 †23. 8. 1696 ∞ 26. 7. 1688 Heinrich VIII. Gf. Reuß zu
Lobenstein *20. 5. 1652 †29. 10. 1711

2. Klara Dorothea Henriette *24. 11. 1671 †6. 5. 1698

2. Johanna Charlotte *12. 10. 1672 †22. 4. 1698

2. Elisabeth Dorothea *9. 9. 1673 †4. 5. 1698

2. Heinrich XV. *2. 1. 1676 †29. 9. 1690, folgt 1681

2. Christiane Eleonore *13. 3. 1677 †7. 5. 1698

2. Heinrich XVI. *3. 11. 1678 †24. 4. 1698, folgt 1681, zu Dölau 1694

Heinrich VI. *7.8.1649 ✕ 11.10.1697, folgt 1681 mit seinen Brüdern gemeinsam, zu Obergreiz 1694 ∞¹) 3.6.1674 Amalie Juliane, T. d. Heinrich V. Reuß zu Untergreiz, *4.10.1636 †25.12.1688 ∞²) 3.5.1691 Henriette Amalie, T. d. Frh. Heinrich III. von Friesen, *19.5.1668 †2.8.1732

Kinder:
1. Ferdinande Charlotte *13.6.1675 †20.7.1723 ∞¹) 17.6.1697 Franz Gallus Frh. von Räcknitz ∞²) 16.10.1702 Karl von Noirval

2. Heinrich I. *29.12.1693 †7.9.1714, folgt 1697, erbt Dölau 1698

2. Johanna Margarete *18.2.1695 †20.3.1766 ∞ 9.3.1713 Erdmann II. Gf. von Redern *1687 †11.1.1729

2. Heinrich II. (s.u.)

Heinrich II. *4.2.1696 †17.11.1722, folgt 1697, erbt Dölau 1698 ∞ 22.10.1715 Sofie Charlotte, T. d. Gf. Johann Kaspar von Bothmer, *11.10.1697 †14.9.1748

Kinder:
Henriette *18.9.1716 †18.2.1719

Heinrich VIII. *5.1.1718 †13.4.1719

Heinrich IX. *31.12.1718 †17.3.1723

Heinrich X. *13.1. †26.8.1720

Heinrich XI. (s.u.)

Heinrich XI. *18.3.1722 †28.6.1800, folgt zu Obergreiz 1722, selbständig 1743, erbt Untergreiz 1768, Fst. 1778 ∞¹) 4.4.1743 Konradine, T. d. Gf. Heinrich XXIV. Reuß zu Köstritz, *22.12.1719 †2.2.1770 ∞²) 25.10.1770 Alexandrine, T. d. Gf. Christian Karl von Leiningen-Heidesheim, *25.11.1732 †4.10.1809

Kinder:
1. Heinrich XII. *25.4.1744 †30.12.1745

1. Amalie *25.10.1745 †3.10.1748

1. Heinrich XIII. (s. S. 311)

1. Friederike *9.7.1748 †14.6.1816 ∞¹) 8.7.1767 ⚮ 1769 Friedrich Ludwig Gf. von Castell-Rüdenhausen *17.2.1746 †7.2.1803 ∞²) 7.5.1770 Friedrich Fst. von Hohenlohe-Kirchberg *3.12.1732 †10.8.1796

1. Heinrich XIV. *6. 11. 1749 †12. 2. 1799 ∞ 6. 1797 Marie Meyer (als Witwe Frau von Eibenberg)

1. Heinrich XV. *22. 2. 1751 †30. 8. 1825

1. Isabella *7. 8. 1752 †10. 10. 1824 ∞ 1. 6. 1771 Georg Bggf. von Kirchberg *23. 4. 1751 †1. 2. 1777

1. Marie *1. 11. 1754 †28. 9. 1759

1. Ernestine Esperance Viktoria *20. 1. 1756 †2. 12. 1819 ∞ 20. 8. 1783 Wolfgang Ernst II. Fst. von Isenburg-Birstein *17. 11. 1735 †3. 2. 1803

1. Heinrich XVI. *30. 8. 1759 †13. 12. 1763

1. Heinrich XVII. *25. 5. 1761 †27. 2. 1807 ∞ 9. 1805 Babette, T. d. Johann Josef von Wenz, *8. 3. 1777 †20. 12. 1838

Heinrich XIII. *16. 2. 1747 †29. 1. 1817, folgt 1800 ∞ 9. 1. 1786 Luise, T. d. Fst. Karl von Nassau-Weilburg, *28. 9. 1765 †10. 10. 1837

Kinder:
Heinrich XVIII. * und †31. 3. 1787

Heinrich XIX. (s. u.)

Heinrich XX. (s. u.)

Heinrich XIX *1. 3. 1790 †31. 10. 1836, folgt 1817 ∞ 7. 1. 1822 Gasparine, T. d. Fst. Karl Ludwig von Rohan-Rochefort, *27. 9. 1800 †27. 7. 1871

Kinder:
Luise *3. 12. 1822 †28. 5. 1875 ∞¹) 8. 3. 1842 Eduard H. von Sachsen-Altenburg *3. 7. 1804 †16. 5. 1852 ∞²) 27. 12. 1854 Heinrich IV. Fst. Reuß zu Köstritz *26. 4. 1821 †25. 7. 1894

Elisabeth *23. 3. 1824 †7. 5. 1861 ∞ 4. 11. 1844 Karl Fst. von Fürstenberg *4. 3. 1820 †15. 3. 1892

Heinrich XX. *29. 6. 1794 †8. 11. 1859, folgt 1836 ∞¹)25. 11. 1834 Sofie, T. d. Fst. Karl Thomas von Löwenstein-Wertheim-Rosenberg, *18. 9. 1809 †21. 7. 1838 ∞²) 1. 10. 1839 Karoline, T. d. Ldgf. Gustav von Hessen-Homburg, *19. 3. 1819 †18. 1. 1872

Kinder:
2. Hermine *25. 12. 1840 †4. 1. 1890 ∞ 29. 4. 1862 Hugo Pr. von Schönburg-Waldenburg *29. 8. 1822 †9. 6. 1897

2. Heinrich XXI. *11. 2. †14. 6. 1844

---

2. Heinrich XXII. (s. u.)

2. Heinrich XXIII. *27. 6. 1848 †22. 10. 1861

2. Marie *19. 3. 1855 †31. 12. 1909 ∞ 20. 7. 1875 Friedrich Gf. zu Ysenburg-Meerholz
*10. 8. 1847 †29. 3. 1889

Heinrich XXII. *28. 3. 1846 †19. 4. 1902, folgt 1859, selbständig 1867 ∞ 8. 10. 1872 Ida,
T. d. Fst. Adolf von Schaumburg-Lippe, *28. 7. 1852 †28. 9. 1891

Kinder:
Heinrich XXIV. *20. 3. 1878 †13. 10. 1927

Emma *17. 1. 1881

Marie *26. 3. 1882 ∞ 4. 2. 1904 Ferdinand Frh. von Gnagnoni *6. 9. 1878

Karoline *13. 7. 1884 †17. 1. 1905 ∞ 30. 4. 1903 Wilhelm Ernst Grh. von Sachsen-Weimar
*10. 6. 1876 †24. 4. 1923

Hermine *17. 12. 1887 ∞¹) 7. 1. 1907 Johann Georg Pr. von Schönaich-Carolath
*11. 9. 1873 †7. 4. 1920 ∞²) 5. 11. 1922 Wilhelm II., deutscher Ks. *27. 1. 1859

Ida *4. 9. 1891 ∞ 7. 11. 1911 Christof Martin Fst. zu Stolberg-Roßla *1. 4. 1888

Die Herren und Grafen Reuss
zu Gera (1564–1802)

Heinrich XVI. Reuß zu Plauen *29. 12. 1530 †6. 4. 1572, erhält 1564 Gera
∞¹) 1556 Elisabeth Brigitte, T. d. Gf. Johann Heinrich von Schwarzburg-Leutenberg,
*um 1534 †23. 6. 1564 ∞²) 6. 1. 1566 Dorothea, T. d. Gf. Friedrich Magnus von Solms-
Sonnenwalde, *26. 11. 1547 †18. 9. 1595

Kinder:
2. Agnes *26. 6. 1567 †1. 8. 1588 ∞ 3. 12. 1582 Hugo II. von Schönburg-Hartenstein
*13. 12. 1559 †23. 10. 1606

2. Anna *23. 3. 1568 †17. 12. 1594

2. Dorothea *28. 10. 1570 †2. 12. 1631 ∞¹) 21. 8. 1586 Georg Friedrich Gf. von Hohenlohe-
Waldenburg *30. 4. 1562 †22. 4. 1600 ∞²) 6. 12. 1606 Wilhelm Schenk von Limpurg-
Speckfeld *10. 6. 1568 †14. 2. 1633

2. Heinrich (s. S. 313)

Heinrich *10.6.1572 †3.12.1635, folgt selbständig 1595 ∞¹) 7.2.1594 Magdalene,
T. d. Gf. Wolfgang von Hohenlohe-Langenburg, *27.12.1572 †2.4.1596 ∞²) 21.5.1597
Magdalene, T. d. Gf. Albrecht VII. von Schwarzburg-Rudolstadt, *12.4.1580 †22.4.1652

Kinder:
1. Dorothea Magdalene *25.2.1595 †29.10.1646 ∞ 18.3.1620 Georg Bggf. von Kirchberg
*10.1.1569 †3.11.1641

2. Juliane Marie *1.2.1598 †4.1.1650 ∞ 9.10.1614 David Gf. von Mansfeld-Schraplau
*12.7.1573 †26.3.1628

2. Heinrich I. *21.2. †27.7.1599

2. Agnes *17.4.1600 †1.1.1642 ∞10.6.1627 Ernst Ludwig Gf. von Mansfeld-Heldrungen
*6.6.1605 †9.4.1631

2. Elisabeth Magdalene *8.5.1601 †4.4.1641

2. Heinrich II. (s. S. 314)

2. Heinrich III. *31.10.1603 †12.6.1640, folgt 1635 ∞ 4.5.1637 Juliane Elisabeth,
T. d. Wild- und Rheingf. Friedrich von Salm-Neufville, *1602 †14.5.1653 (s. S. 315)

2. Heinrich IV. *21.12.1604 †3.11.1628

2. Heinrich V. *3.11. †11.1606

2. Heinrich VI. *3.11. †11.1606

2. Sofie Hedwig *24.4.1608 †22.1.1653

2. Dorothea Sibylle *7.10.1609 †25.11.1631 ∞ 21.6.1627 Christian Frh. Schenk von
Tautenburg *18.12.1599 †3.8.1640

2. Heinrich VII. *15.10.1610 †24.7.1611

2. Heinrich VIII. *19.6. †24.9.1613

2. Anna Katharine *24.3.1615 †16.2.1682

2. Heinrich IX. *22.5.1616 †9.1.1666, folgt 1635, erhält Schleiz 1647

2. Ernestine *19.3.1618 †23.2.1650 ∞ 20.10.1639 Otto Albrecht von Schönburg-Hartenstein *2.7.1601 †15.1.1681

2. Heinrich X. *9.9.1621 †25.1.1671, erhält Lobenstein 1647 ∞ 24.10.1647 Marie Sibylle,
T. d. Heinrich IV. Reuß zu Obergreiz, *4.8.1625 †17.5.1675 (s. S. 318)

Heinrich II. *14.8.1602 †28.5.1670, folgt 1635, erhält Gera 1647 ∞ 23.11.1642 Katharina Elisabeth, T. d. Gf. Christian Günther I. von Schwarzburg-Arnstadt, *28.8.1617 †17.1.1701

Kinder:
Magdalene Sibylle *24.1. †10.6.1645

Sohn totgeb. 14.9.1646

Sohn totgeb. 1647

Heinrich II. *22.1. †4.4.1648

Juliane Dorothea *11.2.1649 †5.3.1686

Heinrich IV. (s.u.)

Heinrich VI. *20.4.1651 †26.4.1652

Christine Sibylle *9.5.1653 †10.3.1686

Heinrich IV. *13.3.1650 †13.3.1686, folgt 1670, selbständig 1671, Gf. 1673 ∞ 9.6.1672 Anna Dorothea, T. d. Gf. Anton Günther I. von Schwarzburg-Sondershausen, *18.8.1645 †1.7.1716

Kinder:
Heinrich XIII. *18.5.1673 †13.6.1674

Heinrich XIV. *24.8. †29.10.1674

Heinrich XVI. *19.3.1676 †24.11.1677

Heinrich XVIII. *21.3.1677 †25.11.1735, folgt 1686

Heinrich XX. *4.11.1678 †21.8.1689

Heinrich XXII. *2.3.1680 †18.7.1731

Heinrich XXV. (s.u.)

Heinrich XXVII. *11.1.1683 †25.9.1706

Heinrich XXV. *27.8.1681 †13.3.1748, folgt 1735 ∞¹) 21.2.1717 Justine Eleonore Sofie, T. d. Gf. Karl Gottfried von Giech-Thurnau, *12.12.1698 †1.2.1718 ∞²) 24.8.1722 Sofie Marie, T. d. Pfgf. Johann Karl von Birkenfeld, *5.4.1702 †13.11.1761

Kinder:
1. Sohn totgeb. 1.2.1718

2. Henriette *13.6.1723 †27.8.1789 ∞ 21.11.1746 Friedrich Botho Gf. von Stolberg-Roßla *13.5.1714 †8.3.1768

2. Karoline * und †14.9.1725

2. Heinrich XXX. *24.4.1727 †26.4.1802, folgt 1748 ∞ 28.10.1773 Luise Christiane, T. d. Pfgf. Johann von Birkenfeld, *17.8.1748 †31.1.1829

Die Grafen und Fürsten Reuss zu Schleiz (seit 1666)

Heinrich III. Reuß zu Gera *31.10.1603 †12.6.1640, folgt 1635 ∞ 4.5.1637 Juliane Elisabeth, T. d. Wild- und Rheingf. Friedrich von Salm-Neufville, *1602 †14.5.1653

Kinder:
Heinrich I. (s. u.)

Magdalene Juliane *22.3.1641 †3.5.1659

Heinrich I. *26.3.1639 †18.3.1692, folgt 1640, erhält 1647 Saalburg, dafür 1666 Schleiz, Gf. 1673 ∞¹) 9.2.1662 Esther, T. d. Gf. Julius III. von Hardegg, *6.12.1634 †21.9.1676 ∞²) 22.10.1677 Maximiliane, T. d. Gf. Max Philipp von Hardegg, *16.3.1644 †27.8.1678 ∞³) 16.5.1680 Anna Elisabeth, T. d. Gf. Rudolf von Zinzendorf, *12.5.1659 †8.10.1683

Kinder:
1. Marie Katharina *2.5. †13.6.1663

1. Magdalene Juliane *16.7.1664 †29.6.1665

1. Eva Marie *4.8.1666 †12.4.1667

1. Emilie Agnes *11.8.1667 †15.10.1729 ∞¹) 10.8.1682 Balthasar Erdmann Gf. von Promnitz *9.1.1659 †3.5.1703 ∞²) 13.2.1711 Friedrich H. von Sachsen-Weißenfels *30.11.1673 †16.4.1715

1. Heinrich XI. (s. S. 316)

1. Heinrich XII. *8.4. †11.7.1670

1. Sofie Magdalene *28.8. †12.11.1671

1. Susanne Marie *5.6.1673 †13.5.1674

2. Heinrich XIX. *22. †23.8.1678

3. Heinrich XXIV. *26. 7. 1681 †24. 7. 1748, erhält 1692 Köstritz ∞ 6. 5. 1704 Eleonore,
T. d. Frh. Johann Christian von Promnitz-Dittersbach, *7. 5. 1688 †12. 5. 1776
(s. S. 324)

3. Eva Elisabeth *4. 11. 1682 †1. 9. 1683

3. Eva * und †25. 9. 1683

Heinrich XI. *22. 4. 1669 †28. 7. 1726, folgt 1692 ∞¹) 1. 9. 1692 Johanna Dorothea,
T. d. Gf. Siegmund Richard von Tattenbach-Geilsdorf, *13. 3. 1675 †26. 10. 1714
∞²) 8. 5. 1715 Auguste Dorothea, T. d. Gf. Heinrich Friedrich von Hohenlohe-Langenburg, *12. 1. 1678 †9. 5. 1740

Kinder:
1. Heinrich I. (s. u.)

2. Heinrich XII. (s. u.)

2. Johanna Emilie Auguste *24. 6. 1722 †28. 7. 1729

Heinrich I. *10. 3. 1695 †6. 12. 1744, folgt 1726 ∞ 7. 3. 1721 Juliane Dorothea Luise,
T. d. Gf. Eucharius von Löwenstein-Wertheim-Virneburg, *8. 7. 1694 †15. 2. 1734

Kinder:
Heinrich XXII. *11. 6. 1722 †10. 2. 1723

Emilie Dorothea Henriette *20. 8. 1723 †20. 6. 1724

Luise *3. 7. 1726 †28. 5. 1773 ∞¹) 27. 5. 1743 Christian Wilhelm Pr. von Sachsen-Gotha
*28. 5. 1706 †19. 7. 1748 ∞²) 6. 1. 1752 Johann August Pr. von Sachsen-Gotha *17. 2. 1704
†8. 5. 1767

Heinrich XII. *15. 5. 1716 †25. 6. 1784, folgt 1744 ∞¹) 2. 10. 1742 Christine, T. d. Gf. Georg
August von Erbach-Schönberg, *5. 5. 1721 †26. 11. 1769 ∞²) 13. 7. 1770 Ferdinande, T. d.
Gf. Wilhelm Moritz von Isenburg-Philippseich, *24. 8. 1740 †7. 12. 1822

Kinder:
1. Christine Sofie Henriette *4. 9. 1744 †17. 8. 1745

1. Heinrich XXXVI. *13. 7. 1747 †12. 1. 1748

1. Karoline Bernhardine *20. †29. 9. 1749

1. Heinrich XLII. (s. S. 317)

1. Christine Sofie Henriette *6. 8. 1757 †6. 6. 1758

2. Heinrich LVI. *29. 11. 1772 †6. 5. 1781

2. Heinrich LVII. *18. 6. 1774 †24. 4. 1775

Heinrich XLII. *27. 2. 1752 †17. 4. 1818, folgt 1784, Fst. 1806 ∞ 10. 6. 1779 Karoline,
T. d. Fst. Christian Friedrich Karl von Hohenlohe-Kirchberg, *11. 6. 1761 †22. 12. 1849

Kinder:
Philippine *9. 9. 1781 †30. 9. 1866

Heinrich LVIII. *28. 11. 1782 †28. 11. 1783

Ferdinande *16. 3. 1784 †11. 7. 1785

Heinrich LXII. *31. 5. 1785 †19. 6. 1854, folgt 1818, vereinigt 1848 alle Länder der
jüngeren Linie

Heinrich LXV. *10. 4. 1788 †19. 8. 1790

Heinrich LXVII. (s. u.)

Heinrich LXVIII. *3. 7. 1791 †12. 8. 1792

Heinrich LXXI. *7. 8. 1793 †29. 1. 1794

Heinrich LXVII. *20. 10. 1789 †11. 7. 1867, folgt 1854 ∞ 18. 4. 1820 Adelheid, T. d. Fst.
Heinrich LI. Reuß zu Ebersdorf, *28. 5. 1800 †25. 7. 1880

Kinder:
Heinrich V. *4. 12. 1821 †24. 3. 1834

Anna *16. 12. 1822 †1. 4. 1902 ∞ 7. 3. 1843 Adolf Pr. von Bentheim-Tecklenburg *7. 5. 1804
†3. 9. 1874

Elisabeth *8. 6. 1824 †17. 12. 1833

Heinrich VIII. *21. 1. 1827 †17. 2. 1828

Heinrich XI. *18. 11. 1828 †6. 3. 1830

Heinrich XIV. (s. S. 318)

Heinrich XVI. *2. 8. 1835 †4. 4. 1836

Marie *12. 4. 1837 †18. 5. 1840

Heinrich XIV. *28. 5. 1832 †29. 3. 1913, folgt 1867 ∞¹) 6. 2. 1858 Agnes, T. d. H. Eugen von Württemberg, *13. 10. 1835 †10. 7. 1886 ∞²) 14. 2. 1890 Friederike, T. d. Johannes Philipp Graetz, *28. 2. 1851 †22. 5. 1907 (seit 1890 Frau von Saalburg)

Kinder:
1. Heinrich XXVII. (s. u.)

1. Elisabeth *27. 10. 1859 ∞ 17. 11. 1887 Hermann Pr. zu Solms-Braunfels *8. 10. 1845 †30. 8. 1900

Heinrich XXVII. *10. 11. 1858 †21. 11. 1928, folgt 1903, verzichtet 1918 ∞ 11. 11. 1884 Elise, T. d. Fst. Hermann zu Hohenlohe-Langenburg, *4. 9. 1864 †18. 3. 1929

Kinder:
Viktoria *21. 4. 1889 †18. 12. 1918 ∞ 24. 4. 1917 Adolf Friedrich H. von Mecklenburg *10. 10. 1873

Luise Adelheid *17. 7. 1890

Heinrich XL. *17. 9. †4. 11. 1891

Heinrich XLIII. *25. 7. 1893 †13. 5. 1912

Heinrich XLV. *13. 5. 1895

DIE GRAFEN UND FÜRSTEN REUSS ZU LOBENSTEIN (1647–1824)

Heinrich X. *9. 9. 1621 †25. 1. 1671, erhält Lobenstein 1647 bzw. 1666 ∞ 24. 10. 1647 Marie Sibylle, T. d. Heinrich IV. Reuß zu Obergreiz, *4. 8. 1625 †17. 5. 1675

Kinder:
Heinrich III. (s. S. 319)

Heinrich V. *18. 5. 1650 †31. 12. 1672

Heinrich VII. *20. 3. †3. 8. 1651

Heinrich VIII. *20. 5. 1652 †29. 10. 1711, Gf. 1673, erhält 1678 Hirschberg ∞¹) 3. 3. 1679 Elisabeth Sofie, T. d. Frh. Franz Wilke von Bodenhausen, *27. 6. 1650 †7. 5. 1687 ∞²) 19. 7. 1688 Sofie Juliane, T. d. Heinrich I. Reuß zu Obergreiz, *25. 12. 1670 †23. 8. 1696

Magdalene Dorothea *29. 8. 1653 †11. 3. 1705

Henriette Juliane *30. 11. 1654 †13. 6. 1728 ∞ 27. 10. 1686 Johann Albert Gf. von Ronow und Biberstein *11. 11. 1625 †9. 8. 1707

Ernestine Sofie *21. 4. †25. 7. 1656

Amalie Christiane *15. 9. 1658 †17. 2. 1659

Heinrich IX. *18. 10. 1659 †17. 2. 1660

Eleonore *7. 9. 1661 †18. 8. 1696 ∞ 16. 4. 1688 Johann Georg III. Gf. von Solms-Baruth *30. 4. 1630 †12. 10. 1690

Friederike Sibylle *7. 9. 1661 †11. 12. 1728

Heinrich X. *29. 11. 1662 †10. 6. 1711, Gf. 1673, erhält 1678 Ebersdorf ∞ 29. 11. 1694 Erdmuthe Benigna, T. d. Gf. Johann Friedrich von Solms-Laubach, *13. 4. 1670 †14. 9. 1732 (s. S. 322)

Heinrich III. *16. 12. 1648 †24. 5. 1710, folgt 1671, Gf. 1673, erhält 1678 Lobenstein ∞ 22. 10. 1673 Marie Christiane, T. d. Gf. Georg Wilhelm von Leiningen-Westerburg, *28. 1. 1650 †19. 11. 1714

Kinder:
Heinrich XV. (s. S. 320)

Sofie Marie *12. 11. 1675 †16. 7. 1748

Heinrich XVII. (s. S. 320)

Christiane Elisabeth *16. 1. 1678 †7. 1. 1757

Heinrich XXI. *12. 3. 1679 †21. 7. 1702

Heinrich XXIII. (s. S. 320)

Heinrich XXVI. (s. S. 321)

Heinrich XXVIII. *11. 2. †8. 7. 1683

Wilhelmine Christiane *16. 5. 1684 †29. 9. 1753

Antonie Sofie Magdalene *22. 8. 1685 †20. 3. 1758

Johanna Auguste *8. 10. 1686 †8. 5. 1712

Emilie Juliane *4. 9. 1688 †11. 11. 1689

Emilie Eleonore *29. 12. 1689 †9. 7. 1730

Anna Sofie *24. 10. 1691 †22. 1. 1723

Heinrich XV. *24. 9. 1674 †12. 5. 1739, folgt 1710 ∞ 21. 7. 1701 Ernestine Eleonore, T. d. Gf. Otto Ludwig von Schönburg-Waldenburg, *2. 11. 1677 †2. 8. 1741

Kinder:
Heinrich II. (s. S. 321)

Christiane Sofie *7. 1. 1704 †13. 1. 1773

Heinrich III. *14. 12. 1704 †5. 5. 1731

Henriette Eleonore *1. 1. 1706 †7. 4. 1762 ∞ 21. 2. 1733 Erdmann II. Gf. von Promnitz *22. 8. 1683 †7. 9. 1745

Luise Wilhelmine *27. 2. 1707 †20. 4. 1733

Heinrich VII. *26. 4. 1708 †5. 12. 1731

Christiane Therese *16. 9. 1709 †3. 2. 1777

Marie Christiane *24. †28. 9. 1710

Marie Albertine *13. 6. 1712 †22. 8. 1714

Sofie Magdalene *27. 8. 1713 †18. 11. 1771

Tochter totgeb. 12. 10. 1714

Sohn totgeb. 26. 6. 1716

Marie Albertine *7. 12. 1717 †30. 4. 1774

Ernestine Friederike *23. 11. 1718 †28. 9. 1776

Heinrich XVII. *13. 12. 1676 †21. 10. 1706 ∞ 27. 5. 1699 Eleonore Sofie, T. d. Gf. Christian Karl von Giech-Thurnau, *29. 3. 1677 †31. 12. 1722

Kind:
Heinrich IV. *3. 1. 1705 †26. 2. 1706

Heinrich XXIII. *21. 10. 1680 †20. 10. 1723 ∞ 28. 7. 1716 Beate Henriette, T. d. Rudolf Kaspar von Söhlenthal, *15./26. 7. 1696 †22. 8. 1757

Kinder:
Heinrich XIV. *9. 8. 1717 †10. 9. 1718

Heinrich XVII. *24. †28. 3. 1719

Heinrich XVIII. *23. †27. 4. 1720

Heinrich XX. *22. †23. 5. 1721

Beate Antonie Auguste *6. 4. 1723 †19. 11. 1797 ∞ 28. 12. 1749 Wilhelm von Bierregard *2. 1. 1717 †1. 12. 1769

Heinrich XXVI. *16. 12. 1681 †21. 6. 1730, zu Selbitz ∞ 31. 3. 1715 Juliane Rebekka, T. d. Gf. Gotthard Quintin von Tättenbach, *31. 8. 1692 †10. 9. 1739

Kinder:
Heinrich XI. *31. 12. 1715 †22. 8. 1745, folgt 1730 bzw. 1739

Heinrich XV. *19. 10. 1717 †5. 5. 1738

Henriette Juliane *21. 2. 1719 †21. 12. 1778

Heinrich XIX. *16. 10. 1720 †30. 11. 1783, folgt 1745

Heinrich XXI. *12. 10. 1721 †14. 11. 1807, verzichtet auf die Nachfolge

Christiane *17. 10. 1722 †25. 10. 1764 ∞ 21. 2. 1757 Christof Heinrich von Reitzenstein *9. 3. 1693 †11. 9. 1764

Heinrich XXV. (s. S. 322)

Heinrich XXVII. *19. 11. 1725 †12. 1. 1748

Heinrich XXIX. *2. 12. 1726 †17. 3. 1791

Wilhelmine Rebekka Dorothea *12. 3. 1728 †9. 1. 1797

Sofie Eleonore *5. 4. 1729 †12. 7. 1758

Friederike Elisabeth *26. 4. 1730 †14. 3. 1789

Heinrich II. *19. 7. 1702 †6. 5. 1782, folgt 1739 ∞ 23. 11. 1735 Juliane Dorothea Charlotte, T. d. Gf. Konrad Ernst von Hochberg-Fürstenstein, *10. 6. 1713 †22. 5. 1757

Kinder:
Eleonore *5. 12. 1736 †21. 1. 1782 ∞ 8. 6. 1760 Christian Karl Pr. von Stolberg-Gedern *14. 7. 1725 †21. 7. 1764

Heinrich XXXV. *19. 11. 1738 †30. 3. 1805, folgt 1782, Fst. 1790

Heinrich XXV. *14. 3. 1724 †30. 3. 1801, folgt 1783 ∞ 20. 6. 1765 Marie Elisabeth, T. d. Gf. Heinrich XXIX. Reuß zu Ebersdorf, *9. 7. 1740 †4. 4. 1784

Kinder:
Heinrich LIV. *8. 10. 1767 †7. 5. 1824, folgt 1801, Fst. 1806 ∞¹) 20. 6. 1803 Marie, T. d. Gf. Christian Friedrich von Stolberg-Wernigerode, *4. 5. 1774 †16. 6. 1810 ∞²) 31. 5. 1811 Franziska, T. d. Gf. Heinrich XLIII. Reuß zu Köstritz, *7. 12. 1788 †17. 6. 1843

Sofie Henriette Elisabeth *7. 3. †9. 6. 1770

Die Grafen und Fürsten Reuss
zu Ebersdorf
(1678–1853)

Heinrich X. *29. 11. 1662 †10. 6. 1711, Gf. 1673, zu Ebersdorf 1678 ∞ 29. 11. 1694 Erdmuthe Benigna, T. d. Gf. Johann Friedrich von Solms-Laubach, *13. 4. 1670 †14. 9. 1732

Kinder:
Benigna Marie *15. 12. 1695 †31. 7. 1751

Friederike Wilhelmine *10. 12. 1696 †13. 5. 1698

Charlotte Luise *21. 1. †21. 5. 1698

Heinrich XXIX. (s. u.)

Erdmuthe Dorothea *7. 11. 1700 †19. 6. 1756 ∞ 7. 9. 1722 Nikolaus Ludwig Gf. von Zinzendorf *26. 5. 1700 †9. 5. 1760

Henriette Bibiane *14. 6. 1702 †22. 4. 1745 ∞ 13. 9. 1741 Georg Adolf Frh. Marschall von Biberstein

Sofie Albertine Dorothea *17. 8. 1703 †16. 3. 1708

Ernestine Eleonore *30. 1. 1706 †23. 11. 1766

Heinrich XXIX. *21. 7. 1699 †22. 5. 1747, folgt 1711 ∞ 7. 9. 1721 Sofie Theodora, T. d. Gf. Wolfgang Dietrich von Castell-Remlingen, *12. 5. 1703 †8. 1. 1777

Kinder:
Benigna Renate *12. 9. 1722 †20. 7. 1747

Heinrich XXIV. (s. u.)

Heinrich XXVI. *24.1.1725 †28.4.1796

Heinrich XXVIII. *30.8.1726 †10.5.1797 ∞ 4.11.1747 Agnes Sofie, T. d. Gf. Erdmann von Promnitz-Sorau, *14.5.1720 †2.8.1791

Sofie Auguste *8.5.1728 †6.8.1753 ∞ 16.8.1748 Ludwig Frh. von Weitelfshausen, *1724 † 12.8.1783

Charlotte Luise *23.9.1729 †2.3.1792

Heinrich XXXI. *11.11.1731 †14.6.1763

Heinrich XXXII. *16.3.1733 ✗ 1.10.1756

Heinrich XXXIII. *22.6.1734 †22.8.1791

Heinrich XXXIV. *11.7.1737 †2.4.1806

Christiane Eleonore *9.5.1739 †1.6.1761

Marie Elisabeth *9.7.1740 †4.4.1784 ∞ 20.6.1765 Heinrich XXV. Gf. Reuß zu Lobenstein *14.3.1724 †30.3.1801

Johanna Dorothea *14.7.1743 †18.5.1801 ∞ 21.5.1770 Christof Friedrich Levin Frh. von Trotha *16.4.1743 †25.3.1772

Heinrich XXIV. *22.1.1724 †13.5.1779, folgt 1747 ∞ 28.6.1754 Karoline Ernestine, T. d. Gf. Georg August von Erbach-Schönberg, *20.8.1727 †22.4.1796

Kinder:
Heinrich XLVI. *14.5.1755 †18.4.1757

Auguste *19.1.1757 †16.11.1831 ∞ 13.6.1777 Franz H. von Sachsen-Saalfeld *15.7.1750 †9.12.1806

Luise *2.6.1759 †5.12.1840 ∞ 1.6.1781 Heinrich XLIII. Fst. Reuß zu Köstritz *12.4.1752 †22.9.1814

Heinrich LI. (s. S.324)

Ernestine Ferdinande *28.4.1762 †19.3.1763

Heinrich LIII. *24.5.1765 †28.6.1770

Henriette *9.5.1767 †3.9.1801 ∞ 4.7.1787 Karl Fst. von Leiningen-Dagsburg-Hartenburg *27.9.1763 †4.7.1814

Heinrich LI. *16. 5. 1761 † 10. 7. 1822, folgt 1779, selbständig 1782, Fst. 1806 ∞ 16. 8. 1791
Luise, T. d. Gf. Gotthelf Adolf von Hoym, *30. 3. 1772 †19. 4. 1832

Kinder:
Karoline *27. 9. 1792 †29. 11. 1857

Heinrich LXXII. *27. 3. 1797 †17. 2. 1853, folgt 1822

Adelheid *28. 5. 1800 †25. 7. 1880 ∞ 18. 4. 1820 Heinrich LXVII. Fst. Reuß zu Schleiz
*20. 10. 1789 †11. 7. 1867

DIE GRAFEN UND FÜRSTEN REUSS ZU KÖSTRITZ (ÄLTERER ZWEIG 1692–1878 UND JÜNGERER ZWEIG SEIT 1748)

Heinrich XXIV. *26. 7. 1681 †24. 7. 1748, zu Köstritz 1692 ∞ 6. 5. 1704 Eleonore, T. d. Frh.
Johann Christian von Promnitz-Dittersbach, *7. 5. 1688 †12. 5. 1776

Kinder:
Johanna Elisabeth Emilie *1. 8. 1705 †5. 9. 1706

Heinrich V. *24. 6. 1706 †16. 1. 1713

Heinrich VI. (s. S. 325)

Heinrich VIII. *6. 11. 1708 †10. 7. 1710

Luise *6. 8. 1710 †13. 7. 1757

Heinrich IX. *15. 9. 1711 †16. 9. 1780, folgt 1748 (= mittlerer Zweig) ∞ 7. 6. 1743 Amalie,
T. d. Gf. Karl von Wartensleben-Flodroff, *17. 3. 1715 †22. 4. 1787 (s. S. 327)

Sofie *30. 11. 1712 †18. 2. 1781 ∞ 27. 5. 1735 Rochus Friedrich Gf. von Lynar *16. 12. 1708
†13. 11. 1781

Heinrich X. *13. 5. 1715 †2. 2. 1741

Heinrich XIII. *8. 8. 1716 †30. 11. 1717

Heinrich XVI. *7. 7. 1718 †14. 8. 1719

Konradine *22. 12. 1719 †2. 2. 1770 ∞ 4. 4. 1743 Heinrich XI. Fst. Reuß zu Obergreiz
*18. 3. 1722 †28. 6. 1800

Heinrich XXIII. (s. S. 325)

Heinrich VI. *1.7.1707 †17.5.1783, folgt 1748 (= älterer Zweig) ∞ 16.12.1746 Henriette, T. d. Antonio de Casado Marques de Monteleone, *2.5.1725 †6.1.1761

Kinder:
Friederike *15.2.1748 †5.2.1798 ∞ 10.3.1767 Johann Christian II. Gf. von Solms-Baruth *29.6.1733 †7.10.1800

Eleonore *3. †18.11.1749

Heinrich XL. *28.12.1750 †9.11.1751

Heinrich XLIII. (s. u.)

Heinrich XLV. *8.12.1753 †26.6.1768

Sohn totgeb. 20.3.1755

Heinrich XLVIII. (s. S. 326)

Heinrich XXIII. *9.12.1722 †3.9.1787, folgt 1748 (= jüngerer Zweig) ∞¹) 13.2.1754 Ernestine, T. d. Gf. Heinrich von Schönburg-Wechselburg, *2.12.1736 †10.12.1768 ∞²) 5.2.1780 Dorothea, T. d. Frh. Georg Wilhelm von Brandenstein, *7.12.1737 †6.7.1807

Kinder:
1. Henriette *28.3.1755 †14.9.1829 ∞ 9.12.1779 Otto Fst. von Schönburg-Waldenburg *2.2.1758 †29.1.1800

1. Heinrich XLVII. *27.2.1756 †7.3.1833, folgt 1787

1. Heinrich XLIX. *16.10.1759 †29.2.1840, folgt 1833

1. Heinrich LII. *21.9.1763 †29.2.1851, folgt 1840

1. Heinrich LV. (s. S. 326)

Heinrich XLIII. *12.4.1752 †22.9.1814, folgt 1783, Fst. 1806 ∞ 1.6.1781 Luise, T. d. Gf. Heinrich XXIV. Reuß zu Ebersdorf, *2.6.1759 †5.12.1840

Kinder:
Karoline *23.4.1782 †15.7.1856

Heinrich LIX. *28.8.1783 †14.1.1784

Heinrich LXI. *8.12.1784 ✗ 29.8.1813

Heinrich LXIV. *31.3.1787 †15.9.1856, folgt 1814

Franziska *7. 12. 1788 †17. 6. 1843 ∞ 31. 5. 1811 Heinrich LIV. Fst. Reuß zu Lobenstein *8. 10. 1767 †7. 5. 1824

Heinrich XLVIII. *25. 1. 1759 †13. 6. 1825 ∞ 2. 11. 1784 Christine, T. d. Gf. Karl Heinrich von Schönburg-Wechselburg, *12. 12. 1766 †15. 4. 1833

Kinder:
Konstantine *5. 11. 1785 †28. 2. 1803

Emilie *5. 1. 1787 †17. 6. 1854 ∞ 12. 4. 1807 Heinrich Ernst Gf. von Reichenbach-Goschütz *17. 7. 1777 †1. 4. 1855

Cäcilie *25. 2. 1788 †22. 5. 1861 ∞ 6. 11. 1825 Ludwig Frh. von Haugk *5. 7. 1774 †23. 3. 1839

Klementine *5. 7. 1789 †1. 5. 1870 ∞ 5. 7. 1811 Adolf Gf. von Einsiedel *19. 3. 1776 †20. 7. 1821

Therese *18. 9. 1790 †2. 3. 1858

Heinrich LXIX. *19. 5. 1792 †1. 2. 1878, Fst. 1853, folgt 1856 ∞ 5. 11. 1834 Matilde, T. d. John Locke, *12. 5. 1804 †29. 12. 1877

Adelheid *25. 8. 1794 †15. 4. 1875 ∞ 23. 7. 1818 Ernst von Kiesenwetter *27. 1. 1792 †12. 12. 1840

Heinrich LV. *1. 12. 1768 †9. 4. 1846 ∞ 11. 7. 1797 Justine, T. d. Frh. Johann von Watteville, *18. 11. 1762 †11. 5. 1828

Kinder:
Heinrich LXXIII. *31. 7. 1798 †16. 1. 1855, folgt 1851

Heinrich LXXV. *3. 12. 1800 †24. 12. 1801

Heinrich II. (s. u.)

Heinrich III. *8. †25. 8. 1804

Heinrich II. *31. 3. 1803 †29. 6. 1852, Fst. (Pr.) 1851 ∞ 4. 8. 1846 Klotilde, T. d. Gf. Friedrich Ludwig von Castell-Castell, *6. 2. 1821 †20. 1. 1860

Kinder:
Heinrich XVIII. (s. S. 327)

Heinrich XIX. *30. 8. 1848 †13. 3. 1904 ∞ 25. 6. 1877 Marie, T. d. Fst. Hugo zu Hohenlohe-Oehringen, *25. 7. 1849 †31. 1. 1929

Heinrich XX. *17.6.1852 †3.9.1884, Frh. von Reichenfels 1879 ∞ 17.8.1879 Clotilde, T. d. Jean Josef Roux, *15.10.1857

Heinrich XVIII. *14.5.1847 †15.8.1911 ∞ 17.11.1886 Charlotte, T. d. H. Wilhelm von Mecklenburg, *7.11.1868

Kinder:
Heinrich XXXVII. (s. u.)

Heinrich XXXVIII. *6.11.1889 ✗ 22.3.1918

Heinrich XLII. *22.9.1892 ∞ 28.12.1923 Charlotte Nawrath *30.11.1893

Heinrich XXXVII. *1.11.1888 ∞¹) 1922 ⚮ 1930 Friedel Mijotki *25.9.1892 ∞²) 7.8.1933 Stefanie, T. d. Gustav Clemm von Hohenberg, *25.12.1900

Kind:
2. Heinrich Licco *28.8.1934

DIE GRAFEN UND FÜRSTEN REUSS ZU KÖSTRITZ (MITTLERER ZWEIG SEIT 1748)

Heinrich IX. *15.9.1711 †16.9.1780, folgt 1748 ∞ 7.6.1743 Amalie, T. d. Gf. Karl von Wartensleben-Flodroff, *17.3.1715 †22.4.1787

Kinder:
Emilie *21.4.1745 †20.10.1754

Sofie *2.5. †25.10.1746

Heinrich XXXVII. *9.8.1747 †12.11.1774

Heinrich XXXVIII. (s. S. 328)

Heinrich XXXIX. *24.1.1750 †17.2.1815 ∞ 24.1.1792 Henriette, T. d. Frh. Wilhelm Gottlieb von Knobelsdorf, *24.2.1740 †28.8.1826

Heinrich XLI. *8.9.1751 †11.12.1753

Heinrich XLIV. (s. S. 328)

Luise *15.3.1756 †19.10.1807 ∞ 21.3.1792 Karl Frh. von Knobelsdorf *24.3.1746 †29.7.1828

Heinrich L. *15.8.1760 †2.7.1764

Heinrich XXXVIII. *9. 10. 1748 †10. 4. 1835, folgt 1780 ∞¹) 17. 7. 1784 Friederike, T. d. Gf.
Karl Leopold von Schmettow, *23. 7. 1753 †19. 8. 1786 ∞²) 13. 2. 1792 Friederike, T. d. Frh.
Maximilian von Fletscher, *24. 3. 1756 †28. 6. 1815

Kind:
1. Tochter * und †18. 2. 1786

Heinrich XLIV. *20. 4. 1753 †3. 7. 1832, Fst. (Pr.) 1817 ∞¹) 11. 9. 1783 Wilhelmine,
T. d. Frh. Friedrich Christof von Geuder, gen. Rabensteiner, *19. 11. 1755 †17. 12. 1790
∞²) 12. 5. 1792 Auguste, T. d. Frh. Friedrich Adolf von Riedesel zu Eisenbach, *9. 8. 1771
†21. 11. 1805

Kinder:
1. Heinrich LX. (s. u.)

1. Heinrich LXIII. (s. u.)

1. Heinrich LXVI. *11. 6 †20. 7. 1788

1. Sohn totgeb. 8. 12. 1790

2. Heinrich LXX. *23. 4. 1793 †4. 8. 1821

2. Auguste *3. 8. 1794 †13. 7. 1855 ∞ 18. 5. 1819 Heinrich II. von Anhalt-Köthen,
*30. 7. 1778 †23. 11. 1847

2. Karoline *8. 11. 1796 †20. 12. 1828 ∞ 25. 8. 1817 Friedrich Pr. von Schönaich-Carolath
*29. 10. 1790 †21. 11. 1859

2. Heinrich LXXIV. (s. S. 329)

2. Heinrich I. *11. 1. 1803 †12. 7. 1805

Heinrich LX. *4. 7. 1784 †7. 4. 1833 ∞ 2. 5. 1819 Dorothea, T. d. Fst. Karl Erdmann von
Carolath-Beuthen, *16. 11. 1799 †5. 10. 1848

Kinder:
Karoline *4. 12. 1820 †15. 7. 1912 ∞ 6. 5. 1844 Karl Gf. Pückler von Groditz *9. 7. 1817
†2. 7. 1899

Marie *24. 6. 1822 †16. 12. 1903 ∞ 26. 5. 1842 Eberhard Gf. von Stolberg-Wernigerode
*11. 3. 1810 †8. 8. 1872

Heinrich LXIII. *18. 6. 1786 †27. 9. 1841, folgt 1835 ∞¹) 21. 2. 1819 Eleonore, T. d. Gf.
Heinrich von Stolberg-Wernigerode, *26. 9. 1801 †14. 3. 1827 ∞²) 11. 5. 1828 deren Schwester Karoline *16. 12. 1806 †26. 8. 1896

Kinder:

1. Johanna *25. 1. 1820 †14. 7. 1878 ∞ 20. 7. 1843 Ferdinand Pr. von Schönaich-Carolath *26. 7. 1818 †24. 5. 1893

1. Heinrich IV. (s. S. 330)

1. Auguste *26. 5. 1822 †3. 3. 1862 ∞ 3. 11. 1849 Friedrich Franz II. Grh. von Mecklenburg-Schwerin *28. 2. 1823 †15. 4. 1883

1. Heinrich VI. *22. 11. †5. 12. 1823

1. Heinrich VII. (s. S. 330)

1. Heinrich X. *14. 3. 1827 †26. 10. 1847

2. Heinrich XII. (s. S. 330)

2. Heinrich XIII. *18. 9. 1830 †3. 1. 1897 ∞ 25. 9. 1869 Anna, T. d. Fst. Hans Heinrich X. von Pleß, *23. 7. 1839 †14. 3. 1916

2. Luise *15. 3. 1832 †1. 4. 1862

2. Heinrich XV. (s. S. 330)

2. Anna *9. 1. 1837 †2. 2. 1907 ∞ 22. 8. 1863 Otto Fst. von Stolberg-Wernigerode *30. 10. 1837 †19. 11. 1896

2. Heinrich XVII. *20. 5. 1839 ✗ 16. 8. 1870

Heinrich LXXIV. *1. 11. 1798 †22. 2. 1886 ∞¹) 14. 3. 1825 Klementine, T. d. Gf. Leopold von Reichenbach-Goschütz, *20. 2. 1805 †10. 6. 1849 ∞²) 13. 9. 1855 Eleonore, T. d. Gf. Hermann von Stolberg-Wernigerode, *20. 2. 1835 †18. 9. 1903

Kinder:

1. Marie *31. 1. 1826 †8. 3. 1843

1. Heinrich IX. (s. S. 331)

2. Heinrich XXV. (s. S. 331)

2. Klementine *18. 5. 1858 †24. 1. 1929

2. Elisabeth *10. 7. 1860 †2. 12. 1931 ∞ 27. 5. 1884 Heinrich XXIV. Fst. Reuß zu Köstritz *8. 12. 1855 †2. 10. 1910

2. Helene *14. 9. 1864 †29. 3. 1876

2. Heinrich XXXI. *10. 12. 1868 †9. 8. 1929, Pr. von Hohenleuben 1918 ∞ 29. 10. 1918 ⚮ 1929 Ilse Marie Görges *7. 7. 1892

Heinrich IV. *26. 4. 1821 †25. 7. 1894, folgt 1841, Fst. 1878 ∞ 27. 12. 1854 Luise, T. d. Fst. Heinrich XIX. Reuß zu Greiz, *3. 12. 1822 †28. 5. 1875

Kinder:
Heinrich XXIV. (s. S. 331)

Sohn totgeb. 22. 11. 1856

Eleonore *22. 8. 1860 †12. 9. 1917 ∞ 28. 2. 1908 Ferdinand Kg. von Bulgarien *26. 2. 1861

Elisabeth *2. 1. 1865

Heinrich VII. *14. 7. 1825 †2. 5. 1906 ∞ 6. 2. 1876 Marie, T. d. Grh. Karl Alexander von Sachsen-Weimar, *20. 1. 1849 †6. 5. 1922

Kinder:
Sohn totgeb. 16. 1. 1877

Heinrich XXXII. *4. 3. 1878 †6. 5. 1935 ∞ 19. 5. 1920 ⚮ 1921 Marie Adelheid, T. d. Pr. Rudolf zur Lippe, *30. 8. 1895

Heinrich XXXIII. (s. S. 332)

Johanna *8. 6. 1882 †15. 6. 1883

Sofie Renate *27. 6. 1884 ∞ 12. 12. 1909 Heinrich XXXIV. Pr. Reuß j. L. *4. 6. 1887

Heinrich XXXV. (s. S. 332)

Heinrich XII. *8. 3. 1829 †15. 8. 1866 ∞ 6. 6. 1858 Anna, T. d. Fst. Hans Heinrich X. von Pleß, *23. 7. 1839 †14. 3. 1916

Kinder:
Heinrich XXVIII. (s. S. 332)

Magdalene *18. 12. 1860 †27. 2. 1862

Heinrich XV. *5. 7. 1834 †23. 12. 1869 ∞ 26. 11. 1863 Luitgard, T. d. Gf. Wilhelm von Stolberg-Wernigerode, *30. 8. 1838 †4. 4. 1917

Kinder:
Margarete *1. 10. 1864 ∞ 29. 10. 1891 Karl Pr. zu Bentheim-Tecklenburg *12. 8. 1852

Auguste *7. 2. 1866 †25. 9. 1916

Gertrud *20. 7. 1867

Anna *4. 11. 1868

Heinrich IX. *3. 3. 1827 †1. 8. 1898 ∞ 12. 5. 1852 Anna, T. d. Frh. August von Zedlitz, *15. 8. 1829 †1. 3. 1907

Kinder:
Heinrich XXI. *4. 2. 1853 †15. 3. 1856

Heinrich XXII. *5. 7. 1854 †18. 3. 1858

Heinrich XXIII. *17. 11. 1855 †4. 4. 1886

Heinrich XXVI. (s. S. 332)

Marie *7. 2. 1860 †28. 12. 1914 ∞ 19. 5. 1883 Heinrich Gf. von Witzleben *13. 4. 1854 †22. 12. 1933

Heinrich XXIX. *20. 5. 1862 †30. 9. 1892

Heinrich XXX. *25. 11. 1864 ∞ 24. 9. 1898 Feodora, T. d. H. Bernhard von Sachsen-Meiningen, *12. 5. 1879

Heinrich XXV. *27. 8. 1856 †25. 8. 1911 ∞ 30. 8. 1886 Elisabeth, T. d. Gf. Friedrich zu Solms-Laubach, *29. 10. 1862 †8. 4. 1930

Kinder:
Barbara *25. 8. 1887 ∞ 30. 8. 1911 Siegfried Gf. von Lüttichau *10. 6. 1877

Brigitte *31. 1. 1889 †7. 1. 1920

Emma *23. 5. 1890

Heinrich XLIV. *30. 1. 1894 ✕ 29. 10. 1918

Heinrich XLVI. *28. 4. 1896 ✕ 20. 10. 1914

Heinrich XLVII. *13. 12. 1897

Heinrich XXIV. *8. 12. 1855 †2. 10. 1910, folgt 1894 ∞ 27. 5. 1884 Elisabeth, T. d. Pr. Heinrich LXXIV. Reuß j. L., *10. 7. 1860 †2. 12. 1931

Kinder:
Regina *4. 4. 1886 ∞ 12. 7. 1916 Georg Gf. zu Stolberg-Stolberg *25. 2. 1883

Sibylle *26. 9. 1888 ∞ 5. 10. 1920 Wolfgang Gf. zu Castell-Castell *27. 5. 1877

Heinrich XXXIX. (s. S. 333)

Heinrich XLI. *2. 9. 1892 ✕ 29. 11. 1916

Viola *5. 4. 1898

Heinrich XXXIII. *26. 7. 1879 ∞¹) 17. 5. 1913 ⚭ 1922 Viktoria Margarete, T. d. Pr. Friedrich Leopold von Preußen, *17. 4. 1890 †9. 9. 1923 ∞²) 10. 4. 1929 Allene Tew *7. 7. 1876

Kinder:
1. Marie Luise *9. 1. 1915

1. Heinrich II. *24. 11. 1916

Heinrich XXXV. *1. 8. 1887 ∞¹) 20. 4. 1911 ⚭ 1921 Maria, T. d. Pr. Albert von Sachsen-Altenburg, *6. 6. 1888 ∞²) 1921 Marie Adelheid, T. d. Pr. Rudolf zur Lippe, *30. 8. 1895

Kinder:
1. Maria Helena *23. 2. 1912 †1. 8. 1933

2. Heinrich V. *26. 5. 1921

Heinrich XXVIII. *3. 6. 1859 †8. 3. 1924, Gf. von Dürrenberg 1908 ∞¹) 18. 9. 1884 ⚭ 1907 Magdalene, T. d. Gf. Friedrich zu Solms-Laubach, *11. 12. 1863 †21. 4. 1925 ∞²) 12. 10. 1908 Mary Grace Sawyer *15. 3. 1874

Kinder:
1. Heinrich XXXIV. (s. S. 333)

1. Heinrich XXXVI. (s. S. 333)

1. Benigna *12. 11. 1892

Heinrich XXVI. *15. 12. 1857 †10. 6. 1913 ∞ 19. 11. 1885 Viktoria, T. d. Gf. Adolf von Fürstenstein, *11. 9. 1863

Kinder:
Heinrich Ruzzo *30. 3. 1887 †7. 2. 1904

Heinrich Pelas *6. 4. 1888 †7. 8. 1905

Heinrich Harry (s. S. 333)

Heinrich Enzio *13. 7. 1893 ∞¹) 14. 9. 1922 ⚭ 1928 Nina Cotta *11. 4. 1898 ∞²) 5. 1. 1935 Maj Nisser *2. 2. 1911

Ingeborg *26. 3. 1895 ∞¹) 19. 12. 1918 ⚭ 1920 Ferdinand Gf. von Westerholt *15. 8. 1891 ∞²) 20. 9. 1928 Erik Fischer

Heinrich XXXIX. *23.6.1891 ∞ 7.8.1918 Antonie, T. d. Fst. Friedrich Karl zu Castell-Castell, *18.4.1896

Kinder:
Heinrich IV. *26.10.1919

Heinrich VI. *27.6.1922

Amadea *23.7.1923

Gertrud Renate *5.11.1924

Heinrich VII. *14.5.1927

Elisabeth Donata *8.6.1932

Heinrich XXXIV. *4.6.1887 ∞ 12.12.1909 Sofie Renate, T. d. Pr. Heinrich VI. Reuß j.L., *27.6.1884

Kinder:
Heinrich I. *8.10.1910

Felicitas *5.7.1914 ∞ 3.9.1935 Otto Friedrich Fst. zu Ysenburg-Wächtersbach *16.9.1904

Heinrich III. *27.7.1919

Heinrich XXXVI. *10.8.1888 ∞ 5.10.1919 Hermine, T. d. Pr. Heinrich von Schönburg-Waldenburg, *18.9.1899

Kinder:
Magdalene *20.8.1920

Karoline *7.5.1923

Heinrich Harry *28.3.1890 ∞ 21.4.1921 Huberta, T. d. Gf. Franz Hubert von Tiele-Winckler, *14.4.1889

Kinder:
Heinrich Enzio *21.2.1922

Edina *25.6.1923

Heinrich Pelas *16.12.1924

Zu den Abbildungen

1. Herzog Ernst I., der Fromme, von Sachsen-Gotha-Altenburg. Stich von J. Sandrart
2. Herzog Friedrich I. von Sachsen-Gotha-Altenburg. Stich von Philipp Kilian
3. Gotha. Stich von Dawson nach einer Zeichnung von Otto Wagner
4. Konrad Ekhof. Stich
5. Herzog Emil August von Sachsen-Gotha-Altenburg. Stich
6. Saalfeld. Lithographie von Ludwig Heß
7. Coburg. Kolorierter Stich von F. Rauscher und A. H. Popp
8. Herzog Ernst III. von Sachsen-Coburg-Gotha. Stich
9. Sommerschloß Rosenau bei Coburg. Aquarell von L. Echmann und A. H. Popp
10. Herzogin Luise von Sachsen-Coburg-Gotha. Stich
11. Schloß Reinhardsbrunn. Stich von A. H. Payne nach einer Zeichnung von Otto Wagner
12. Regenten des Herzogtums Sachsen-Meiningen. Stich
13. Meiningen. Stich von Fisher nach einer Zeichnung von Otto Wagner
14. Meiningisches Schloß Kranichfeld. Stich
15. Schloß Hildburghausen. Lithographie. Um 1730
16. Herzog Friedrich von Sachsen-Hildburghausen-Altenburg. Stich
17. Herzog Georg von Sachsen-Altenburg. Stich
18. Schwarzatal. Stich von Worms nach einer Zeichnung von Otto Wagner
19. Sondershausen. Lithographie von Ludwig Heß
20. Schloß Schwarzburg. Stich von R. Williams nach einer Zeichnung von Otto Wagner

INHALTSVERZEICHNIS